다시 오실 예수 그리스도

요한계시록 주해

강종수 지음

머 릿 말

　현대 교회가 구약 신앙 사상으로 돌이키는 경향이 있습니다. 유대교 신앙처럼 현실 위주의 기복 신앙주의의 설교와 선교 문화의 모습에서 볼 수 있습니다. 그러나 신약의 목표는 그리스도 예수 안에서 믿음을 가지고 사도적 신앙을 본 받아 내세의 상급을 소망하며 하나님의 의(義)를 위해 선교에 전심전력하는 것입니다.

　목표가 없는 과정이란 행선지 없이 표류하는 돛단배와도 같습니다. 목표를 달성하기 위해 과정이 불순하면 온당치 못합니다. 예수께서 탄생하시고 병 고치시고 기적을 행하시며 또한 십자가에 돌아가신 것까지는 잘 믿는데 승천하신 예수께서 다시 오실 일에 대한 소망은 신앙에 큰 부분을 차지하지 못하고 있습니다.

　사실은 다시 오실 예수 그리스도에 대한 열망이야말로 뜨겁게 신앙 생활을 하는 성도들의 간절한 소망이 되어야 합니다. 성도가 주님을 잘 믿고 따르려면 핍박을 받게 되고 환난을 받으므로 자연히 내세가 그립고 주님의 재림을 고대하게 됩니다.

　믿음도 영생의 조건 때문이고 사랑도 헌신도 내세의 위로와 상급이 있으므로 가능합니다. 소망은 모든 의지의 동기가 되고 힘이 됩니다. 그런 신앙 원리로 볼 때 계시록은 우리에게 커다란 힘이 되고 복이 되는 책입니다.

본서를 저술함에 있어서 먼저 공유되어야 할 부분은 계시록의 특성상 해석 문제가 다양할 수 밖에 없다는 점을 고려하자는 것입니다. 또한 본서의 예언적 가치에 집중하고자 하였습니다. 해석 부분에 있어 어떤 구절은 여자적 해석으로 혹은 같은 단어라도 때로는 비유적으로 해석되어야 하는 경우가 허다합니다. 가령 9장의 황충이를 사상으로 볼 것인가 아니면 실제 메뚜기 재앙으로 볼 것인가 하는 것은 질적 차이일 뿐 말세의 환난이라는 차원에서는 별 문제가 되지 않습니다.

특별히 계시록에서 6장의 백말 탄 자의 해석 문제, 7장의 144,000인과 그 뒤에 이어 나오는 구원 얻는 무리, 12장의 여인과 여인의 남은 자손에 대한 해석 문제, 20장의 천년 왕국에 대한 해석 등을 어떻게 하느냐 하는 것입니다.

필자가 먼저 쓴 처녀작 '요한계시록 주석'은 부분적으로 수정돼야 하고 큰 대목에서는 변화가 없습니다(양문출판사, '83년 작). 아무쪼록 졸저를 읽는 모든 이에게 말세를 살아가는데 힘이 되길 바라마지않습니다.

그리고 원고를 맡아 수고해 주신 영문출판사 사장님과 새한기획 편집부 직원들께 깊은 감사를 드립니다.

주후 2008. 1
부산, 늘새롬교회 강종수 목사

목차

머릿말/ 3

요한 계시록은 어떤 책인가? ·· 9
1. 저작자 문제 ·· 10
2. 본서의 목적 ·· 12
3. 해석 방법 ··· 14
   1) 영적 해석법 ·· 15
   2) 과거적 해석법 ·· 17
   3) 미래적 해석법 ·· 18
4. 계시록의 구분 ··· 20
5. 7.7.7의 재앙 내용 ··· 24
6. 공관복음서의 예언과 비교 ··· 25
7. 구약의 말세 예언과 비교 ··· 26
   1) 느부갓네살 왕의 꿈(단2:31-35) ····································· 26
   2) 다니엘의 꿈(단7:2-12) ·· 27
   3) 다니엘의 이상(異像)(단8:3-4) ······································ 27
   4) 기도의 응답(단7:13-18) ··· 28

[서론] 1-5장

1장 재림하실 예수 그리스도의 모습 · 29
   특주 1. 주일에 대하여 · 57
2장 아시아의 7교회(에,서,버,두) · 61
   특주 2. 이단종파 비판(異端宗派 批判) · · · · · · · · · · · · · · · · · · 84
3장 아시아의 7교회(사,빌,라) · 97
4장 보좌의 모습(천상교회) · 115
5장 일곱 인으로 봉한 책 · 127

[본론] 6-18장

6장 6가지 인 재앙 · 143
   특주 3. 수의 상징과 뜻 · 160
7장 유대인과 기독성도의 구원 환상 · 163
   144,000명은 누구인가? · 167
8장 7번째 인의 4나팔 재앙 · 177
9장 두 나팔 재앙 · 185
10장 작은 책 · 195
11장 두 증인 · 201
12장 여인과 용의 실패 · 213
13장 (적그리스도와 거짓선지자) · 225

14장 천사의 전도와 두 가지 추수 ············· 235
15장 모든 성도의 구원 ························· 247
16장 일곱 대접 재앙 ··························· 253
17장 음녀의 심판 ······························· 261
18장 바벨론의 멸망 ···························· 271

[결론] 19-22장

19장 예수 그리스도의 재림 ··················· 281
20장 천년 왕국 ································· 291
   특주 4. 사단론 ······························· 300
   특주 5. 천년기설 ····························· 308
21장 신천신지 ·································· 317
   특주 6. 천국 ································· 327
22장 무궁 세계 ································· 331

요한 계시록은 어떤 책인가?

　기독교 신앙의 3대 요소는 믿음 소망 사랑인데, 믿음은 예수 그리스도를 믿음으로 구원을 얻고 땅 위에서 사랑의 전도 봉사로 일 하다가 내세의 영생 복락의 소망을 안고 가는 것입니다.
　신약의 4복음서는 예수 그리스도에 대한 믿음 중심이고 사도행전부터 유다서까지는 사랑 가운데 전하고 증거되어야 하는 도(道)의 전파, 곧 선교이며 계시록은 내세의 소망을 말해 줍니다. 따라서 요한 계시록은 빼놓을 수 없는 소망에 대한 신앙의 지침서입니다.
　종말론 사상이 복음서에도 있으며 각 서신서와 구약 성경에도 있습니다. 다만 요한 계시록은 좀더 소상히 밝힌 것입니다. 계시록은 난해한 문장으로 상당히 해석하기 어렵습니다. 그러나 독자나 지도자들이 이러한 성경 특이성을 이유로 도외시하고 계시록 해석은 피하는 것이 주께 덕(德)을 세우는 줄 오해하시는 분도 많습니다.
　그런데 이 요한 계시록은 읽는 자 듣는 자 지키는 자들이 복이 있을 것이라는 특별하신 축복의 약속이 있습니다(계 1:3 '이 예언의 말씀을 읽는 자와 듣는 자들과 그 가운데 기록한 것을 지키는 자들이 복이 있나니 때가 가까움이라').

본 계시록은 예수님의 12제자 중 나이가 가장 어렸던 사도 요한이 서기 95년경 로마의 도미시안 황제 때 핍박받아 밧모섬으로 정배 보내어졌다가 그 곳에서 주의 날(주일)에 천사를 통해 이 계시록을 받은 것입니다. 계시록은 환난과 핍박을 받는 자에게 큰 위로와 힘을 주며 신앙이 퇴보되고 메마른 자에게 영적으로 경각심을 주며 새로운 각오와 비전을 받게 합니다. 열심을 다하여 주를 흠모하며 애써 증거하는 성도에게는 요한 같은 소망의 환상과 예언적 메시지가 따를 것입니다.

1. 저작자 문제

본서의 저작자에 대한 여러 주장들이 있으나 계시록을 기록한 요한은 예수의 제자 사도 요한으로 봅니다. 예수께서 지상에 계시던 그 시대에 요한이란 이름은 흔히 사용하였습니다. 본서를 기록한 요한은 야고보의 형제요 예수의 이종형제(요 19:25)로서 예수의 제자가 되었습니다.

많은 학자들이 사도 요한이 쓴 것을 반대하지만 그의 손자로서 제자가 되었던 이레니우스는(AD.130-202) 본서를 가리켜 요한이 본 환상이라고 했습니다. 그러므로 요한 계시록의 저작자는 본문에서 계시를 받은 경유를 말하고 있는 사도 요한으로 보는 것이 옳을 것입니다.

사도 요한은 전설에 의하면 에베소 교회를 시무한 것으로 전해지고 있습니다. 그런데 바울이 에베소 교회를 방문하던(AD. 60년대)

시기에 요한이 에베소 교회에 활동한 사실이 기록되어 있지 않습니다. 그러므로 본서는 바울이 죽고 난 후일에 작성되었을 가능성이 많습니다.

네로 황제(AD.54-68)가 국지적으로 교회와 지도자들을 핍박하였다면 도미시안 황제(AD.81-96, 95년)는 전국적으로 핍박하였다고 하며 요한이 그 당시에 정배 보내어졌을 가능성이 크므로 본서가 기록된 것은 서기 100년에 가까운 때라고 여겨집니다. 즉 그가 밧모섬에서 넬바 황제 때(AD.96) 에베소로 돌아와서 본 계시의 환상을 기록했을 것으로 추정합니다.

감람산에서 베드로, 야고보, 요한, 안드레가 함께 말세에 대한 예언을 들었는데(막 13:3) 공관복음서에는(마 24; 막 13; 눅 21;) 예루살렘의 파멸과 장래에 주께서 오실 말세에 대한 예언을 함께 연결하여 말씀하셨고, 요한복음에는 그 중대한 재림에 관한 긴 장문의 예언이 빠져 있습니다.

소계시록이라고도 하는 그 감람산 위에서 받은 내용을 하나님의 계획 아래 사도 요한은 공관복음서처럼 요한복음서에 기록하지 않고 핍박받는 중에 밧모섬에서 말세에 대한 예언을 세밀하게 받아 본 계시록을 기록하게 되었던 것입니다.

2. 본서의 목적

성경은 각 권마다 특징을 가지고 기록되었습니다. 창세기는 천지 창조를 통하여 전능하신 창조주 하나님과 전설 같은 족장들의 신앙을 통해 믿음을 가르칩니다. 사복음서는 예수의 행적을, 사도행전은 교회의 시작을, 로마서는 교리를, 계시록은 말세훈을 담았다고 보는 것입니다.

구약을 세 단위로 단락을 나누면 창세기의 천지 창조 기사를 통하여 만유의 시작과 위대한 신앙 영웅들의 행적을 기록하므로 인생은 하나님 앞에서 예배적 인간임을 계시해주고 있습니다.

그리고 이스라엘의 흥망성쇠를 통하여 하나님 백성들의 삶이 어떻게 세상에 비쳐지며 하나님의 간섭이 어떻게 나타났는가를 알게 하십니다. 그리고 후반부의 예언서를 통하여 이스라엘의 미래 역사에 새로운 메시아를 주시겠다는 소망으로 짜여져 있습니다. 신약도 예수 그리스도의 탄생으로부터 시작하여 새로운 세계가 시작되는 것, 즉 종말론적 세계관이 시작됨과 동시에 교회의 역사가 사도행전에서 시작되면서 교회사적으로 나타나는 성도의 삶을 보여주고 있습니다. 그리고 계시록과 타 성경에서 종말에 미칠 말세 현상과 천국의 소망으로 엮어져 있는 것을 볼 수 있습니다.

각 성경의 내용 분해를 할 때에도 서론, 본론 그리고 결론에 달하는 순서로 성경전서가 모두 그렇게 구조적으로 짜여져 있습니다. 천지창조와 타락 후의 인간사 그리고 말세론적 예언과 내세의 영생에 대한 소망으로 하나님의 역사를 인류사에 섭리하고 계신 것을 알 수 있습니다.

성경이 완성된 후에 소위 교회 시대에 와서도 하나님의 구속사적 역사의 구분을 기꺼이 한다면 초대교회는 새 역사의 시작이며 그것은 예루살렘에서 시작되었다고 볼 수 있습니다.

그리고 속사도 시대를 거쳐 중세기의 암흑 시대와 개혁의 역사를 통하여 인간의 불의와 회개를 그리고 오늘의 말세를 통하여 천국과 영생에 대한 소망으로 세계 교회가 종말에 대한 경고와 각성의 메시지를 다루고 있는 시대를 살아가고 있습니다.

계시록은 집필 당시의 상황으로 국지적인 기록의 이유를 찾는다면 사도 요한과 모든 그리스도인 형제들이 황제의 핍박 속에 승리할 것을 위로와 소망을 담고 기록하여 일곱 교회에 보내게 된 것입니다. 그런데 모든 성경의 내용은 역사상에 일어난 당시의 배경을 근거하여 미래를 예견해주시는 하나님의 뜻을 담은 소위 구속사적인 하나님의 섭리를 계시하시는 방편입니다.

이런 보편적인 성경관에서 볼 때 지금 우리에게 요한 계시록이 목표하는 것은 모든 교회가 그러하듯 부단히 개혁하며 참다운 교회의 거룩한 모습을 회복하고 세속주의와 잘 싸워 승리하라는 당부입니다.

구약과 신약은 결국 예수 그리스도를 중심으로 복음의 역사를 전하는데 충실하게 이해되어야 합니다. 그런 가운데 계시록의 특성을 살려서 예언으로 일관되는 중심의 내용을 주목해야 할 것입니다. 동시에 예수 그리스도의 십자가 사상으로 복음의 진의에 충실할 때 계시록은 절대로 경계의 대상이거나 난해한 성경이라고 하며 뒷전으로 밀어내어 버리는 일은 없을 것입니다.

구약 시대에 다니엘에게 주신 예언에는 때가 이르지 아니하였다 했으나 이제는 말세가 되므로 깨닫게 할 시기가 되었기 때문에 본문은 전달되어져야 하는 복된 소식입니다. 다음 성구를 순서대로 읽어 보면 계시록의 본래 목적인 미래에 대한 예언을 반드시 전해야 한다는 점을 알 수 있습니다.

단 12:4 '다니엘아 마지막 때까지 이 말을 간수하고 이 글을 봉함하라 많은 사람이 빨리 왕래하며 지식이 더하리라'

계 22:10 '또 내게 말하되 이 책의 예언의 말씀을 인봉하지 말라 때가 가까우니라'

마 24:45-46 '충성되고 지혜 있는 종이 되어 주인에게 그 집 사람들을 맡아 **때를 따라 양식**을 나눠 줄 자가 누구뇨 주인이 올 때에 그 종의 이렇게 하는 것을 보면 그 종이 복이 있으리로다'

3. 해석 방법

성경을 어떻게 해석할 것인가 하는 것은 근본적으로 인간의 한계 있는 이성으로 단정을 내리는 데는 어려움이 많습니다. 아무리 광범위한 신학을 토대로 이론을 제기해도 인간의 판단은 상대적이어서 그 나름대로 주님을 봉사하기도 하고 신앙 생활을 하기 때문에 먼저 극단성을 피해야 합니다.

문제는 저마다 성경주의라 결론을 지어버리는 바 합일점을 찾기가 어렵습니다. 다만 전통성이라든가 소위 건전한 신학이라면 주로 보수주의, 개혁주의 신학에서 비롯된 성경 해석관이 가장 안전할 수 있습니다. 계시록은 특별히 묵시적 언어와 문장의 복잡한 환상의 연결은 평신도 뿐아니라 신학을 수업한 자들도 해석에 어려운 문제를 안고 있습니다.

문제가 되는 점은 계시록을 어떻게 해석하느냐에 따라 소위 이단으로 발전하게되는 상당히 위험한 성격을 지니고 있다는 것입니다. 때문에 성경의 보편적 해석 원리를 간과해서는 안되며 아무리 예언적 특성을 가졌다 해도 복음의 진수를 빼 놓으면 예언서가 성경전서에서 분리되는 현상이 따릅니다.

성경은 모두 연관지어져 있어서 분리 할 수 없는 같은 맥락을 유지하고 있으므로 다만 특징상 구분 할 뿐입니다. 그러므로 계시록은 복음의 역사성이나 기독교 세계관을 본 바탕으로 교훈하는 복음서나 교리서에서 비치는 하나님의 은혜가 꼭 같이 나타나게 해석되어져야 할 것입니다.

지금까지 나온 해석은 더 이상 특별한 방법이 생길 이유가 없을 만큼 광범위한 해석법이 쏟아져 나왔습니다. 그리고 같은 해석법을 따르는 신학적 구분에서도 각양 조금씩 달리 해석되어지는 부분들 때문에 완벽한 통일성은 없어 보입니다.

1) 영적 해석법

성경은 각양의 내용으로 꾸며져 있으나 모든 곳에는 하나님의 계시적인 뜻을 함의하기 때문에 본 계시록을 읽을 때도 하나님이 환상을 통하여 교회에 주시고자 하는 영적 교훈을 먼저 생각하는 것은 보편적인 성경 해석 원리입니다.

그러나 소위 비유해석주의가 되어 역사성을 무시하거나 예언적 특징마저 간과하면 계시록 자체를 전반적으로 설명하기 어려운 난점을 안게 됩니다. 영적으로 해석한다는 말이 잘못이 아니라 단지 계시록 전체를 교훈적 메시지로 일관되게 해석한다면 문제가 발생된다는 것입니다. 영적 해석법을 지지하는 자들은 계시록의 여러 환상이나 난해한 문장에서 오직 세상을 대하는 교회가 어떻게 그 도전을 이기고 승리할 것인가에 대해 신앙 사상을 발굴하고자 하는 것입니다.

최근 비유해석법으로 일관되게 성경을 해석하는 이단자가 있습니다(신천지교회, 이만희씨). 성경이 많은 부분에서 비유적인 것이 있으나 모든 성경을 비유해석으로 풀이할 수는 없습니다.

성경이 때로는 간단한 문맥 안에서도 문자대로 받아야 할 경우와 비유로 해석되어야 할 것이 섞여 있어서 성경의 중심 맥락을 잘 살펴야 합니다. 가령 숫자나 식물 동물들이 어떤 때는 비유로 혹은 문자대로 해석해야 하는 양면성이 있습니다.

비유에도 하나의 단위가 선으로 혹은 악으로 해석이 양분되는 것을 보게 됩니다. 포도나무는 성도의 행실일 수도 있으나 심판의 대상이 될 수도 있습니다(요 15:5, 계 14:18-20). 뱀이 사단으로 혹은 지혜의 상징으로 다르게 비유됩니다(계 20:2, 창 3:, 마 10:16).

숫자에도 이스라엘의 광야 40년이나 예수님의 광야 40일 금식기도에서는 숫자 그대로 읽어져야 하지만, 144,000의 수치는 하나님의 많은 백성들을 상징합니다.

여자가 때로는 이스라엘이나 교회 혹은 세속주의를 상징합니다. 그러므로 각 성경의 장면과 전체 문맥을 이어 가는 흐름을 따라서 해석해야 합니다. 오늘도 여전히 성경을 우화적으로 해석하여 교훈적 이미지로 이해하려는 것이 고전적인 성경 해석법이면서 동시에 계시록 해석에 상당히 영향을 주고 있습니다. 그러나 역사적으로 일어난 일들이나 미래에 일어날 사건들에 대한 하나님의 역사성을 구체적으로 답하지 못하는 커다란 약점을 안고 있는 학설입니다.

시편이나 잠언서처럼 계시록을 교훈서로만 알고 해석한다면 계시록에서 너무나 많은 환상을 억지로 꾸며서 보물찾기처럼 난해한 문장 속에 복음을 추상케 할 이유가 없다는 것입니다.

교훈서로 봐야 할 성경은 그렇게 환상이나 비유로 가르치지도 않습니다. 따라서 본서는 세상 끝 날에 대한 종말론의 주제로 해석해야 옳은 것입니다(비유해석자, 오리겐, 어거스틴).

2) 과거적 해석법

계시록의 예언적 사건들은 요한 당시에 일어났던 것으로 해석하는 학설입니다. 초대교회가 당한 환난과 핍박을 그려놓은 책으로 보는 것입니다. 여기에 키워드는 1:3의 '때가 가까움'을 토대로 합니다.

그러나 때가 가깝다는 표현이 당시에 곧 일어날 일이기 때문에 말씀하시는 문자로 본다면 가령 **'은혜 받을 만한 때'**라고 할 때도 그 사도 시대를 기준으로 하는 말씀으로 보아야 할 것입니다(고후 6:2 '가라사대 내가 은혜 베풀 때에 너를 듣고 구원의 날에 너를 도왔다 하셨으니 보라 지금은 은혜 받을 만한 때요 보라 지금은 구원의 날이로다'). 여러 구절에서 '때'라는 단어가 주는 의미가 문자이기도 하나 적절한 하나님의 시간의 때, 즉 카이로스($Kαιρός$, historic)의 시간으로 간주되는 경우가 허다합니다.

종말론적인 세계관으로 세상을 살아가야만 하고 또한 그렇게 살아가는 신앙으로 바라보는 때를 말하는 것입니다(마 24:45 '충성되고 지혜 있는 종이 되어 주인에게 그 집 사람들을 맡아 **때를 따라** 양식을 나눠 줄 자가 누구뇨', 롬 13:11 '또한 너희가 이 시기를 알거니와 자다가 **깰 때**가 벌써 되었으니 이는 이제 우리의 구원이 처음 믿을 때보다 가까왔음이니라').

말세에 대한 예언을 주실 때는 복음과 하나님의 의(義)에 대한 교훈에 집중한 것이 아니라 세상 끝 날의 징조에 대한 예언이었습니다. 성경은 어디에나 예수 그리스도를 중심한 기독교 복음 사상과 신앙적 교훈이 있지만 역사성을 빼 놓는다면 본서를 통한 하나님의 예언이 불식되고 말 것입니다.

사도들 당시의 과거 역사를 토대로 미래에 대한 하나님의 교회사적 교훈을 담고 있다는 것은 일반적 성경 이해에 속합니다. 다만 계시록의 특징이 세상 종말에 대한 예언이라는 관점에서 무시될 수 없다는 것입니다. 성경의 보편적 성격, 곧 하나님의 사상과 기독교의 영적인 내용을 전달하고자 하는 사건들과 여러 교훈들에 대한 성경의 내적 원리 이해는 옳지만 계시록 본서를 특징 없이 우화적으로 해석한다는 것은 부당합니다.

그렇다면 창세기를 이해 할 때, 성도가 영적으로 새롭게 태어나는 중생을 위한 내용으로 볼 것인가 하는 것입니다. 결코 그렇지 않습니다. 창조의 기사는 그대로 창조의 기사입니다. 다만 그 내용에서 중생을 추상해 내는 것뿐입니다.

예컨대 이스라엘이 홍해를 건너 간 것은 역사적 사실이면서 또한 세례를 상징한다고 성경이 말하고 있습니다(고전 10:2 '모세에게 속하여 다 구름과 바다에서 세례를 받고'). 따라서 계시록의 7 교회와 요한이 본 천상의 모습이나 대환난의 기사에 대한 환상과 천년왕국 그리고 내세의 천국 등 도래할 역사적 미래를 무시한다면 계시록의 목적을 잃어버리고 말 것입니다(과거적 해석자, 그로티우스, 스튜아트).

3) 미래적 해석법

이 해석법은 당시의 상황, 즉 본서가 기록되던 시대 핍박 중에 있던 아시아 7교회의 역사적 사실과 함께 미래에 나타날 지상 교회들 및 말세에 처할 교회에 대한 예언서로 보는 학설입니다. 가장 유력하고 성경의 보편적인 해석 원리에 적합하다고 봅니다. 이 학설에는 천년왕국설에서 그 해석의 차이로 무천년주의 해석과 전천년주의 해석으로 구분됩니다. 천년주의 해석자들도 대환난 중에 교회가 핍박을 경유해야 한다는 주장(역사적 전천년설)과 대환난은 교회가 피하게 된다는 소위 휴거론자(세대주의 전천년설)로 나뉘어 집니다.

휴거론자들은 미래적 해석법을 따르긴 해도 계시록의 대부분이 이미 이루어진 것으로 보고 아시아 7교회는 기독교 2천년 간의 역사적 사례라고 해석하며, 소위 에베소 교회는 초대교회이고 마지막 교회인 라오디게아교회는 말세를 살아가는 오늘의 교회라 하므로 **역사적 해석법**을 동시에 도입하여 계시록은 지상 교회의 전 역사를 기록한 연대기적 문헌으로 보는 것입니다.

그리고 세대주의자들은 계시록 4장에서 요한이 성령 안에서 천상의 교회 모습을 보러 천상으로 끌려 올라 간 것을 교회 전체의 휴거로 봅니다. 그러나 요한이 성령 안에서 그러한 영적 체험을 한 것은 사도 바울도 경험한 바입니다.

그는 영적으로 고후 12:2 '내가 그리스도 안에 있는 한 사람을 아노니 십사년 전에 그가 셋째 하늘에 이끌려 간 자라(그가 몸 안에 있었는지 몸 밖에 있었는지 나는 모르거니와 하나님은 아시느니라)'고 했습니다.

그러므로 요한의 이끌림을 전 교회로 보는 것은 잘못된 것입니다. 개인이 교회로 상징되는 것은 여자나 신부 등으로 비유될 뿐 사도 개인이 교회 전체를 비유되지는 않습니다. 우리가 이와 같은 복잡한 해석들을 가지게 되는 정서에 대해 인간 지혜의 한계성을 보게 되고 하나님 앞에 겸손하지 않을 수 없음을 깨닫게 됩니다. 우리가 통일을 이루지 못하는 해석관은 근성으로 나타나는 교만이라기 보다 성경을 해석하는데 인간의 부족한 지성의 능력이요 영안의 성질 차이라 변명할 수 밖에 없는 것 같습니다.

같은 류의 해석자들 간에도 계시록의 각 장마다 조금씩 해석을 달리 할 경우가 있습니다. 그만큼 계시록을 획일하게 풀이한다는 것은 어려운 일이라 하겠습니다. 필자는 마지막 째 역사적 전천년주의를 토대로 해석하고자 합니다(미래적 해석자, 저스틴, 벤겔, 알포드, 박형룡).

4. 계시록의 구분

계시록의 구조를 분해하는 것은 해석하는 방향 따라 달라 질 것입니다. 단락의 구분은 계시록의 흐름을 이해하게 하는 것입니다.

1) 단락 구분

서론

1-5장은 미래사적 예언이 아니라 요한이 예언을 받기 위한 배경이라 볼 수 있기 때문에 서론으로 봅니다. 각 장에서 쏟아져 나오는 여러 환상의 장관에 비해 서론에는 그러한 것보다 오히려 예언을 받게 된 동기와(1:) 예언의 적용과 궁극적인 목적(2:-3:) 그리고 천상의 영광스런 보좌 앞에서 말세를 살아가는 성도들에게 주시는 위로와 소망의 계시의 출처를 기록해 주고 있습니다.

본론

6-18장은 미래사를 예언하는 내용으로 그 시종이 일관되게 열거되고 있으며 사단의 이름을 상징하고 교회 사상의 적을 상징하는 666의 환난 기사가 기록되어 있습니다.

6+6+6=18이라는 수치의 논리를 도입하면 계시록은 666의 유혹과 환난과 핍박이 6×3=18, 즉 환난이 6장에서 18장까지라고 볼 수 있으며 또한 화, 화, 화라고 표현되는 대환난이 3번 나옵니다(계 8:13 '내가 또 보고 들으니 공중에 날아가는 독수리가 큰 소리로 이르되 땅에 거하는 자들에게 화, 화, 화가 있으리로다 이 외에도 세 천사의 불 나팔소리를 인함이로다 하더라').

결론

19-22장으로 마무리가 되는데, 사실 19장에서 뚜렷하게 예수의 재림을 기술하고 있으며 주께서 재림하신다면 그 후에 되어질 일에 대한 견해적 차이는 큰 문제가 될 수 없을 것입니다.

왜냐면 이미 주님이 오시면서 성도들이 모두 부활하였고 복음의 사명(해석 문제까지)은 완결되기 때문입니다(고전 15:51-52 '보라 내가 너희에게 비밀을 말하노니 우리가 다 잠잘 것이 아니요 마지막 나팔에 순식간에 홀연히 다 변화하리니 나팔 소리가 나매 죽은 자들이 썩지 아니할 것으로 다시 살고 우리도 변화하리라').

그림 1)

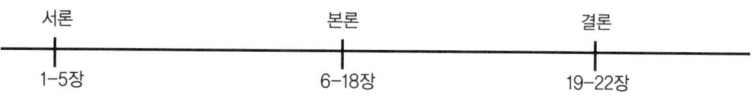

2) 대환난 부분

계시록을 미래사적 예언서로 간주하면 6장에서부터 대환난이 시작되는 것으로 봐야 할 것입니다. 첫째 인을 떼실 때 나타나는 백말을 탄 자를 어떻게 해석하느냐에 따라 계시록 전체 해석에 큰 영향을 끼칩니다. 6장의 백마 탄 자를 복음, 예수 등으로 보기도 하나 백말을 탄다고 모두 예수님이 되시거나 구름 혹은 무지개가 동원된다고(10장의 천사) 예수의 재림으로 볼 수 없습니다. 주님의 재림은 감람산에서 예언하신 내용에서 환난이 다 지난 후 최후에 재림하실 것으로 말씀하고 있습니다. 그러한 순서는 재림이라는 테마를 자연스럽게 해 주는 것입니다.

대환난의 기간이 얼마나 되는가 하는 문제는 각양 해석 차이가 있습니다. 필자는 구약과 신약에서 겹쳐지는 표현을 통합하여 7년이라는 유한된 기간으로 보며 그 중에서 극심한 환난의 기사가 기록된 13장에서 그 분기점을 찾고 전 후반의 각각 3년 반씩 나누어 전 3년 반, 후 3년 반으로 구분하고자 합니다.

그림 2)

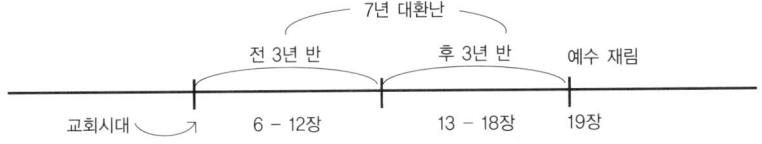

3) 각 장별 제목과 내용

각 장마다 제목을 붙이는 것은 해석의 주관을 표시하기 위함입니다. 제목을 어떻게 정하느냐 하는 것은 곧 계시록의 흐름을 말해주기 때문에 중요한 작업이라고 봅니다.

그림 3)

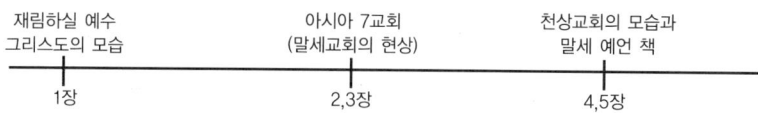

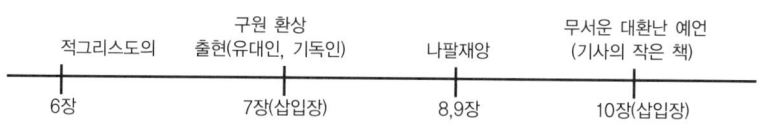

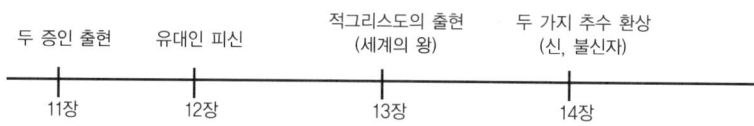

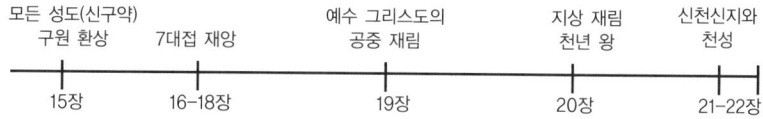

5. 7.7.7의 재앙 내용

대환난의 기사가 7인의 재앙과 그 중 마지막 7번째 인 안에 또 7 나팔 재앙이 그리고 7번째 나팔 재앙 안에 7대접 재앙이 기록되어 있습니다.

이것을 반복으로 해석할 것인가 아니면 점진적으로 이루어질 역사를 말하는 것인가 하는 문제가 있습니다. 각 장마다 나타난 재앙의 정도와 앞뒤 연결되는 환상의 구조가 다르기 때문에 중복된 예언은 아닙니다.

	성 경	환상과 그 내용
7인	6:1-	7개의 인 재앙이 나열 됨
첫째 인	6:1-2	백말 탄 자 : 적그리스도
둘째 인	6:3-4	홍말 탄 자 : 전쟁
셋째 인	6:5-6	흑말 탄 자 : 기근
넷째 인	6:7-8	청황색말 탄 자 : 검, 흉년, 사망
다섯째 인	6:9-11	순교자들의 호소
여섯째 인	6:12-17	일월성진의 변화, 산, 섬이 움직이고 천지 변동
일곱째 인	8:1-9:	7나팔 재앙이 나타남
일곱째 인	8:1-9:-	7개의 나팔 재앙이 나열 됨
첫째 나팔	8:7	피 섞인 우박, 불이 땅, 수목 ⅓을 태움
둘째 나팔	8:8-9	불 붙는 큰 산같은 것 바다에 떨어져 ⅓이 피가 되고 바다 생명, 배가 ⅓이 죽고 깨어짐
셋째 나팔	8:10-11	횃불같은 큰 별이 강, 물샘 ⅓에 떨어져 물 ⅓이 쓰게 됨
넷째 나팔	8:12	해,달,별 ⅓이 침을 받아 ⅓이 어두워짐
다섯째 나팔	9:1-11	황충이 불신자들을 5개월간 괴롭힘
여섯째 나팔	9:13-21	유브라데강에 결박된 4천사 연월일시에 사람 ⅓죽이기로 예비함
일곱째 나팔	8:1-9:	7 대접 재앙이 나타남

일곱째 나팔 재앙	16:-18:	7개의 대접 재앙이 나열 됨
첫째 대접	16:2	악하고 독한 헌데가 짐승(666)표 받은 자에게 나타남
둘째 대접	16:3	바다가 죽은 피같아 모든 생물이 죽음
셋째 대접	16:4-7	강, 물 근원에 쏟아 피가 됨, 불신자들이 마시고 죽음
넷째 대접	16:8-9	해가 뜨거워 불로써 사람을 죽임
다섯째 대접	16:10-11	짐승의 나라가 흑암, 사람들에게 종기가 나서 아픔
여섯째 대접	16:12-16	유브라데 강물이 말라 전쟁 준비가 됨
일곱째 대접	16:17-21	큰 지진, 큰 성 3갈래, 만국의 성이 무너짐, 섬과 산악이 없어짐,우박 50-60kg

주의 재림은 7인 7나팔 7재앙 중에 마지막 나팔 재앙으로 끝맺으면서 오실 것입니다.

고전 15:51-52 '보라 내가 너희에게 비밀을 말하노니 우리가 다 잠잘 것이 아니요 **마지막 나팔**에 순식간에 홀연히 다 변화하리니 **나팔 소리가 나매** 죽은 자들이 썩지 아니할 것으로 **다시 살고** 우리도 변화하리라'

계 11:15 '**일곱째 천사가 나팔을 불매** 하늘에 큰 음성들이 나서 가로되 세상 나라가 **우리 주와 그 그리스도의 나라가 되어** 그가 세세토록 왕 노릇 하시리로다 하니'

6. 공관복음서의 예언과 비교

소계시록이라 불리는 공관복음서에 나타나는 말세훈은 계시록의 내용과 동일하게 점진적으로 일어날 미래 역사를 예고해주고 있습니다(마 24:2-3 '대답하여 가라사대 너희가 이 모든 것을 보지 못하느냐 내가 진실로 너희에게 이르노니 돌 하나도 **돌 위에 남지 않고 다 무너뜨리우리라** 예수께서 감람산 위에 앉으셨을 때에 제자들이 종용히 와서 가로되 우리에게 이르소서 **어느 때에 이런 일이 있겠사오며 또 주의 임하심과 세상 끝에는 무슨 징조**가 있사오리이까')

	마24:3-31		계6:-20:
①	거짓선지자들의 출현(4,5)	①	백말 탄 자(적그리스도 출현,6:1,1,11:5)
②	전쟁(6,7)	②	홍색말 탄 자(전쟁,6:3,4,9:13-18.16:12-16)
③	기근,지진(7)	③	흑색말 탄 자(기근,6:5,6,13:17), 청황색말 탄 자(흉년,사망,6:7,8,13:11-)
④	성도의 환난과 순교(9)	④	순교자의 호소(6:9,11,13:)
⑤	천지 변동(29)	⑤	일월성진의 변동(6:12-16,16:17-21))
⑥	예수 재림(30)	⑥	예수의 재림(19:)
⑦	구원 완성(31)	⑦	천년왕국(20:)

7. 구약의 말세 예언과 비교

1) 느부갓네살 왕의 꿈(단 2:31-35)

꿈, 단2:32,33			해석 2:36-43
머리	정금	가장 가치 있음	바벨론, 2:18
가슴과 팔	은	가치가 떨어지나 강함	메데,파사
배와 넓적다리	놋	가치가 떨어지나 은보다 강함	헬라
종아리	철	가치가 떨어지나 놋보다 강함	로마(동,서)
발과 발가락	철+흙	잘 섞이지 않듯 연합이 불원간 깨어지는 것	열발가락은 10개 연합국인듯 하며 적그리스도국이 될 듯 함(계13:1)적그리스도의 나라

2) 다니엘의 꿈(단7:2-12)

	꿈, 단7:3-12(4,짐승)			해석, 단7:17-27
첫째 짐승	사자	독수리 날개가 있음	빠른 승리	역사적으로 바벨론
둘째 짐승	곰	몸 한 편이 들림, 잇사이에 세 갈비대	메데보다 파사의 큰 힘, 나라 정복	메데, 파사. 베벨론, 리비아, 애굽
세째 짐승	표범	등의 새 날개, 머리 넷	빠른 정복, 4나라로 등분됨	헬라(프톨레미, 리시마쿠스, 켓산드, 실루쿠스장군) 4나라는 단8:참고
넷째 짐승	큰 철이,발톱은 놋, 10뿔 다른 작은 뿔 사람같은 눈, 큰 입 먼저 뿔 중 셋을 뽑음	강직함 10개 연합국 교만한입, 계13:6 세나라를 없이함		로마 적그리스도나라 적그리스도 단7:24,계13:1

3) 다니엘의 이상(異像)(단8:3-4)

	이상, 단8:3,4		해석, 단8:20-24
수양	두뿔중 한뿔이낫으나 더길다 서남북을 받았다	파사가 메데 보다 강함 3방향의 나라들	베데,파사 (바벨론,수리아,소 아시아) (아메니아,카스비아 해안) (애굽,에디오피아)
수염소	서편에서 와서 땅에 닿지않고 다님 두 눈 사이에 현저한 뿔 뿔 넷	신속성 알랙산더 대왕 4 나라로 등분	헬라 ① 애굽,구레네,코헬수리아,소아시아 남단 ② 트레이스,비두니아,부리기아,무시아 ③ 마게도냐,헬라 ④유브라데-인도접경
	작은 뿔 성소를 2300주야 더럽힘		안디오커스 에피파네스 예루살렘을 약 6년간(1300주야) 더럽힘(적그리스도모형)

4) 다니엘의 기도에 대한 가브리엘의 응답(단7:13-18)

단9:2(렘25:12),24		단7:25-27
• 영(슈)이 내림 　7 이레 • 62이레가 더 지나면 　왕이 오심 • 마지막 한 이레는 • 이스라엘이 어느 왕과 　언약을 맺음 • 언약 기간 절반에 　그 왕이 배신 • 이스라엘은 쫓겨남	한 이레는 7년 69×7=483년 7년 어떤 협상 후 3년 반 환난 시작	7×7이레=49년 (성전 건축 기간 BC 457년) AD.26년에 예수 성전에 들어오심 마지막 대환난 7년 이스라엘과 적그리스도의 협상 후 3년 반에 들어서며 파기 이스라엘(유대교) 환난(계12:)

제 1 장

재림하실
예수 그리스도의 모습

1장 주해 내용
1. 계시록의 출처와 전달 과정
2. 예수님의 공개적 재림
3. 주의 날에 성령 감동 받은 요한의 은혜
4. 계시록의 예언적 특징에 대한 연구

1장
재림하실 예수 그리스도의 모습

> **계 1:2-3**
> 예수 그리스도의 계시라 이는 하나님이 그에게 주사 반드시 속히 될 일을 그 종들에게 보이시려고 그 천사를 그 종 요한에게 보내어 지시하신 것이라

'**예수 그리스도의 계시(啓示)라**', 예수 그리스도에 관한 계시라는 뜻입니다. 먼저 성부 하나님이 주신 계시이면서 동시에 예수 그리스도의 계시입니다. 예수 그리스도께서 사도 요한에게 환상으로 나타나셔서 아버지의 계시대로 말씀해 주셨기 때문에 본서는 예수 그리스도의 계시가 되는 것입니다.

예수께서는 요 14:24 '나를 사랑하지 아니하는 자는 내 말을 지키지 아니하나니 너희의 듣는 말은 내 말이 아니요 나를 보내신 아버지의 말씀이니라' 고 하셨기 때문에 본 계시도 성부 하나님의 계시인 동시에 예수 그리스도의 계시입니다. 모든 성경 내용의 주인공은 언제나 예수 그리스도이십니다. 신구약 성경은 모두 예수 그리스도에 관하여 기록된 하나님의 계시입니다(요 5:39, 46).[1]

---

1) 요 5:39 '너희가 성경에서 영생을 얻는 줄 생각하고 성경을 상고하거니와 이 성경이 곧 내게 대하여 증거하는 것이로다'
  요 5:46 '모세를 믿었더면 또 나를 믿었으리니 이는 그가 내게 대하여 기록하였음이라'

'**계시(啓示)**' 란 헬라어로 아포칼륖시스('Αποκάλυφις)인데 감추어진 것을 드러내어 보여준다는 뜻입니다. 인간의 지식으로는 알 수 없고 다만 하나님이 보여 주셔야 알 수 있다는 것입니다. 그 때 열어 보여 주사 깨닫게 하시는 것을 '계시(啓示)하신다' 라고 합니다.

'이는 하나님이 그에게 주사... 요한에게 보내어 지시하신 것이라', 본 계시의 출처와 전달 과정이 설명되고 있습니다. 역사의 주인이신 하나님 아버지께서 섭리의 적절하신 때를 맞추어 세상에 독자 예수 그리스도를 탄생(초림)시키셨습니다. 또한 예수 그리스도의 재림도 언제 오실 지 아무도 알 수 없으며 오직 역사의 주관자 되신 성부 하나님이 의도하시는 날짜에 예수님을 보내시게 될 것입니다(마 24:36, 행 1:7).[2]

본 계시록은 하나님이 그(예수 그리스도)에게 주시고 그 천사를 통해 요한에게까지 전달하신 것입니다. 본 계시록도 복음서에서 하신 말씀처럼 예수 그리스도의 단독적 계시가 아니라 성부로부터 받으신 계시입니다. 하나님 아버지께서 아들에게 모든 권세를 일임하셨으나(마 28:18) 섭리의 역사를 계획하고 주도적으로 이끄시는 분은 성부 하나님이십니다.

예수께서는 요한복음 6장에서 자신의 지상 출현에 대한 근본적인 목표가 성부 하나님의 계획과 의지를 따라 메시아의 직분을 수행하시러 오셨음을 증거해 주셨습니다. 따라서 본서의 계시적 목적도 성부 하나님의 계획에서 나온 것입니다. 곧 성부 하나님이 역사의 미

---

2) 마 24:36 '그러나 그 날과 그 때는 아무도 모르나니 하늘의 천사들도, 아들도 모르고 오직 아버지만 아시느니라'
행 1:7 '가라사대 때와 기한은 아버지께서 자기의 권한에 두셨으니 너희의 알 바 아니요'

래에 대한 계시를 예수께 주시고 그 천사를 통하여 요한에게 지시하신 예수 그리스도를 중심한 예수 그리스도의 계시라는 말씀입니다.

'반드시 속히 될 일', 반드시 된다는 것은 틀림없이 계시록의 예언이 이루어진다 함이요, **'속히'** 라는 말은 그 후 2천년이나 된 지금에서 보면 일반적 시간의 의미가 아닙니다. 이는 하나님의 시간으로서 우리에게는 꼭 이루어 질 약속의 계시이며 하나님의 역사는 멈추지 않고 계속 진행되고 있음을 암시하는 말입니다. 말세에 영적으로 타락한 자에게는 예수 그리스도께서 도적같이 오신다 함과 같은 표현입니다.

공관 복음서에 예언하신 감람산의 말세훈은 예루살렘의 멸망에 대해 예언하시고 또한 우주의 종말을 함께 예언하셨습니다(마 24; 막 13; 눅21;). 그러나 본서는 전체 내용의 흐름으로 보아 세상 끝날의 우주적 종말을 예고하고 있다는 것을 부인 할 수 없습니다.

예수님의 재림을 대 주제로 하는 책이기 때문에 본서는 세상 전체의 종말을 예고하는 계시라고 볼 수 밖에 없습니다.

주의 재림을 무시하고 그래서 경건치 못한 태만한 신자들에게 베드로는 경고하기를, 벧후 3:8 '사랑하는 자들아 주께는 하루가 천 년 같고 천 년이 하루 같은 이 한 가지를 잊지 말라' 고 했습니다.

여기 천년의 세월을 일컫는 것은 하나님의 시간 개념(카이로스, $Καιρός$)입니다. 즉 신앙심이 살아 있으면 일반적인 감각의 시간 의식이 흘러가는 것이 아니라 살아서 활동하는 하나님의 역사 안에 의식화된다는 것입니다. 열심을 다하여 주를 섬기면 곧 주님이 오실듯이 생생한 증인의 삶을 살게 된다는 말입니다.

때문에 신앙이 태만한 것을 비유하여, 롬 13:11 '또한 너희가 이 시기를 알거니와 **자다가 깰 때**가 벌써 되었으니 이는 이제 우리의 구원이 처음 믿을 때보다 가까웠음이니라' 고 했습니다. 여기서의 잠은 영적으로 어두운 상태를 뜻합니다.

그러므로 여기 **반드시, 속히, 될 일**이란 반드시 이루어 질 것을 강조하는 표현입니다. 하나님이 반드시 성도들을 위로하실 날이 확실하게 올 것이며 동시에 악인들을 반드시 심판하실 것이라는 뜻입니다.

예루살렘의 멸망이 예수님의 예언대로 서기 70년경에 이루어졌습니다. 이 예언의 성취도 사실상 예언하신 후 주께서 승천하시고 약 40년이 지난 뒤에 성취되었으므로 그 당시에 살아가던 사람들로서 느낄 수 있는 일반 역사 의식으로는 예언 받은 지 40년 후라는 기간은 제법 긴 세월입니다.

따라서 속히 이루어진다는 이 말씀은 단순히 세상의 시간 역사에 비추어 이해 할 것이 아니라 하나님의 말씀이 반드시 성취된다는 말씀의 신실하신 약속과 말씀의 권위에 대한 강조의 뜻으로 이해하는 것이 옳을 것입니다(마 24:2,3, 눅 21:20-24).

'**그 종들**', 본 절의 문맥상으로 볼 때 하나님께서 계시를 내리실 때 그 천사를 부리십니다. 그러므로 본 절의 '**그**' 는 하나님이시고 여기 '**그 천사**' 는 이 특별한 계시 전달의 임무를 맡으니 소식을 전하는 천사장 가브리엘인 듯 합니다(눅1:19).[3]

> **계 1:2-3**
> 요한은 하나님의 말씀과 예수 그리스도의 증거 곧 자기의 본 것을 다 증거하였느니라, 이 예언의 말씀을 읽는 자와 듣는 자들과 그 가운데 기록한 것을 지키는 자들이 복이 있나니 때가 가까움이라

---

3) 눅 1:19 '천사가 대답하여 가로되 나는 하나님 앞에 섰는 가브리엘이라 이 좋은 소식을 전하여 네게 말하라고 보내심을 입었노라'

'**하나님의 말씀**'은 요한이 쓴 다른 성경을 뜻하는 것이 아니며 본서에서 계시하신 하나님의 말씀입니다. 하나님은 예수님을 이 세상에 보내시되 그 아들 안에서 증거 하셨습니다(요 7:16,17, 마 10:20).

'**예수 그리스도의 증거**'는 주께서 나타나 보여 주신 모습이나 친히 하신 계시의 말씀과 증거들입니다.

'**이 예언의 말씀**'은 본 계시록을 말합니다.

'**읽는 자, 듣는 자, 지키는 자**' 모두가 복되다고 하셨습니다. 요한이 본서를 기록하여 당시 각 교회(아시아 7교회)에 보내어 계시를 읽게 된 자들도 복되다는 것입니다. 지금 우리에게도 읽고 듣게 해 주시므로 복된 것입니다(마 13:16, 롬 10:14-15, 눅 11:28).[4]

'**때가 가까움**', '**때**'는 인간의 시간 개념이 아닌 하나님의 시간으로 볼 것입니다. 헬라어에 일반적 시간으로 크로노스($X\rho \acute{o} \nu o \varsigma$, historical)가 있으며 여기에 사용된 때는 하나님의 섭리의 때로서 카이로스($K\alpha\iota\rho \acute{o}\varsigma$, historic)로 기록되어 있습니다. 즉 예수 그리스도께서 이 땅 위에 오신 후로부터 천국과 지옥이 선포됨으로써 하나님의 영원하신 심판의 때가 도래했다고 볼 수 있습니다. 주께서 2천년 전에 이 세상에 출현하시므로 지구촌의 인생은 복음을 듣는 순간부터 은혜를 받아 구원을 얻을 것인가 아니면 불신하여 그대로 형벌을 받을 것인가 하는 역사적 기로에 서게 된 것입니다. 각 개인의 수명 안

---

4) 마 13:16 '그러나 너희 눈은 봄으로, 너희 귀는 들음으로 복이 있도다'
   롬 10:14-15 '그런즉 저희가 믿지 아니하는 이를 어찌 부르리요 듣지도 못한 이를 어찌 믿으리요 전파하는 자가 없이 어찌 들으리요 보내심을 받지 아니하였으면 어찌 전파하리요 기록된바 아름답도다 좋은 소식을 전하는 자들의 발이여 함과 같으니라'
   눅 11:28 '예수께서 가라사대 오히려 하나님의 말씀을 듣고 지키는 자가 복이 있느니라 하시니라'

에서 복음을 듣고 예수 그리스도를 구원의 기회로 삼는 자는 유한된 지구촌의 삶이 은혜의 때가 될 것이고 불신하여 심판 받아야 할 사람은 도리어 출생 자체가 저주입니다.

그래서 이 '**때**' 를 신학 용어로 종말론적 시간(終末論的 時間)이라 합니다. 선하시고 합당하게 역사하시는 하나님의 시간으로써 뜻을 나타내시기 위한 기회의 때를 말합니다.

고후 6:2 '가라사대 내가 은혜 베풀 때에 너를 듣고 구원의 날에 너를 도왔다 하셨으니 보라 지금은 은혜 받을 만한 때요 보라 지금은 구원의 날이로다.' 여기에 말하는 '때' 가 곧 하나님이 역사하시는 영적인 이치의 때(카이로스)를 말하는 것입니다.

주의 재림에 대한 약속을 받고 듣고 지키는 종말론적인 삶을 유지하게 되는 경각심을 얻게 되고 내세주의적 철학으로 소망 가운데 거룩히 구별된 삶을 지향 할 수 있는 교훈을 받게 되므로 복이 된다는 것입니다.

계 1:4
요한은 아시아에 있는 일곱 교회에 편지하노니 이제도 계시고 전에도 계시고 장차 오실 이와 그 보좌 앞에 일곱 영과

'**아시아**' 는 성경 지리상 당시의 소아시아 지방을 말합니다. '**일곱 교회**' 외에도 여러 교회가 있었으나(밀레도, 드로아, 골로새 등) 하나님이 일곱 교회만 선택하셨습니다.

성경에 7의 숫자적 의미가 완전 성수(成數)를 의미하기 때문에 일곱 교회를 통하여 하나님이 바라시는 교회의 상을 충분히 깨닫게 하신 것입니다. 일곱 교회의 형편마다 평가하시고 권면하시며 축복하신 내용을 토대로 지상 끝날까지 부단히 개혁해 나가는 교회가 되어

야 할 것을 명하신 것입니다.

특히 여기 일곱 교회는 말세의 여러 유형의 교회 현상을 나타낸다고 볼 수 있습니다. 물론 기록되어 있는 아시아 일곱 교회는 그 당시의 지 교회이며 또한 교회 역사에 있을 유형교회들의 각양 모습으로 암시하고 있지만 여기 선택된 일곱 교회는 본 계시록의 특징을 따라 말세에서 볼 수 있는 교회의 모습들이라 여깁니다.

'이제도 계시고 전에도 계시고 장차 오실 이' 는 8절까지를 보면 성 3위 하나님의 이름으로 문안 인사를 기록하고 있기 때문에 이는 성부 하나님을 뜻하는 말씀으로 봅니다. 장차 오실 이는 성부 하나님이 영원 전부터 자존(自存)하심과 영원히 구원의 하나님으로 오실 것을 뜻합니다.

먼저 예수님의 탄생으로 하나님이 지구촌의 역사 속에서 임마누엘, 곧 하나님이 우리와 함께 하심을 이루셨고 이제 주께서 재림하실 때 다시 영원히 아버지의 백성들과 함께 하시기 위하여 오신다는 말씀입니다. 하나님은 늘 우리와 영으로 함께 하시지만 주의 재림으로 다시 오실 때에는 영원히 그 백성들과 새로운 문화적으로 함께 하시기 위하여 오시는 것입니다(계 4:8, 1:8).[5]

'그 보좌 앞 일곱 영', 그 보좌는 성부 하나님의 좌소를 상징합니다. **'일곱'** 은 완전을 의미하니 일곱 개의 영이 아니라 완전한 영, 즉 성령을 뜻합니다.

---

[5] 계 4:8 '네 생물이 각각 여섯 날개가 있고 그 안과 주위에 눈이 가득하더라 그들이 밤낮 쉬지 않고 이르기를 거룩하다 거룩하다 거룩하다 주 하나님 곧 전능하신 이여 전에도 계셨고 이제도 계시고 장차 오실 자라 하고'
계 1:8 '주 하나님이 가라사대 나는 알파와 오메가라 이제도 있고 전에도 있었고 장차 올 자요 전능한 자라 하시더라'

> **계 1:5**
>
> 또 충성된 증인으로 죽은 자들 가운데서 먼저 나시고 땅의 임금들의 머리가 되신 예수 그리스도로 말미암아 은혜와 평강이 너희에게 있기를 원하노라 우리를 사랑하사 그의 피로 우리 죄에서 우리를 해방하시고

'**또 충성되고 증인으로 죽은 자들 가운데서 먼저 나신**' 자는 예수 그리스도이십니다. 충성이란 단어는 믿음($πίστις$, 피스티스)과 같이 쓰이고 증거($μάρτυς$, 말투스)는 순교하다는 말과 같이 쓰입니다. 믿음이 있는 자는 충성하고 증거하는 자는 생명을 걸고 증인이 되어야 합니다. 주께서 그렇게 하셨고 우리가 받은바 신앙의 본질적인 요소가 그러한 충성과 증거의 내용을 담고 있습니다.

'**땅의 임금들의 머리가 되신**', 이 표현은 영적인 뜻으로 세속의 힘으로 세상을 다스리는 왕들과는 달리 사망에서 부활하사 죽음을 이기신 예수 그리스도께서 우리의 정신적 왕이 되심으로 세상 군왕보다 더욱 힘이 있으시고 영광스러우심을 뜻합니다(계 1:18).[6]

땅의 '**임금들의 머리가 되신**' 예수 그리스도로 표현함은 당시에 요한을 핍박하던 로마 황제 그리고 미래에 나타날 여러 세상 군왕들보다 더욱 크신 왕 중의 왕이 되신 권위를 뜻합니다.

결코 세상 임금을 두려워하지 않았음을 표시합니다. 임금들의 머리가 되신다는 표현은 주 예수 그리스도를 세상에서 가장 높이 세우고자 하는 요한의 신앙 고백이기도 합니다.

'**은혜와 평강**', 오직 평강은 주 예수 그리스도로부터 오는 것입니다. 요한이 로마 황제로부터 받은 핍박과 환난 중에 예수 그리스도로

---

6) 계 1:18 '곧 산 자라 내가 전에 죽었었노라 볼찌어다 이제 세세토록 살아 있어 사망과 음부의 열쇠를 가졌노니'

부터 얻게 되는 이 구원하심과 죄된 세상의 고통에서 영적 자유의 해방감을 맛보는 것을 피력하는 것입니다. 본래 진정한 은혜의 체험과 평강은 오히려 환난 중에 더욱 절실히 경험하게 됩니다(요 14:27).[7]

'우리를 사랑하사', 기독교의 중심은 하나님의 사랑에서 출발한 것이며 그 사랑은 이어지는 말씀처럼 희생으로 표현되었습니다(요 3:16, 롬 5:8).[8]

'그의 피로 우리 죄에서 우리를 해방하시고', 우리가 속죄됨은 예수 그리스도의 보혈의 대가가 지불되었음을 말합니다. 해방됨은 영적으로 완전한 자유를 말합니다. 이스라엘이 애굽에서 벗어나게 된 것은 어린양의 피로 인한 것처럼(유월절) 이제 그리스도 예수 안에서 그의 피로 우리를 죄에서 해방시키셨다는 것입니다.[9]

신약 백성의 해방이란 소위 사회주의적 복음주의자들이 말하는 정치적이고 환경적인 해방이 아닙니다. 오늘날 예수 그리스도의 구속은 곧 물질의 축복과 건강의 축복이라고 믿는 기복주의적 사고 방

---

7) 요14:27 '평안을 너희에게 끼치노니 곧 나의 평안을 너희에게 주노라 내가 너희에게 주는 것은 세상이 주는 것 같지 아니하니라 너희는 마음에 근심도 말고 두려워하지도 말라'
8) 요 3:16 '하나님이 세상을 이처럼 사랑하사 독생자를 주셨으니 이는 저를 믿는 자마다 멸망치 않고 영생을 얻게 하려 하심이니라'
   롬 5:8 '우리가 아직 죄인 되었을 때에 그리스도께서 우리를 위하여 죽으심으로 하나님께서 우리에게 대한 자기의 사랑을 확증하셨느니라'
9) 히 9:22 '율법을 좇아 거의 모든 물건이 피로써 정결케 되나니 피 흘림이 없은 즉 사함이 없느니라' 고 하신 속죄의 구약 제사법이 예수 그리스도의 희생적 죽으심으로 말미암아 이제 영원한 속죄양이 되셔서 우리를 죄에서 구속하시고 해방시키신 것입니다.
   히 9:15 '이를 인하여 그는 **새 언약의 중보**니 이는 첫 언약 때에 범한 죄를 속하려고 죽으사 부르심을 입은 자로 하여금 영원한 기업의 약속을 얻게 하려 하심이니 라'
   히 10:12 '오직 그리스도는 죄를 위하여 한 영원한 제사를 드리시고 하나님 우편에앉으사'

식을 가진 신자들이 얼마나 많은지 모릅니다. 그러나 예수는 문명의 한 방편이 아닙니다.

여기서 말하는 해방은 육신적 구속에서 벗어난다는 것이 아니라 영적으로 영원한 지옥 형벌에서 벗어나게 된 것이며 땅에서는 영적으로 승리하게 하셨다는 것입니다. 비록 요한은 환난 중에 밧모섬으로 정배 보내져 고난을 겪고 있었으나 영적으로는 해방된 자로서 자유함을 말해주고 있습니다.

예수 그리스도를 통한 속죄적 구원을 강조하는 것은 구원이란 인간의 심리적 변화 같은 것으로 주어지는 것도 아니며(명상, 수도, 극기) 이념으로 수용되는 철학이 아니라 적어도 뚜렷이 역사에 일어난 예수 그리스도의 희생적 사건으로 보혈의 비싼 값을 치르고 얻은 결과라는 사실입니다. 요한은 예수 그리스도를 증거하다가 비록 죄인 취급을 받고 핍박을 받아 육신으로는 귀양살이를 하고 있지만 영으로는 만 왕의 왕 예수 그리스도 한 분을 모시고 사는 것으로 은혜와 평강 가운데 자유함을 고백하고 있습니다.

> **계 1:6**
> 그 아버지 하나님을 위하여 우리를 나라와 제사장으로 삼으신 그에게 영광과 능력이 세세토록 있기를 원하노라 아멘

여러 사람들이 구원을 얻겠다고 교회를 스스로 나와 신앙 생활을 하므로 생활이 유익하게 되어 좋아졌다고들 합니다. 하지만 성경적으로 구원이란 하나님 자신의 계획된 역사이며 하나님이 주도적으로 우리 각 자를 부르셨다고 했습니다. 또한 우리 자신들이 회개하고 구원을 얻게되는 것이 우리에게 먼저 유익하기 전에 하나님 자신의 영광을 위하여 우리가 부름을 받게 된다고 말하고 있습니다(시

23:3, 요 6:44).[10]

　'**그 아버지 하나님을 위하여**', 구원은 하나님 자신의 영광을 위한 것이라고 말할 때 보통 종교 상식으로는 이해하기 힘듭니다. 처음에는 구원을 받은 감정이 기쁘고 감사할 따름입니다. 그러나 점차 구원 얻은 자로서 성숙해지면 구원해 주신 하나님께 영광을 드러내야만 한다는 의무감이 생겨나고 그것은 당연한 것으로 인식하게 됩니다(시 116:12).[11]

　'**우리를 나라와 제사장으로 삼으신**', 여기 '**나라**'는 하나님이 통치하시는 공간이 아니라 하나님이 관여하시고 인도하시는 정신적 영역(靈域)을 뜻하며 성경에는 성도들을 곧 나라요 시민이라고도 했습니다(빌 3:20).[12] 그런즉 성도가 존재하는 곳이 곧 하나님의 나라가 이루어 진 곳이며 교회의 질적 부흥은 그 하나님의 나라가 왕성해 가는 것입니다.

　특별히 '**제사장**'으로 삼으셨다는 것은 세상을 위해 봉사하는 제사장의 직무에 해당한 말씀이 아니라 구약 시대에 성소에는 제사장만이 들어간 것처럼 그리스도 안에서 성도 된 우리가 이제는 모두 하나님께 나아갈 수 있는 정신적 제사장들이 되었다는 말입니다.

　여기 '**우리**'는 모든 그리스도인들이며 이러한 점에서 소위 만인 제사장설이란 신학적 바탕을 찾게 되는 것입니다.

　'**아멘**'으로 마무리 한 것은 우리를 구속하신 하나님께 영광이 세

---

10) 시 23:3 '내 영혼을 소생시키시고 자기 이름을 위하여 의의 길로 인도하시는 도다'
　　요 6:44 '나를 보내신 아버지께서 이끌지 아니하면 아무라도 내게 올 수 없으니 오는 그를 내가 마지막 날에 다시 살리리라'
11) 시 116:12 '여호와께서 내게 주신 모든 은혜를 무엇으로 보답할꼬'
12) 빌 3:20 '오직 우리의 시민권은 하늘에 있는지라 거기로서 구원하는 자 곧 주 예수 그리스도를 기다리노니'

세토록 있기를 간절히 기원하는 뜻에서 덧붙여진 말로 보입니다. 전달의 내용을 강조할 때 아멘으로 문장을 맺는 수가 많습니다.

> **계 1:7**
> 볼지어다 구름을 타고 오시리라 각 인의 눈이 그를 보겠고 그를 찌른 자들도 볼 터이요 땅에 있는 모든 족속이 그를 인하여 애곡하리니 그러하리라 아멘

'**구름을 타고 오시리라**', 구름은 신적 영광을 나타내는 구름입니다. 실제 육안으로 인식 가능한 영광스런 빛을 동반한 구름일 것입니다. 구약에 하나님이 구름 가운데 임재하심은 상징으로 신성함을 말하고 예수님의 재림 모습에서 보여 주는 구름도 성부 하나님과 같이 존귀하셔서 만 왕의 왕으로 오시는 영광스런 분으로 표현한 것입니다.

또한 예수께서는 육신을 입고 오신 성자 하나님으로서 육안으로 인식될 그 영광스럽게 빛나는 구름을 타고 오신다는 문자적 요소는 그대로 이루어 질 것으로 봅니다(마 24:30, 25:32).[13]

'**각 인의 눈이 그를 보겠고 그를 찌른 자들도 볼 터이요**', 예수 그리스도의 재림은 공개적임을 뜻합니다. 각 인은 모든 족속과 모든 각 사람을 말합니다.

'**그를 찌른 자**', 예수님 당시 십자가에 못박고 창으로 옆구리를 찌른 자들이 주의 재림을 보게 된다함이 아니요 역사 속에 예수 그리스도를 핍박한 자들, 즉 성도를 핍박한 자들을 말합니다(요 15:20,

---

13) 마 24:30 '그 때에 인자의 징조가 하늘에서 보이겠고 그 때에 땅의 모든 족속 들이 통곡하며 그들이 인자가 구름을 타고 능력과 큰 영광으로 오는 것을 보리라'
마 25:32 '모든 민족을 그 앞에 모으고 각각 분별하기를 목자가 양과 염소를 분별하는 것 같이 하여'

히 6:6).[14]

본 계시록을 과거 요한 당시의 사건으로 보는 학자들은 '그를 찌른 자' 는 곧 당시에 주를 못 박았던 자들이라 합니다. 그러나 본 계시록의 특성이 종말에 관설하고 또한 본 절이 주의 재림을 말하는 바 그를 찌른 자는 그 당시의 사람으로 한정할 수 없습니다.

예수 믿는 성도가 사람들에게 취한 행동은 곧 주님께 행한 것이라 말씀하셨습니다. 진리 안에서 성도는 곧 주님을 대신한다는 말입니다. 그러므로 성도라는 이름이 얼마나 존귀한지 모릅니다(마 10:40, 눅 10:16).[15]

모든 이가 예수 그리스도의 재림을 본다는 것은 성도들만 볼 수 있는 것이 아니라 원수들도 육안(肉眼)으로 보게 됨으로써 모든 이가 보게 된다는 것을 거듭 강조 해주고 있습니다. 그리스도의 재림은 객관성을 가진 역사상의 사건이 될 것입니다.

'모든 족속이 그를 인하여 애곡' 하는 것은 모든 지상의 사람들이 초상난 것처럼 슬피 울며 통곡할 것이라는 말입니다. 예수께서 재림하시는 날은 구원을 얻기에는 이미 늦은 때이며 회개할 기회에 회개치 못한 자들의 애통이 따를 것을 예고하는 것입니다(계 2:21).[16]

---

14) 요 15:20 '내가 너희더러 종이 주인보다 더 크지 못하다 한 말을 기억하라 사람들이 나를 핍박하였은즉 너희도 핍박할 터이요 내 말을 지켰은즉 너희 말도 지킬 터이라'
히 6:6 '타락한 자들은 다시 새롭게 하여 회개케 할 수 없나니 이는 자기가 하나님의 아들을 다시 십자가에 못 박아 현저히 욕을 보임이라'
15) 마 10:40 '너희를 영접하는 자는 나를 영접하는 것이요 나를 영접하는 자는 나 보내신 이를 영접하는 것이니라'
눅 10:16 '너희 말을 듣는 자는 곧 내 말을 듣는 것이요 너희를 저버리는 자는 곧 나를 저버리는 것이요 나를 저버리는 자는 나 보내신 이를 저버리는 것이라하시니라'
16) 계 2:21 '또 내가 그에게 회개할 기회를 주었으되 그 음행을 회개하고자 아니 하는도다'

'**그러하리라 아멘**', 그러하리라는 헬라어로 나이($ναί$)이고 아멘($ἀμήν$)은 히브리어(אמן) 음역(音譯)으로 나이($ναί$)와 같은 뜻입니다. 이중적 표현은 주의 재림이 확실함을 의도하며, 헬라어와 히브리어 두 나라 언어로 기록된 것은 예수 그리스도의 재림은 신불신간(信不信間) 모든 자에게 우주적(宇宙的)으로 임하실 것을 뜻합니다. 히브리어가 하나님의 백성을 상징한다면 헬라어는 이방인을 상징할 것입니다. 언제나 그러하다는 것은 아니고 여기 히브리어와 헬라어의 중복된 표현이 그러한 뜻을 간주해 주고 있습니다.

> **계 1:8**
> 주 하나님이 가라사대 나는 알파와 오메가라 이제도 있고 전에도 있었고 장차 올 자요 전능한 자라 하시더라

'**주 하나님...알파와 오메가(A, Ω)**'는 헬라어의 첫 글자와 끝 글자로 하나님은 처음과 끝이 되시고 만물의 시작과 끝의 주인 되심을 뜻합니다. 세상의 역사 속에 그리스도인들이 요한처럼 핍박으로 얼룩져도 분명한 사실은 우리를 사랑하사 예수 그리스도를 통하여 구속해 주신 하나님이 역사의 주인공이 되셔서 주의 재림으로 세속의 권세를 이기시고 하나님이 공의로 심판하시러 오실 것이라는 소망을 선언하는 것입니다.

'**장차 올 자**'란 표현은 예수께서 다시 오실 것을 전제로 하니까 예수 그리스도의 재림을 뜻하는 것 같으나 예수 그리스도 안에서 하나님이 심판하시러 오실 것이라는 말입니다.

예수께서 초림(初臨) 하셔서 복음을 전파하실 때에도 성부 하나님이 함께 하시고 말씀하신다고 하셨으며 다시 오시는 때에도 재림하시는 예수 안에 하나님이 계시므로 이렇게 표현되는 것입니다(요

12:50).[17]

'**전능한**' 것은 세상을 만드심이 전능한 것이지만 말세에 세상을 공의로 심판(審判)하시기에 그 능력(지혜, 심판 대책)이 전능(全能)하시다는 말입니다. 세속의 세력을 넉넉히 이기실 하나님의 권세를 뜻합니다.

> **계 1:9**
> 나 요한은 너희 형제요 예수의 환난과 나라와 참음에 동참하는 자라 하나님의 말씀과 예수의 증거를 인하여 밧모라 하는 섬에 있었더니

'**나 요한**', 사도 요한은 자신의 신분, 즉 나 사도 요한이라 하지 않고 나 요한이라 했습니다. 환난 중에 처한 자로서 형제들을 사랑하므로 표현한 그의 겸손입니다. 사도의 직분을 가지고 사도의 직함을 사용하지 않고 겸허한 표현을 쓴 요한의 중심을 우리는 배워야 합니다.

직분을 내세우는 것은 교만입니다. 목사나 혹은 교회 직분과 지도자이기 전에 먼저 성도로서의 모범이 되어야 합니다. 하나님의 은혜 앞에 서면 모든 자들이 형제라는 관계로써 우리는 마음 본 바탕이 제도적인 의식을 넘어 서 있어야 합니다. 오직 높으신 분은 하나님 뿐입니다.

'**예수의 환난과 참음에 동참**', 원문 상 바르게 읽으면 예수 안에서 ($ἐν$ $Ἰησοῦ$) 혹은 바울이 가장 많이 사용한 '주 안에서' 라는 뜻입니다. 주의 말씀은 인내가 있어야 따라 갈 수 있습니다. 말씀을 지키

---

17) 요 12:50 '나는 그의 명령이 영생인 줄 아노라 그러므로 나의 이르는 것은 내 아버지께서 내게 말씀하신 그대로 이르노라 하시니라'

는 일에 동참했다는 것은 사도 요한 혼자만 아니라 여러 형제처럼 자신도 함께 그리스도의 증인으로 동참했다는 말입니다.

사도 요한은 주안에서 **'하나님의 말씀'** 과 예수 그리스도에 대한 증인으로서 핍박을 받아 밧모섬으로 귀양갔던 것입니다.

'밧모섬' (Palmosa)은 사모스섬으로부터 남서쪽으로 45Km 떨어진 곳에 위치한 아름다운 섬으로 면적은 40평방Km, 남북의 길이는 16Km, 동서의 폭은 가장 넓은 지점이 10Km, 해안선의 길이는 60Km이고 현재 이 섬의 인구는 약 2500명이라고 합니다.

로마 제국 시대에 이 밧모섬은 종교, 정치범을 귀양 보냈던 유배지였습니다. 요한은 도미시안 황제 때 이 섬으로 유배 와서 약 18개월 동안 살다가 네르바 황제가 취임하면서 풀려 나와 에베소로 돌아왔다고 합니다. 이 지역은 1947년 이후로는 지금 그리스의 소유 영토로 되어 있습니다. 현재 이곳에는 밧모섬의 중심지인 호라 마을에 성 요한 수도원이 있는데 1088년 비잔틴 황제 알렉시우스 콤메디우스의 허가를 받아 성 크리스토둘로스가 옛 아르테미스 신전 터에 세운 것입니다.

요한이 계시를 받았다고 하는 계시의 동굴은 이 수도원의 아래쪽으로 추정합니다. 1713년경에는 밧모 희랍 정교회 신학교가 세워졌습니다. 또한 이곳에 요한이 최초로 사용했다고 전해지는 세례 터가 있습니다. 전체 크기는 대략 한국의 울릉도 만한 크기로 당시에 죄인들을 정배보내던 곳입니다.

> **계 1:10**
> 주의 날에 내가 성령에 감동하여 내 뒤에서 나는 나팔 소리 같은 큰 음성을 들으니

'**주의 날**'은 지금의 주일, 즉 안식(安息;토요일)후 첫 날인 일요일에 주님이 부활하셨고 사도 때 부터 이 날이 주의 날로 점차 명명되었습니다.

문자적으로 '주께 속한 날'을 의미하는 것으로 '안식 후 첫날' (막 16:2; 눅 24:1; 요 20:19; 행 20:7) 혹은 '매 주일 첫날' (고전 16:2)과 같은 뜻입니다. 그리고 이 날은 아무렇게나 취급된 날이 아니라 기억하며 구별된 주의 날로 삼았습니다(On the Lord's Day).

행 20:7 '**안식 후 첫날**에 우리가 떡을 떼려 하여 모였더니 바울이 이튿날 떠나고자 하여 저희에게 강론할 새 말을 밤중까지 계속하매.'

무엇보다 그리스도께서 부활하신 날을 기념하여 사도 시대부터 유대교의 안식일이었던 토요일의 다음 날인 주일에 모였던 것입니다(요 20:19; 행 20:7; 고전 16:2). (주일에 대하여 특주 1. 참고).

'**성령의 감동**', 요한이 본래 성령을 받아 영적으로 이미 거듭나고 또한 사도로서의 특별한 정신을 가지고 있었던 자이지만 본 계시를 받을 만한 새로운 성령 감동의 황홀경에 취하게 되었다는 것입니다. 여기서 주의 할 점은 이어지는 말씀을 볼 때 요한이 성령의 감동을 받고 무아지경(無我地境)으로 들어갔다는 것이 아니라는 사실입니다.

'**나팔 소리 같은 큰 음성**'을 들었는데 나팔 소리는 구약 시대에도 천사를 통하여 들려진 경우가 있습니다(출 19:19).[18]

그런데 본 절에서는 나팔 소리가 들렸다 하지 않고 나팔 소리 같

---

18) 출 19:19 '나팔 소리가 점점 커질 때에 모세가 말한즉 하나님이 음성으로 대 답하시더라'

은 큰 음성이 들렸다고 되어 있습니다. 결국 예수 그리스도의 장엄한 음성을 뜻합니다. 요한은 황홀 속에 빠졌으나 말씀이 그 곳에 있었고 따라서 요한은 이성(理性)을 잃은 것이 아니었음을 알 수 있습니다.

요한계시록은 재림에 관한 예언적 말씀이라는 특성을 가지고 있기 때문에 요한이 계시의 음성을 듣게 되는 소리는 나팔 소리 같은 큰 음성으로 들려졌다고 보아집니다.

나팔소리는 구약 시대에 전쟁이나 백성을 모을 때 혹은 절기 때 불렀으며(민 10:20, 겔 7:14, 33:6, 레 23:24) 신약에는 예수님이 감람산 위에서 말씀 해주신 말세 예언에, 주님이 오실 때 하나님의 큰 나팔 소리와 함께 오신다고 하셨습니다(마 24:31, 고전 15:51, 52, 살전 4:16).[19]

> **계 1:11-12**
>
> 가로되 너 보는 것을 책에 써서 에베소, 서머나, 버가모, 두아디라, 사데, 빌라델비아, 라오디게아 일곱 교회에 보내라 하시기로, 몸을 돌이켜 나더러 말한 음성을 알아보려고 하여 돌이킬 때에 일곱 금 촛대를 보았는데

'너 보는 것' 은 요한이 본 재림하실 예수 그리스도의 모습과 계시의 모든 것들입니다(1:13-16).

---

19) 마 24:31 '저가 큰 나팔 소리와 함께 천사들을 보내리니 저희가 그 택하신 자 들을 하늘 이 끝에서 저 끝까지 사방에서 모으리라'
고전 15:51,52 '보라 내가 너희에게 비밀을 말하노니 우리가 다 잠잘 것이 아니요 마지막 나팔에 순식간에 홀연히 다 변화하리니 나팔 소리가 나매 죽은 자들이 썩지 아니할 것으로 다시 살고 우리도 변화하리라'
살전 4:16 '주께서 호령과 천사장의 소리와 하나님의 나팔로 친히 하늘로 좇아 강림하시리니 그리스도 안에서 죽은 자들이 먼저 일어나고'

'**몸을 돌이키는 것**'은 소리가 영적이긴 해도 앞에서 들린 것이 아니라 뒤에서 나는 소리라 하였으므로 자세를 바꾸는 태도입니다. 성령의 감동을 받을 때 대체로 태도에 변화가 오게 마련입니다. 편한 자세로 성경을 읽을 때가 있는가 하면 무릎을 꿇고 주의 영적 말씀을 얻고자 할 때도 있습니다.

요한의 지금 모습은 일상적인 묵상의 자세가 아니라 계시의 음성에 귀를 기울이는 태도입니다. 설교를 듣는 자세에도 그와 같이 일상적인 연설을 듣는 듯이 앉아 있는 것이 아니라 살아 계신 하나님의 계시성 있는 교훈과 성령의 지시를 얻기 위해 간절히 귀를 기울이고 반듯한 태도로 경청해야 합니다.

예배 중에 허리를 뒤로하고 아예 앉은 자세로 조는 경우가 있는데, 예배자의 바른 자세가 아니며 피곤해도 설교자 앞에 바른 자세로 들어야 합니다. 무엇보다 하나님의 음성을 듣는 긴장된 모습을 갖추는 것으로 은혜 받을 자의 올바른 태도를 지켜야 합니다(사 55:3).[20]

'**일곱 금 촛대**'는 본 장 20절에 해석이 나오듯이 일곱 교회를 상징합니다. 구약 시대 성소에 한 덩이로 된 등잔을 항상 피워 성소를 밝혔습니다(출 25:37).[21] 신약에 와서는 성도를 세상의 빛이라 말씀하셨으며 이는 영적으로 어두운 세상을 비추는 교회의 본질을 뜻합니다(마5:15).[22]

본 절의 촛대라는 말은 당시로 보아서 초가 없었으므로 바른 번역

---

20) 사 55:3 '너희는 귀를 기울이고 내게 나아와 들으라 그리하면 너희 영혼이 살리라 내가 너희에게 영원한 언약을 세우리니 곧 다윗에게 허락한 확실한 은혜니라'
21) 출 25:37 '등잔 일곱을 만들어 그 위에 두어 앞을 비추게 하며'
22) 마 5:14 '너희는 세상의 빛이라 산 위에 있는 동네가 숨기우지 못할 것이요'

이 아니고 등잔입니다(출 25:35).[23] 금으로 된 등대, 즉 영적이요 생명의 빛을 발하는 교회의 거룩한 영성과 사회적 기능을 뜻합니다. 또한 금은 변치 않으니 영생의 빛을 뜻합니다.

계 1:13
촛대 사이에 인자 같은 이가 발에 끌리는 옷을 입고 가슴에 금띠를 띠고

'**촛대 사이에 인자**'는 모든 교회 중에 계신 분임을 묘사합니다.

'**인자 같은 이**'는 예수 그리스도를 뜻합니다. 인자(人子)는 하나님의 아들 예수 그리스도에 대한 별칭입니다(마 19:28).[24]

'**발에 끌리는 옷**'을 입으신 것은 대제사장의 예복같이 위엄과 존귀를 가지신 모습이며(단 10:5,6), '**가슴에 금띠**'를 하신 것 또한 제사장과 군왕이 입는 의복 같은 모습입니다(출 39:21). 예수 그리스도의 의상에서 권위와 영광을 보여주는 것입니다. 재림하실 예수 그리스도의 영광스런 모습을 보여주신 것입니다.

계 1:14-15
그 머리와 털의 희기가 흰 양털 같고 눈 같으며 그의 눈은 불꽃같고, 그의 발은 풀무에 단련한 빛난 주석 같고 그의 음성은 많은 물소리와 같으며

'**머리와 털**', 우리말에 이마가 훤하다고 하는 말은 풍요와 영광을

---

23) 출 25:35 '등대에서 나온 여섯 가지를 위하여 꽃받침이 있게 하되 두 가지 아래 한 꽃받침이 있어 줄기와 연하게 하며 또 두 가지 아래 한 꽃받침이 있어 줄기와 연하게 하며 또 두 가지 아래 한 꽃받침이 있어 줄기와 연하게 하고'
24) 마 19:28 '예수께서 가라사대 내가 진실로 너희에게 이르노니 세상이 새롭게되어 인자가 자기 영광의 보좌에 앉을 때에 나를 좇는 너희도 열두 보좌에 앉아 이스라엘 열두 지파를 심판하리라'

뜻합니다. 흰머리는 노숙함, 영광스러움, 영생, 성결 등을 상징합니다(잠 16:31, 단 7:9).[25]

'**그의 눈은 불꽃**' 같은 것은 재림하실 주님의 위엄하시고 예리하신 심판적 모습입니다(단 10:6). 가끔 어떤 사람은 기도할 때 '불꽃 같은 눈으로 하감 하시옵고…' 라고 하는 표현은 성도에게 적당하지 않습니다.

눈 여겨 보살펴 달라는 기도문이겠지만 어쩐지 불꽃같은 눈빛은 심판주의 모습으로 보이기 때문에 그런 표현은 성도에게 사용하지 않는 것이 정서상 좋을 것입니다. 차라리 머리털까지 세시는 하나님이 훨씬 은혜롭습니다(마 10:30).[26]

'**풀무에 단련한 빛난 주석**' 같은 발로 보이신 것은 감히 지상에서는 그 무엇이라도 심판 주께 대항 할 수 없을 만한 의지와 세력을 가지신 분임을 뜻합니다(단10:6).[27]

'**그의 음성은 많은 물소리**' 같은 것은 신성하신 말씀의 권위를 뜻합니다. 요한이 밧모섬에서 들을 수 있는 파도 소리는 낭만적이지만 여기 주의 음성은 거룩함의 충만으로 들려오는 신령한 소리입니다(겔 43:2).[28]

---

25) 잠 16:31 '백발은 영화의 면류관이라 의로운 길에서 얻으리라'
　　단 7:9 '내가 보았는데 왕좌가 놓이고 옛적부터 항상 계신 이가 좌정하셨는데 그 옷은 희기가 눈 같고 그 머리털은 깨끗한 양의 털 같고 그 보좌는 불꽃이요 그 바퀴는 붙는 불이며'
26) 마 10:30 '너희에게는 머리털까지 다 세신 바 되었나니'
27) 단 10:6 '그 몸은 황옥 같고 그 얼굴은 번갯빛 같고 그 눈은 횃불 같고 그 팔과 발은 빛난 놋과 같고 그 말소리는 무리의 소리와 같더라'
28) 겔 43:2 '이스라엘 하나님의 영광이 동편에서부터 오는데 하나님의 음성이 많은 물소리 같고 땅은 그 영광으로 인하여 빛나니'

> **계 1:16**
> 그 오른손에 일곱 별이 있고 그 입에서 좌우에 날선 검이 나오고 그 얼굴은 해가 힘있게 비취는 것 같더라

 '**그 오른손**' 은 성경상 권위, 권세를 상징합니다(출15:6, 시17:7, 118:16).[29] '**일곱 별**', 그 오른손에 일곱 별이 있음은 교회의 주인이신 예수 그리스도를 뜻하며 교회는 주님의 권능의 장중(掌中)에 있다는 의미입니다.

 '**그 입에서 좌우에 날 선 검**' 의 문자적 모습은 신령하다기 보다 섬뜩하기까지 합니다. 그러나 이 모습은 예리한 말씀을 가지신 분으로 해석됩니다. 성경에서 말씀을 칼에 비유하기도 합니다. 요한이 본 주님의 모습은 진리의 말씀이 날 선 검처럼 주의 입에서 흘러나오는 모습을 보는 것입니다(엡 6:17, 히 4:12).[30]

 '**그 얼굴**' 은 해가 힘있게 비치는 것 같다 함은 영광이 부시는 것을 말합니다. 모든 세상의 영광(빛)을 압도하는 태양처럼 어떠한 신들(神; gods)과 세속의 영광들일지라도 만 왕의 왕으로서 심판 주이신 예수 그리스도의 영광 앞에서는 무색할 것을 뜻합니다. 신약의 사도 바울은 다메섹 도상에서 영광의 빛으로 나타나신 주님을 만났습니다(행 9:3, 26:13).[31]

---

29) 출 15:6 '여호와여 주의 오른손이 권능으로 영광을 나타내시니이다
  여호와여 주의 오른손이 원수를 부수시니이다' ,
  시 17:7 '주께 피하는 자를 그 일어나 치는 자에게서 오른손으로 구원하시는 주여 주의 기이한 인자를 나타내소서' ,
  시 118:16 '여호와의 오른손이 권능을 베푸시는도다' (사 41:10; 행 2:33).
30) 엡 6:17 '구원의 투구와 성령의 검 곧 하나님의 말씀을 가지라'
  히 4:12 '하나님의 말씀은 살았고 운동력이 있어 좌우에 날선 어떤 검보다도 예리하여 혼과 영과 및 관절과 골수를 찔러 쪼개기까지 하며 또 마음의 생각과 뜻을 감찰하나니'

> **계 1:17**
> 내가 볼 때에 그 발 앞에 엎드러져 죽은 자같이 되매 그가 오른손을 내게 얹고 가라사대 두려워 말라 나는 처음이요 나중이니

'**엎드러져**', 사도 요한은 주님의 영광 앞에서 죽은 자같이 되었습니다. 주님의 엄위와 그 영광을 본 자가 어찌 놀라지 않겠습니까? 하나님의 이상을 본 자는 다 엎드러졌습니다(단 8:17, 마 17:6, 행 9:4, 행 10:25,26).[32]

그러므로 하나님을 면전에 가까이 하면 겸허해지고 낮아지는 것입니다. 신앙이 깊고 소위 신령할수록 겸손해져야 합니다. 그것은 능동적으로 대처하기 전에 수동적이며 은혜 받은 자의 자연스런 결과라고 봅니다.

주께서 '**두려워 말라**' 하시며 그 권능의 오른손으로 요한을 일으키셨습니다. 두려워 말라고 하시는 비근한 말씀이 성경 전서에 357번 있다고 합니다. 매일같이 평안을 주시는 주님이십니다. 사도 요한은 영광스런 주의 모습 앞에 감히 엎드러졌으나 주께서 두려워 말

---

31) 행 9:3 '사울이 행하여 다메섹에 가까이 가더니 홀연히 하늘로서 빛이 저를 둘러 비추는지라'
행 26:13 '왕이여 때가 정오나 되어 길에서 보니 하늘로서 해보다 더 밝은 빛이 나와 내 동행들을 둘러 비추는지라'.
32) 단 8:17 '그가 나의 선 곳으로 나아 왔는데 그 나아 올 때에 내가 두려워서 얼굴을 땅에 대고 엎드리매 그가 내게 이르되 인자야 깨달아 알라 이 이상은 정한 때 끝에 관한 것이니라'
마 17:6 '제자들이 듣고 엎드리어 심히 두려워하니'
행 9:4 '땅에 엎드러져 들으매 소리 있어 가라사대 사울아 사울아 네가 어찌하여 나를 핍박하느냐 하시거늘'
은혜 받은 신자가 사도 앞에서 절을 한 경우도 마찬가지입니다.
행 10:25,26 '마침 베드로가 들어올 때에 고넬료가 맞아 발 앞에 엎드리어 절하니 베드로가 일으켜 가로되 일어서라 나도 사람이라 하고'

라 하시고 안심시키셨습니다.[33]

신앙이 좋은 사도일지라도 영광의 주를 뵈옵고 두려워 아니할 수 없었습니다. 그런즉 주 예수 그리스도 앞에 그 뉘라서 신격화(神格化)되거나 높임 받을 수가 있을까요? 사람이면 누구나 그리스도 앞에서는 죄인이며 나약하고 부족하며 무릎을 꿇는 것이 지당한 태도입니다(빌 2:10).[34]

주님이 '**처음이요 나중**' 이라 하심으로 성부 하나님과 그 권세가 동등됨을 자증(自證)하셨습니다. 계 1:8 '주 하나님이 가라사대 나는 알파와 오메가라 이제도 있고 전에도 있었고 장차 올 자요 전능한 자라 하시더라.'

> **계 1:18-19**
> 곧 산 자라 내가 전에 죽었었노라 볼찌어다 이제 세세토록 살아있어 사망과 음부의 열쇠를 가졌노니, 그러므로 네 본 것과 이제 있는 일과 장차 될 일을 기록하라

'**산 자라**', 십자가로 죽으신('**전에 죽었었노라**') 후 부활하신 자신을 변호하시므로 요한에게 영광의 주님을 확인시키신 것입니다.

'**사망과 음부의 열쇠**'를 가지셨다 함은 죽음을 이기신 주께서 가지신 권능과 그 위치, 사망의 세력을 통괄하시는 분임을 말합니다.

'**음부**' (쉐올, שׁאוֹל)의 구약적 배경으로는 선인이나 악인이 모두 함께 가는 곳으로 죽음 내지는 무덤을 상징하고 있으나 신약에서는 형벌의 장소로 쓰이고 있습니다.

---

33) 요 6:20 '가라사대 내니 두려워 말라 하신대'
   마 14:27 '예수께서 즉시 일러 가라사대 안심하라 내니 두려워 말라'
34) 빌 2:10 '하늘에 있는 자들과 땅에 있는 자들과 땅 아래 있는 자들로 모든 무릎을 예수의 이름에 꿇게 하시고'

이 단어는 구약 65회, 신약 11회 사용되었으며 신약 용어로 '하데스'(ἅδης)이고 지옥을 뜻하는 게헨나(γέεννα)와는 좀 다른 의미가 있습니다. 먼저는 불신자들의 영이 심판의 부활로(요 5:29) 나오기까지 대기하는 장소적 의미이고(계 20:12; 13), 무저갱에서 놓인 마귀와 그의 사자들인 악령들과 귀신들이 유황 못에 던지우기 전에 머무는 영계 장소입니다(계 20:10).

게헨나는 보다 확실하게 영과 육이 저주받아 영원토록 거하게 될 지옥을 뜻합니다. 그 곳을 주께서 주장하신다 하므로 사망에서 이기시고 부활하신 주께서 이제 심판주가 되신 권세자라는 말입니다.

'**네 본 것**'은 20절의 예수 그리스도께서 영광스럽게 보이신 모습으로 1:10-16까지의 내용이며, '**이제 있는 일**'은 당시 아시아 일곱 교회의 상황입니다.

'**장차 될 일**'은 시기적으로 세상 마지막 때에 있을 예언을 뜻합니다(6:-18:).

계 1:20
> 네 본 것은 내 오른손에 일곱 별의 비밀과 일곱 금 촛대라 일곱 별은 일곱 교회의 사자요 일곱 촛대는 일곱 교회니라

'**내 오른 손에 일곱 별**'은 교회의 주인 되신 예수님이 교회를 당신의 권능의 장중에 붙들고 계시다는 것을 뜻합니다.

'**일곱 별은 일곱 교회의 사자**', 일곱 교회는 여기 지칭된 교회만이 아니라 모든 지상 교회(유형교회;有形敎會)도 포함합니다(1:11). 또한 하늘의 교회(무형교회;無形敎會), 즉 하나님이 함께 하시는 무흠한 교회를 말하는데 그것은 오직 온전한 교회의 모델로서 4장에 나오는 천상의 교회를 두고 하는 말입니다.

여기 사자(使者)란 교회의 책임자(감독, 목사)로 보는 예가 많습니다. 그러나 여기 일곱 교회의 사자들은 교회를 수호하는 천사의 의미가 짙습니다. 왜냐하면 7이란 숫자가 가지고 있는 영적인 뜻(완전)과 함께 7 교회를 모델로 주님이 지상 모든 교회의 주인 되심을 의도하기 때문에 여기 사자들은 교회를 수호하는 천사들로 보는 것이 좋겠습니다.

2장부터 나오는 지명된 지상 교회의 사자들에 대한 해석은 구체화 된 당시 지상 교회의 책임자인 지도자들을 두고 하신 말씀입니다.

특 주/ 1. 주일에 대하여

　오늘날의 달력은 B.C. 45년경 율리우스 씨이저 때부터라고 합니다. 바벨론 사람들은 별들을 숭배하여 요일마다 행성의 이름을 붙였습니다. 그것이 일요일(日曜日, Sunday, 태양), 월요일(月曜日, Monday, 달)등입니다.

　교회법적 공고는 서기 364년 라오디게아 공회에서 토요일(안식일)의 예배일을 일요일로 바꾸었다고 합니다. 그 전에 콘스탄틴 황제가 제정한 것과(서기 321년) 또한 약 2세기경부터 공예배일이 일요일로 변경하였다는 추정도 있습니다.

　우선 일요일이라는 말은 이교적 명칭입니다(순교자 저스틴이 제일 처음으로 이 말을 부득이 사용했다고 함). 그러나 주님의 부활하신 날은 안식 후 첫 날, 즉 토요일 다음 날인 일요일 새벽입니다. 그래서 애당초 사도 시대부터 일요일에 예배를 드린 것으로 나타나고 있습니다(주일; 주의 날, 주의 부활하신 날).

　(1) 구약의 안식일은 지금의 토요일입니다. 안식교도들은 토요일에 예배해야 한다고 주장합니다. 구약적 안식일 계명을 지켜야 한다는 주장입니다. 그러나 율법은 예수 그리스도 안에서 이루어졌고 예수 그리스도는 특별히 안식일의 주인이 되시므로 예수님의 부활하신 날이야말로 율법의 종착역이요 하나님의 완성된 축복의 날입니다.

　(2) 예수께서는 안식일의 주인 되시며 모든 율법을 이루신 분이십니다.

롬 10:4 '그리스도는 모든 믿는 자에게 의를 이루기 위하여 율법의 마침이 되시니라',

마 5:17 '내가 율법이나 선지자나 폐하러 온 줄로 생각지 말라 폐하러 온 것이 아니요 완전케 하려 함이로다.'

(3) 안식일의 주인이신 예수 그리스도께서 부활하신 날이 더욱 중요하고 율법을 다 이루신 예수 그리스도를 따르는 것이 이 계명을 지키는 것과 동일한 은혜를 입는 것이며 신약에서 하나님을 바르게 섬기는 길이 되는 것입니다.

마 12:8, '인자는 안식일의 주인이니라 하시니라',

마 28:1 '안식일이 다하여 가고 안식 후 첫날이 되려는 미명에 막달라 마리아와 다른 마리아가 무덤을 보려고 왔더니',

고전 16:2 '매주일 첫날에 너희 각 사람이 이를 얻은대로 저축하여 두어서 내가 갈 때에 연보를 하지 않게 하라.'

(4) 주일(主日)은 주의 부활하신 날을 기념하는 낱말이고 일요일(日曜日)은 빛을 창조하신 것과 의로운 태양으로 표현되는 하나님을 뜻하기 위한 낱말입니다.

말 4:2 '내 이름을 경외하는 너희에게는 의로운 해가 떠올라서 치료하는 광선을 발하리니 너희가 나가서 외양간에서 나온 송아지 같이 뛰리라.'

(5) 이 날을 기억하라고 하셨습니다(기억하여...). 잊어버리고 있다가 주일을 당하여 당황을 한다든가 하는 것은 바른 안식일을 대하는 태도가 아닙니다.

(6) 이 날을 기억하며 6일간은 힘써 일을 해야 합니다.

출 20:9 '엿새 동안은 힘써 네 모든 일을 행할 것이나',

살후 3:10 '우리가 너희와 함께 있을 때에도 너희에게 명하기를

누구든지 일하기 싫어하거든 먹지도 말게 하라 하였더니',

　요 5:17 '예수께서 저희에게 이르시되 내 아버지께서 이제까지 일하시니 나도 일한다 하시매.'

　(7) 육축(짐승)도 일하지 않아야 하고 집에 온 손님도 일하지 않아야 합니다.

　(8) 주일은 예배 때만 거룩한 것이 아니라 온 종일 거룩한 날입니다.

　(9) 오락이나 힘든 일을 금하는 것이 건전한 신앙입니다.

　사 58:13-14 '만일 안식일에 네 발을 금하여 내 성일에 오락을 행치 아니하고 안식일을 일컬어 즐거운 날이라, 여호와의 성일을 존귀한 날이라 하여 이를 존귀히 여기고 네 길로 행치 아니하며 네 오락을 구치 아니하며 사사로운 말을 하지 아니하면 네가 여호와의 안에서 즐거움을 얻을 것이라 내가 너를 땅의 높은 곳에 올리고 네 조상 야곱의 업으로 기르리라 여호와의 입의 말이니라.'

　시장 보는 일, 힘든 세탁, 이발, 목욕 등에서 특별히 상행위로 돈을 쓰는 일이 없도록 할 것이며 친교를 위해 오락을 권장하는 일들은 삼가는 하는 것이 좋겠고 직장, 자격 시험 치르는 일 등은 개인의 신앙 양심적 의지를 따르겠지만 가능한 벗어날 수 있도록 노력해야 할 것입니다.

　주일 성수는 결단코 율법주의적 고수를 위한 것이 아니라 하나님의 은총을 받기 위함에 있습니다. 가능한 모든 일은 평일에 하도록 하며 상황이 어쩔 수 없는 것은 개인의 신앙 양심 문제입니다. 즉 이 날은 주님의 일로 가득해야 하고 선한 일을 하는 날이며 믿음의 일을 하는 날로 강조되어야 합니다.

　(10) 특별 사항은 생명과 위급한 일에 관련합니다.

　국가 안보 문제나(군복무) 직장 관계인데 직장 관계는 가능한 주일을 주일같이(?) 지낼 수 있도록 할 것입니다. 병원, 약국을 영업하라는 것이 아니며 위급하게 찾는 자가 있을 시나 본인이 필요할 시 가능하다는 것입니다. 기독교국이 아닌 사회에서 주일 성수하기 힘든 직장생활입니다. 그러나 신앙 양심이 허락하는 한 주일 성수 할 수 있는 직업과 직장생활이 돼야합니다. 경비를 서는 일 등도 예배하는 시간에 참여할 수 있도록 하는 것이 좋습니다. 조경사업, 건설업 등은 월요일 아침부터 공사에 들어갈 작업을 위해서 일요일에 준비를(나무, 시설물, 재료 등) 하게 되는 어려움이 따릅니다. 하지만 가능한 주일 전에 토요일에 월요일의 작업을 위해 준비를 해 두는 것이 좋습니다.

제 2 장

아시아의 7교회
(에,서,버,두)

2장 주해 내용
1. 교회의 정체성
2. 아시아 일곱 교회 중 네 교회의 평가
3. 지상교회의 불완전성에 대한 주님의 이해
4. 말세론적으로 본 교회의 미래상

2장
아시아의 일곱 교회(에,서,버,두)

> **계 2:1-2**
> 에베소 교회의 사자에게 편지하기를 오른 손에 일곱 별을 붙잡고 일곱 금 촛대 사이에 다니시는 이가 가라사대, 내가 네 행위와 수고와 네 인내를 알고 또 악한 자들을 용납지 아니한 것과 자칭 사도라 하되 아닌 자들을 시험하여 그 거짓된 것을 네가 드러낸 것과

'**에베소**'(인내)교회의 '**사자에게**' 편지하였습니다. 에베소 교회는 지상 교회이고 여기에 말하는 사자(使者)는 천사를 의미하는 것이 아니라 에베소 교회를 맡은 교회 책임자입니다.

에베소는 소아시아의 서해안에 있는 커다란 항구로서 교통상의 중심지였습니다. 바울은 2차 전도 여행 동안 그 곳에서 많은 시간을 보내었고(행 18:19-21) 3차 전도 여행 중에는 3년 간을 보내면서 에베소를 그의 선교 기지로 삼았습니다(행 19:1-20:31, AD. 54-59).

디모데, 아굴라, 브리스길라, 아볼로, 두기고 등이 이곳 교회의 교역자였습니다(딤전 1:3, 행18:18,19,24,20:4,21:29, 딤후 4:12). 세례요한의 제자 오네시모 그리고 알렉산더, 스게와의 아들 후메내오, 부겔로, 허모게네 등의 고향이기도 합니다(행 19:14,24, 딤후 1:15-18, 4:14, 딤전 1:20). 64년 사도 바울이 로마의 성 밖에서 순교하자 사도 요한이 그를 대신해서 에베소의 지도자가 되었다고 합니다.

'**금 촛대 사이에 다니시는 이**'는 1:16,20절의 해석대로 교회의 주권자 되신 예수 그리스도를 뜻합니다. 촛대 사이에 다니시는 예수님은 교회들을 사랑하시고 간섭하시는 분이라는 뜻을 담고 있습니다.

'**네 행위와 수고와 인내**', 에베소 교회가 잘한 내용입니다. 주님은 교회마다 세밀하게 평가하시며 장단점을 말씀하셨습니다. 에베소 교회는 교회로서의 자세와 충성과 성도로서 받는 고난에 인내를 잘하여 본 받을 상을 지닌 교회였습니다.

'**악한 자들**'은 자칭 사도라고 하거나 교회를 훼방하는 이단적 대상들을 일컫는 말입니다. 에베소 교회는 그들을 지혜롭게 판단(시험)해서 물리친 것입니다. 그리스도 예수의 영광스런 이름을 더럽히지 않기 위해 교회의 거룩성을 성실함으로 유지하였습니다. 교회의 성결에 충실했습니다.

계 2:3-4

또 네가 참고 내 이름을 위하여 견디고 게으르지 아니한것을 아노라, 그러나 너를 책망할 것이 있나니 너의 처음 사랑을 버렸느니라

에베소 교회는 개혁주의적 교회의 인상을 갖고 있습니다. 그러나 교회의 신성한 면을 보존 유지하기 위해 힘쓰되 하나님의 처음 사랑을 버렸음에 주님이 책망하셨습니다.

'**처음 사랑**'이란 하나님의 아가페($ἀγάπη$) 사랑입니다. 그 사랑은 구원하실 때 받은 사랑입니다. 교회는 거룩하기 위해 이단을 척결하고 권징이 있어야 마땅하지만 하나님의 사랑이 없는 가운데 시행되면 은혜를 잃게 됩니다.

물론 진리를 벗어나는 인정적(人情的) 사랑으로 교회를 다스리면

우를 범할 수 있습니다. 그럼에도 불구하고 원리주의만 고집한다면 구원의 기회마저 상실 할 수 있습니다.

교회의 본질적인 요소인 사랑이 그 무엇보다 교회 활동의 동기와 목적이 되어야 합니다. 진리를 위한 노력도 사랑이 없으면 도리어 사람을 실족케 합니다. 에베소 교회의 경우는 교회의 거룩성을 강조하는데 있어서 하나님의 사랑을 굳세게 기초하지 못한 관계로 '**책망**'을 받게 된 것입니다(고전13:13, 엡5:2).[1]

> **계 2:5**
>
> 그러므로 어디서 떨어진 것을 생각하고 회개하여 처음행위를 가지라 만일 그리하지 아니하고 회개치 아니하면 내가 네게 임하여 네 촛대를 그 자리에서 옮기리라

에베소 교회가 처음에는 사랑으로 출발하고 성장해 갔던 교회였습니다. 그러나 '**처음 사랑**' 이 어디서 없어졌는지 깊이 생각해 내어 회개하여 처음 때같이 행하라는 경고를 받게 됩니다.

우리는 사실 처음 예수님을 믿을 때의 그 순수함이 많이 식어졌고 대개의 경우 성도들은 그 첫 사랑이 식어져서 아쉬워하는 것을 봅니다. 우리들도 회개하여 그 처음 행위를 가져야 할 것입니다. 처음에 주를 영접하고 받은 은혜의 심정은 사랑 가운데서 겸손과 정결과 순결한 신앙심입니다. 이러한 초심을 찾아 행하라는 말입니다.

만일 '**회개치 아니하면**' 촛대를 옮기리라고 하심은 주님이 버리

---

1) 고전 13:13 '그런즉 믿음, 소망, 사랑 이 세 가지는 항상 있을 것인데 그 중에 제일은 사랑이라' , 고전 13:2 '... 모든 믿음이 있을지라도 사랑이 없으면 내가 아무 것도 아니요' 엡 5:2 '그리스도께서 너희를 사랑하신 것 같이 너희도 사랑 가운데서 행하라 그는 우리를 위하여 자신을 버리사 향기로운 제물과 생축으로 하나님께 드리셨느니라'

신다는 뜻입니다. 교회는 주님이 떠나시면 버려질 수 있음을 말해주고 있습니다.

교회의 진정한 영적 운동은 회개에 있습니다. 초대 교부들의 설교는 주로 회개에 집중했습니다. 초대 한국교회도 회개의 설교가 많았습니다. 언젠가부터 축복 설교니 가정목회니 하면서 보다 근본적인 영적 운동에서 벗어나는 듯한 소위 문화 선교에 관심이 쏠리고 있습니다.

에베소 교회는 업적이 중요한 것이 아니라 주님이 보실 때는 회개하는 일이 더욱 시급했습니다. 교회는 부단히 개혁해 나가야 하는데 그것은 회개의 바탕 위에서 진리를 세워 나갈 수 있기 때문입니다. 그러므로 회개 없이 개혁이란 있을 수 없습니다.

진리의 건설은 회개라는 바탕 위에서 시작되는 것입니다. 설교의 진정한 목표는 심령의 변화, 즉 회개에 있습니다. 회개를 한다면 자연스럽게 성령이 오시고 충만하여 무엇이나 하나님의 일을 깨달아 성공적으로 받들 수 있습니다(고전2:10).[2]

세례 요한과 예수님은 복음의 서두에 모두 회개가 주제였습니다(마3:2, 4:17, 막6:12, 행17:30).[3] 사실 성령을 받는 것부터 회개의 결과입니다.

행 2:38 '베드로가 가로되 너희가 회개하여 각각 예수 그리스도의 이름으로 세례를 받고 죄 사함을 얻으라 그리하면 성령을 선물로 받으리니.'

> **계 2:6-7**
> 오직 네게 이것이 있으니 네가 니골라당의 행위를 미워하는도다 나도 이것을 미워하노라, 귀 있는 자는 성령이 교회들에게 하시는 말씀을 들을지어다 이기는 그에게는 내가 하나님의 낙원에 있는 생명 나무의 과실을 주어 먹게 하리라

에베소 교회 안에 **'니골라당'** 이 들어와 교회의 신성을 헤치고 교인들로 하여금 진리에 혼란을 일으키게 했습니다. 그들을 출교(出敎)한 것인지는 불확실하나 교회가 그 무리들을 미워했으며 이것이 주님의 마음에 맞아 칭찬을 들었습니다.

니골라는 안디옥에서 신자가 된 희랍인으로 예루살렘 교회에서 선택받은 일곱 집사중의 한 사람(행 6:5)의 이름으로 보입니다. 그런데 본문에서는 니골라당이라 하므로 개인을 두고 하는 말로 그 초대 교회 집사 니골라가 교회 내에서 반동을 일으켜 당을 만든 것인지 아니면 니골라라는 뜻이 '백성을 이긴다' 로 풀이되어 배교 단체를 상징하는 것인지 명확하지는 않습니다(민22:12, 발람(בלעם)과 같은 뜻).

12사도의 이름을 나열 할 때에도, 마 10:4 '가나안인 시몬과 및 가롯 · 유다 곧 예수를 판 자라' 고 하며 맨 나중에 기록하였고 이 자가 배신자가 되었던 것처럼 초대교회 집사로 창설 멤버를 기록 할 때에도, 행 6:5 '온 무리가 이 말을 기뻐하여 믿음과 성령이 충만한 사람 스데반과 또 빌립과 브로고로와 니가노르와 디몬과 바메나와 유대교에 입교한 안디옥 사람 니골라를 택하여' 라고 하며 니골라가 가장 뒤에 기록되었습니다.

맨 나중에 기록되었다고 모두 범죄자로 볼 것은 아니지만 니골라

---

2) 고전 2:10 '오직 하나님이 성령으로 이것을 우리에게 보이셨으니 성령은 모든 것 곧 하나님의 깊은 것이라도 통달하시느니라'
3) 마 3:2 '회개하라 천국이 가까왔느니라 하였으니'
　　마 4:17 '이 때부터 예수께서 비로소 전파하여 가라사대 회개하라 천국이 가까웠느니라 하시더라'
　　막 6:12 '제자들이 나가서 회개하라 전파하고'
　　행 17:30 '알지 못하던 시대에는 하나님이 허물치 아니하셨거니와 이제는 어디든 지 사람을 다 명하사 회개하라 하셨으니'

의 이름은 사도행전에서 발견하며 또한 그가 교회 창설 때 집사로 임명을 받았으므로 당시에 집사는 지금의 목사 정도로 그 영성을 추론할 때 넉넉히 배교 할 만한 실력(?)을 가질 수 있었으리라 보는 것입니다.

이단도 아무나 할 수 있는 것이 아닙니다. 어느 정도의 실력과 능력을 갖추어야 백성을 속여도 속일 수가 있는 것입니다. 그렇게 볼 때 아마 그 일곱 집사 중에 든 니골라가 타락하여 배교 활동자로 나선 것이 아닌가 짐작되는 것입니다.

'**미워하는도다**' 의 미워한다는 원어 미쎄오($\mu\iota\sigma\acute{\epsilon}\omega$)는 증오하다, 싫어하다, 덜 사랑하다로 풀이됩니다. 이 낱말의 반대어는 아가페입니다(신 21:15).[4]

하나님의 사랑에 극적으로 반대되는 단어는 미움입니다. 에베소교회가 하나님을 극진히 사랑할 때 하나님을 훼방하는 자를 미워하는 정도를 의미해 줍니다. 하나님의 사랑 안에서 생명의 역사가 나고 미움에서 살인이 납니다(요일 3:15).[5]

'**귀 있는 자**' 의 귀는 영적으로 하나님의 말씀(계시)을 들을 수 있는 영적인 귀를 뜻합니다. 이러한 계시의 예언과 권면은 불신자들에게 하신 말씀이 아니라 교회에게 하셨습니다. 영적으로 알아들을 수 있는 신령한 사람의 귀, 즉 성도들에게 하신 말씀입니다.

'**성령이**' 교회에 말씀하시는 이러한 내용의 편지(성경) 작성이

---

4) 신 21:15 '어떤 사람이 두 아내를 두었는데 하나는 사랑을 받고 하나는 미움을 받다가 그 사랑을 받는 자와 미움을 받는 자가 둘 다 아들을 낳았다 하자그 미움을 받는 자의 소생이 장자여든'
5) 요일 3:15 '그 형제를 미워하는 자마다 살인하는 자니 살인하는 자마다 영생이 그 속에 거하지 아니하는 것을 너희가 아는 바라'

성령님께서 하신 것이라는 말입니다. 그러므로 그 말을 들을 대상도 영적 사람들인 교회입니다.

 '이기는' 것은 성도가 성도로서의 중심을 유지 발전해 나가는데 있어서 교회 안팎의 모든 시험과 환난에 승리하는 것입니다. 그리고 스스로에게 이길 수 있어야 하는데 에베소 교회가 성결 유지에 힘쓰다가 처음 사랑을 잃게 되는 과오가 있었습니다. 이런 점을 유의하여 조심하고 살펴서 항상 실수하는 자아를 이길 수 있도록 기도하여 성령의 인도를 잘 받아 합당하게 행동할 것입니다.

 '하나님의 낙원' 은 천국이요, **'생명 나무의 과실'** 은 영원히 배고프지 않는 양식으로 천국의 풍요로움을 뜻합니다(**'먹게 하리라'**).

> **계 2:8-9**
> 서머나 교회의 사자에게 편지하기를 처음이요 나중이요죽었다가 살아나신 이가 가라사대, 내가 네 환난과 궁핍을아노니 실상은 네가 부요한 자니라 자칭 유대인이라 하는자들의 훼방도 아노니 실상은 유대인이 아니요 사단의 회라

 '서머나' (몰약을 부순다) 교회에 주님께서 이르시기를 **'죽었다가 살아나신 이'** (1:5,18)로서 서언이 시작된 것은 죽도록 충성하는 서머나 교회를 상징적으로 뜻하는 말씀입니다(10절). 서머나 교회는 칭찬만 받는 교회입니다.

 서머나는 소아시아 서해안 헬메안만 내에 있는 성으로 에베소에서 북으로 36마일, 이스탄불에서 약 631km 떨어진 지점에 에게 바다를 향해 위치한 부유한 항구 도시였습니다.

 일찍부터 많은 유대인들이 정착하고 살았는데 로마정부와 결탁하여 기독교인들의 피를 많이 흘리게 했던 곳입니다. 그러므로 서머나 교회에 나타나신 예수님은 죽었다가 살아나신 이였습니다. 이

는 순교적 신앙에 대한 소망을 약속하는 메시지입니다. 빌라델비아 교회와 함께 책망을 받지 않고 칭찬과 위로를 받는 교회로 주목됩니다.

어릴 적부터 친구였던 스타티우스는 순교하게 되는 서머나 교회 초대 감독인 폴리갑을 살리기 위해 그의 신앙을 부정하라고 말했으나 '86년간 나를 배반하지 않은 예수를 내가 배반할 수 없다' 고 대답하고 친구의 권면을 받지 않고 끝내 화형을 받았다고 합니다.

서머나 교회는 환난을 많이 받는 교회였고 또한 경제적으로는 빈곤하였으나 신앙심은 부요한 교회였습니다. 유대인의 핍박은 사상적으로 당연하였으나 서머나 교회를 핍박한 그들은 실상 유대인도 아니었습니다(이방인). 그들은 사단의 정신을 따르는 단체였습니다.

> **계 2:10-11**
> 네가 장차 받을 고난을 두려워 말라 볼찌어다 마귀가 장차 너희 가운데서 몇 사람을 옥에 던져 시험을 받게 하리니 너희가 십일 동안 환난을 받으리라 네가 죽도록 충성하라 그리하면 내가 생명의 면류관을 네게 주리라, 귀 있는 자는 성령이 교회들에게 하시는 말씀을 들을찌어다 이기는 자는 둘째 사망의 해를 받지 아니하리라

서머나 교회는 현재도 핍박과 환난 시험을 당하고 있으나 차후에도 큰 환난을 받게 될 것을 암시하셨습니다. 본래 신앙이 깊은 자에게 큰 시험이 때 따라 찾아오는 법입니다.

'**마귀**' 가 직접 시험을 한다는 것이 아니라 사람을 택하여 시험하는데 모든 핍박과 환난은 사실 마귀의 지시입니다. 인간을 통하여 오는 시험과 환난이 비록 인간의 사상이나 의도가 이념적으로 보인다 해도 이면에 마귀의 궤계와 진리에 대한 적대의 영적 대항이 일어나고 있다는 것을 알아야 할 것입니다.

교회 중에 '몇 사람', 즉 일반 교우가 아니라 그 중에서도 신앙이

더욱 깊은 성도 몇이 환난을 받을 것이라는 말씀입니다. 교회 역사에 위대한 신앙의 영웅들은 그렇게 많은 수효가 아니었습니다. 소수의 증인들이 순교하였으며 그들을 통하여 신앙의 정통성을 유지 할 수 있게 역사하셨습니다.

이상하게도 꼭 상대적으로 그 시대마다 반대편에 서서 신학과 신앙 양심에 배교와 이성주의로 바른 진리를 정면 도전하는 악역을 맡은 자들이 있었고 지금도 그러합니다.

소위 자유주의 신학이 그러하고 사회주의 복음 사상이나 정치성을 띤 지도자들이 언제라도 교회 사회의 특이성을 그리고 그 하나님의 진리와 주권을 미약하게 혹은 인본화 해서 바른 진리 교훈을 실추시키고 반박합니다. 때로는 이들을 대항하기가 얼마나 어려운지 목숨을 걸고 진리를 파수하기 위해 훈련받은 신학자와 목회자들을 하나님은 증인으로 사용하시는 것을 볼 수 있습니다.

'**십일 동안**' 환난을 받으리라는 것은 감당할 수 있는 기간으로 어느 기간의 환난을 말합니다. 진리가 우리를 순교로써 증거케 하실 때에도 고난 중에는 그 기간이 길고 지루하겠지만 진리가 승리한 그 날에 뒤돌아 볼 때 항상 그 환난의 기간은 짧았고 은혜와 승리의 기쁨과 축복은 비교 할 수 없을 만큼 크고 길게 나타났었습니다.

그러므로 이들의 고난에 대한 십일에 대한 해석은 세상에서 받을 충분한 환난이기도 하나 한정된 기간으로 이해 할 것입니다(고전 10:13).[6]

'**죽도록 충성하라**' 고 하셨습니다. 그렇습니다. 충성하는 자의 중

---

6) 고전 10:13 '사람이 감당할 시험밖에는 너희에게 당한 것이 없나니 오직 하나님은 미쁘사 너희가 감당치 못할 시험 당함을 허락지 아니하시고 시험 당할 즈음에 또한 피할 길을 내사 너희로 능히 감당하게 하시느니라'

심입니다. 주님께서는 죽기까지 아버지의 뜻을 복종하셨습니다. 충성은 믿음과 같은 단어를 사용하며 믿음은 증인의 생활을 보여주므로써 증명되어 집니다.

따라서 충성은 곧 증인의 생활이요 증인은 순교라는 단어와 같이 쓰이므로(1:5 주해 참고) 결국 죽도록 충성하라고 하신 말씀은 믿음의 진정한 정신이라고 보아집니다(빌 2:8).[7]

기독교 신앙은 죽어서 사는 원리를 지녔습니다. 순교주의란 없지만 순교를 각오하는 신앙은 성경의 보편 사상입니다. 결코 평범하게(?) 믿으라든지 하는 사람의 교훈 같은 것은 찾아 볼 수 없습니다. 예수께서 십자가로 죽으셨기에 부활의 영광을 입으신 것처럼 우리들의 신앙이 죽음을 각오하게 될 때 기적과 승리의 삶을 얻게되는 것입니다.

그런 자에게 **'생명의 면류관'** 을 주실 것입니다. 성경에 여러 류의 면류관이 소개되고 있습니다. 각각 의미를 지녔고 여기 생명의 면류관은 영원한 영광의 상급을 뜻합니다. 면류관이란 단어도 두 가지로 여기 면류관은 쟁취하여 얻는 월계관입니다. 승리의 면류관입니다. 면류관을 주시는 예수 그리스도는 심판자로 등장하셨습니다.

그렇습니다. 예수 그리스도는 부활하심으로 완전한 승리자이십니다. 물론 주께서 영적으로는 선재(先在)하심과 하나님의 아들로서 전능하신 분입니다. 예수께서는 누구로부터 면류관을 받으실 분이 아니라 스스로 가지셨고 오히려 나누어주실 분이십니다(**'네게 주리라'**).

---

7) 빌 2:8 '사람의 모양으로 나타나셨으매 자기를 낮추시고 죽기까지 복종하셨으니 곧 십자가에 죽으심이라'

'둘째 사망의 해'는 지옥의 고통을 말합니다. 즉 신앙의 승리자는 지옥의 고통을 받지 않고 구원이 확실하다는 뜻입니다. 첫째 사망은 육신적 죽음, 둘째 사망은 영원한 고통의 지옥을 뜻합니다(계 20:14).[8]

물론 둘째 사망의 고통을 받지 않을 것은 순교자만이 받을 복이라는 뜻이 아니라 모든 성도들에게도 적용되는 말씀이지만 서머나 교회의 특징상 순교의 죽음이 헛되지 않음을 강조한 표현입니다.

> **계 2:12-13**
> 버가모 교회의 사자에게 편지하기를 좌우에 날선 검을 가진 이가 가라사대, 네가 어디 사는 것을 내가 아노니 거기는 사단의 위가 있는 데라 네가 내 이름을 굳게 잡아서 내 충성된 증인 안디바가 너희 가운데 곧 사단의 거하는 곳에서 죽임을 당할 때에도 나를 믿는 믿음을 저버리지 아니하였도다

'**버가모**' (결혼하다) 교회에는 '**좌우에 날선 검**'을 가지신 주님으로 나타나셨습니다. 이는 심판적입니다. 물론 날선 검이 문자대로 칼을 의미 한다기 보다 계1:16(2:16)에 나타난 대로 주님의 말씀을 의도하며 날선 검을 가지신 모습은 심판자로서의 엄위와 분노(의분, 義憤) 등을 내포하고 있습니다.

버가모가 서 있는 위치는 소아시아 서부에 있는 무시아의 도시로 에에게 바다 연안에서 24km 내륙에 자리하고 있으며 이 교회는 서머나에서 북쪽으로 80킬로미터 떨어진 곳에 해발 300미터 이상의 고지대에 위치한 도시로서 행정의 중심지요 문화의 도시였습니다. 이곳은 제우스 신전을 비롯한 디오니소스 신전, 아데나 신전, 아스클레피오스 신전 과 로마황제 숭배를 위한 3개의 거대한 신당 등 갖

---

8) 계 20:14 '사망과 음부도 불못에 던지우니 이것은 둘째 사망 곧 불못이라'

가지 우상숭배 신전들이 가득 차 있었습니다. 이곳에 높이 12m나 되는 제우스 신전의 거대한 것은 '사탄의 위' 라고 표현된 신전을 가리키는 것으로 봅니다.

그런 곳에서 **'안디바'** 가 순교를 당했을 때에도 주님을 믿는 믿음을 저버리지 아니했던 것을 칭찬하셨습니다. 그런데 지금은 책망 받을 일이 있습니다.

> **계 2:14-16**
> 그러나 네게 두어 가지 책망할 것이 있나니 거기 네게 발람의 교훈을 지키는 자들이 있도다 발람이 발락을 가르쳐 이스라엘 앞에 올무를 놓아 우상의 제물을 먹게 하였고 또 행음하게 하였느니라, 이와 같이 네게도 니골라당의 교훈을 지키는 자들이 있도다, 그러므로 회개하라 그리하지 아니하면 내가 네게 속히 임하여 내 입의 검으로 그들과 싸우리라

'발람의 교훈', 구약 시대에 발람의 교훈을 따라 이스라엘이 시험을 받아 죄를 지은 것처럼(민 22:-25:) 버가모 교회는 발람의 죄와 또한 니골라당의 교훈을 지키는 범죄 중에 있었습니다.

발람은 베돌성 아몬 강변에 사는 브올의 아들로 선지자였습니다(민 22:5). 모압에 이르러 여호와의 지시대로 3차에 걸쳐 이스라엘을 축복하기도 했으나(민 23:1-24:9) 모압 왕 발락이 이스라엘을 저주하려고 청할 때 발락이 제공한 물질에 눈이 어두워 이스라엘을 범죄에 빠지게 한 이중 인격의 선지자라 할 수 있으며 마 7:21 이하에서 심판날 저주를 받는 선지자와 같은 자였습니다(민 22:28-33).

버가모 교회에 이와 같이 하나님의 바른 교훈을 왜곡시키고 죄를 짓게 하는 그 **니골라당**은 에베소 교회에서도 영적 환난을 일으켰던 이단이었습니다(계 2:6).[9]

버가모 교회 중에는 이 당의 교훈을 따르는 자들이 있었던 것입니

다. 교회는 항상 외부적 시험보다 교회 내부의 영적 시험이 더욱 큰 문제입니다. 육신의 핍박보다 훨씬 위험하고 타락하기 쉬운 것이 영적 시험입니다. 예수님의 제자 중에 가룟·유다가 있었듯이 지상 교회에는 항상 배도자가 있는 법입니다. 얼마나 각성하느냐 하는 숙제가 늘 따릅니다.

'회개하라' (메타노에손, $\mu\varepsilon\tau\alpha\nu\acute{o}\eta\sigma o\nu$)고 명령하셨습니다. 회개는 항상 명령형으로 말씀하십니다. 회개는 의논할 성격이 아닙니다. 회개는 조용한 상담 같은 것이 아니라 절박하게 양심으로 아파하며 하나님께로 돌이키는 영혼의 혁명입니다.

버가모 교회는 과거 순교자도 있었으나 지금은 잘못된 사상으로 혼란을 겪고 있으며 주님이 싫어하시는 니골라당의 세력으로 교회의 순결성을 잃었으며 진리가 혼탁해져 있었습니다. 그래서 회개할 것을 명하셨습니다.

'입의 검' 은 주님의 진리, 말씀을 상징합니다(2:6, 히 4:12). 진리를 왜곡시키는 당에 대한 심판은 하나님의 말씀으로 그들을 심판하신다는 것입니다. 종교 개혁의 중심이 곧 하나님의 말씀의 권위에 있었습니다. 교회는 언제나 말씀으로 돌아가는 운동에 충실해야 합니다.

중세기에는 교황의 권위에 대한 반박이 중요한 개혁의 원인이었다면 현대 교회의 개혁 근거는 인본주의와 다원화 시대에 따른 포스터 모더니즘의 사상을 상대로 성경의 절대성을 고취하는 데 있습니다. 주님의 입으로 나오는 말씀의 칼로써 복음의 원색을 찾고 개혁

---

9) 계 2:6 '오직 네게 이것이 있으니 네가 니골라당의 행위를 미워하는도다 나도 이것을 미워하노라'

한다는 것은 세상 끝날 까지 연속되어야 할 것입니다.

버가모 교회가 진리 안으로 돌아오지 않으면 주님께서 검으로 그 교훈을 따르는 자들과 **'싸우리라'** 고 심판을 예고하셨습니다. 주님이 싸우시는 것은 시대마다 종들을 세워서 교회를 개혁하게 하신 것처럼 버가모 교회에 위대한 말씀의 종을 세워 하나님의 심판을 대행하시겠다는 뜻입니다.

시대마다 교회의 역사는 말씀의 증인들을 세우시고 부단히 개혁되어져 왔습니다. 이 싸우시는 게임은 이미 심판적이시며 주님의 진리의 승리로 결정된 싸움입니다. 우리는 진리를 대항 할 수 없고 오직 진리를 위할 뿐이라 했습니다(고후13:8).[10]

계 2:17

귀 있는 자는 성령이 교회들에게 하시는 말씀을 들을찌어다 이기는 그에게는 내가 감추었던 만나를 주고 또 흰 돌을 줄 터인데 그 돌 위에 새 이름을 기록한 것이 있나니 받는 자 밖에는 그 이름을 알 사람이 없느니라

'감추었던 만나', 만나는 하나님이 구약 시대에 이스라엘의 광야 40년 생활 동안 하늘로부터 주신 신기한 양식입니다. 감추었던 것은 여러 해석이 있으나 회개한 후 하나님이 주시는 은혜를 체험해 보면 마치 감추었던 영적 양식을 내어 보여 주시는 듯 합니다.

성경의 주석은 대개 논리적일 수 있으나 어떤 말씀은 체험으로 주석해야 할 부분이 있습니다. 개인적으로 경험하지 않고는 진정한 하나님의 뜻을 이해할 수 없는 것들이 있습니다. 주일성수나 십일조를 통한 하나님의 은총은 경험으로 주석됩니다.

---

10) 고후13:8 '우리는 진리를 거스려 아무 것도 할 수 없고 오직 진리를 위할 뿐이니'

'**흰 돌 위에 새 이름**'을 기록한 것을 주신다 함에 먼저 돌은 예수님을 상징하고 믿음의 반석으로도 형용합니다(벧전 2:4, 롬 9:32, 고전 10:4, 마 7:24).[11] 흰 것은 성결과 승리, 영광 등을 상징합니다. 새로운 것은 성경상 대체로 하늘의 것입니다(새 하늘과 새 땅, 새 노래). 그러므로 신앙으로 승리하는 자는 하나님 나라의 백성으로 인정된다는 말입니다.

'**받는 자 밖에는 그 이름을 알 사람이 없느니라**', 따라서 은혜 체험은 개인적으로 인지하며 과학적으로 객관화 할 수 없습니다. 신앙의 깊은 경험을 말로써 다 형용할 수 없다는 말입니다. 믿음은 비밀에 속합니다(딤전3:9).[12]

계 2:18-19

두아디라 교회의 사자에게 편지하기를 그 눈이 불꽃 같고 그 발이 빛난 주석과 같은 하나님의 아들이 가라사대, 내가 네게 사업과 사랑과 믿음과 섬김과 인내를 아노니 네 나중 행위가 처음 것보다 많도다

'**두아디라**'(계속된 희생 제사)에 '**그 눈이 불꽃 같고 그 발이 빛난 주석과 같은 하나님의 아들**'로 나타나셨습니다(1:14,15). 물론 심판주로 보이셨는데 버가모 교회와는 다른 차원입니다. 불꽃 같은 눈은

---

11) 벧전 2:4 '사람에게는 버린 바가 되었으나 하나님께는 택하심을 입은 보배로운 산 돌이신 예수에게 나아와'
롬 9:32 '어찌 그러하뇨 이는 저희가 믿음에 의지하지 않고 행위에 의지함이라 부딪힐 돌에 부딪혔느니라'
고전 10:4 '다 같은 신령한 음료를 마셨으니 이는 저희를 따르는 신령한 반석으로부터 마셨으매 그 반석은 곧 그리스도시라'
마 7:24 '그러므로 누구든지 나의 이 말을 듣고 행하는 자는 그 집을 반석 위에 지은 지혜로운 사람 같으리니'
12) 딤전 3:9 '깨끗한 양심에 믿음의 비밀을 가진 자라야 할찌니'

영적으로 꿰뚫어 보시는 위엄을 나타내신 것입니다.

두아디라는 소아시아 루디아도에 있는 성읍으로 빌립보의 여신도 루디아의 고향이기도 합니다(행16:14). 버가모와 사데를 잇는 교통의 요지에 위치하고 버가모에서 남동쪽으로 약 32km지점에 있는 이곳은 B.C. 7세기 경 리디아(Lydia)인들이 거주하며 '펠로피아(pelopia)' 라 불려졌습니다.

'**빛난 주석과 같은 발**' 은 힘있게 짓밟듯 심판하시려는 의도입니다. 어떤 면에서는 칼의 위협보다 무서운 모습입니다.

'**하나님의 아들**' (호 휘오스 투 데우, ὁ υἱὸς τοῦ θεοῦ)이란 표현이 계시록에서는 여기 밖에 나오지 않는데 예수의 신적 권위를 더 한층 강조하신 말입니다.

'**사업**' 은 교회가 선교적 행위로 일구고 보여준 복음의 사역들입니다. '**사랑과 믿음과 인내**' 등으로 신앙의 원만한 내용을 다 갖춘 교회입니다.

그리고 '**나중 행위가 처음 것보다 많도다**' 하심으로 두아디라 교회의 발전상을 칭찬하셨습니다.

> **계 2:20-21**
> 그러나 네게 책망할 일이 있노라 자칭 선지자라 하는 여자 이세벨을 네가 용납함이니 그가 내 종들을 가르쳐 꾀어행음하게 하고 우상의 재물을 먹게 하는도다, 또 내가 그에게 회개할 기회를 주었으되 그 음행을 회개하고자 아니하는도다

그런데 책망할 것이 있었습니다. 구약의 발람의 교훈이나 버가모 교회의 니골라당처럼 약간의 성격은 달리하지만 '**이세벨**' 같은 자의 교훈을 용납한 것입니다. 두아디라 교회의 지도자들이 이세벨주의의 교훈을 따라 배도(영적 행음)한 것입니다.

이세벨은 북쪽 이스라엘의 7대 왕 아합의 부인입니다. 그녀는 바알 우상을 섬기는 지중해 해양 국가인 시돈 왕국 출신이었습니다. 이세벨은 아합과 신하와 온 백성에게 우상숭배를 가르쳤습니다.

이세벨은 우상숭배뿐 아니라 반대하는 엘리야 선지자를 죽이려고 했습니다. 그러다 저주받아 죽었습니다. 그런데 두아디라 교회가 이세벨주의를 용납하여 우상숭배를 하게 하고 **'우상 제물'**을 먹게 했다는 것입니다. 이로 보건대 지상교회는 비록 선교 사업의 행위가 많더라도 사상적인 잘못을 안게 되면 주님의 지적을 받게 된다는 것을 알고 교회의 진정한 덕목이 무엇인가를 반성해야 할 것입니다. 많은 일을 일구어내었다고 교회의 거룩성이 변질되는 것까지 배려해주시는 것이 아니라는 사실입니다.

그런데 오늘날 많은 교회가 이 점을 인간적으로 해석하고 큰 교회 큰 일군은 잘못이 있어도 별로 불의하지 않는 것처럼 오인합니다. 유전무죄 무전유죄처럼 물질만능주의로 인한 세속주의 가치관의 영향력으로 현대교회가 오해하는 것입니다.

주님은 결코 사상적 범죄를 용납하시지 않습니다. 지도자가 아무리 명성이 있다하여도 잘못에 대한 징계는 본서를 보아도 여전히 거룩하신 교회의 주인이신 예수님의 의중이십니다.

주님은 그들에게 **'회개의 기회'**를 주셨으나 그 영적 배도를 회개치 않고 있었습니다. 하나님은 오래 참으십니다(롬 2:4).[13]

먼저 복음을 듣는 자는 누구든지 그 시로부터 회개의 기회가 될 것입니다. 그리고 때마다 설교와 권면을 통하여 회개를 촉구합니다.

---

13) 롬 2:4 '혹 네가 하나님의 인자하심이 너를 인도하여 회개케 하심을 알지 못하여 그의 인자하심과 용납하심과 길이 참으심의 풍성함을 멸시하느뇨'

따라서 설교란 죄인이 회개에 이르게 하는 권면의 시간과 같은 것입니다. 또는 생활 속에서 여러 형식으로 회개를 요구하십니다.

하나님은 인생을 사랑하시기 때문에 언제라도 회개하기를 바라시고 기다리십니다. 참으로 자비하신 하나님은 집나간 탕자를 날마다 기다리시는 것처럼 죄인이 스스로 회개하고 돌아오기를 기다리십니다. 그러나 하나님은 사랑과 자비로 용서하시지만 끝내 회개치 않는 자에게는 심판하신다는 것을 기억해야 할 것입니다. 절대로 과거의 화려한 경력으로 속죄 얻는 것이 아닙니다.

> **계 2:22-23**
> 볼찌어다 내가 그를 침상에 던질 터이요 또 그로 더불어 간음하는 자들도 만일 그의 행위를 회개치 아니하면 큰 환난 가운데 던지고, 또 내가 사망으로 그의 자녀를 죽이리니 모든 교회가 나는 사람의 뜻과 마음을 살피는 자인 줄 알지라 내가 너희 각 사람의 행위대로 갚아주리라

회개치 아니한 자들은 '**침상에 던질**' 것이라 함은 아프게 되어 자리에 눕게 될 것이라는 말씀입니다. 그렇다고 죄를 무조건 질병으로 심판하신다는 것은 아닙니다.

때로는 급작스럽게 또는 매우 단기간의 생명을 유지하다가 죽음을 받을 경우도 있는 법이며, 혹은 죄로 인해 하는 일들이 실패와 난관에 빠지게도 될 것입니다. 그런데 병을 얻게 되는 것은 일도 못하고 돈(약값, 병원비)과 시간을 허비해야 하니 괴로운 일입니다.

그래도 아파서 침상에 들면 또 다시 회개 할 수 있는 마음이 생기게 됩니다. 혹시 그렇게라도 된다면 병상에 눕게되는 것도 하나님의 은혜로 바뀔 수 있을 것입니다.

'**그의 자녀**'는 배교자들의 집안 자녀로 봅니다. 구약 이세벨과 그의 자녀가 죽임을 당한 것처럼 배교자들의 자녀가 죽임을 당한다는

경고입니다. 회개치 않다가 이런 죽음의 심판을 받는 것을 보고 주님은 **'사람의 뜻과 마음을 살피시는 자'** 로 깨닫게 한다고 말씀하셨습니다(마10:30).[14]

주님은 교회들의 각양 모습을 살피시고 장단점을 일러주시듯 교회에 **'각 사람의 행위대로'** 복과 화를 주신다고 하셨습니다.

> **계 2:24-25**
> 두아디라에 남아 있어 이 교훈을 받지 아니하고 소위 사단의 깊은 것을 알지 못하는 너희에게 말하노니 다른 짐으로 너희에게 지울 것이 없노라. 다만 너희에게 있는 것을 내가 올 때까지 굳게 잡으라

두아디라 교회에 사단의 교훈에 깊이 빠지지 않은 소수의 무리가 있었습니다. 주님은 그들에게 **'다른 짐'**, 즉 특별한 충성을 바라시지 않으셨습니다.

다만 그들에게 남아 있는 참 신앙을 주께서 오실 때까지 굳게 붙들고 있을 것을 일러주셨습니다. 여기서 교회 전체의 개혁을 권유하시지 않으시고 남아 있는 신앙을 굳게 붙들라고 하신 말씀에 유의합니다.

'사단의 깊은 것' 은 근본적으로 모든 비진리 운동이 사단의 작용이지만 본문은 이세벨주의를 뜻합니다. 두아디라 교회가 잘 한 것과 그 진보한 것은 칭찬 받았지만 이세벨주의의 사단적 교훈이 물들어 있었습니다.

이런 중에 그 사상에 물들지 아니하고 또한 사단의 영역에 침수되지 아니한 자들을 두고 경고하셨습니다. 교회가 사상적으로 더러워

---

14) 마 10:30 '너희에게는 머리털까지 다 세신 바 되었나니'

지면 전체를 개혁하기가 매우 어렵습니다. 진리에 살아 있는 소수라도 그들을 진리 파수꾼으로 삼으셨습니다.

우리가 보건대 교회 중에 이단적 사상이 뿌리내리면 그 무리들이 멸망할 때까지 성장해 가므로 회개가 대단히 어려운 것을 볼 수 있습니다.

이단의 단체들은 옛보다 오늘날이 많아졌고 일부는 이미 하나님의 저주를 받든가 아니면 교회를 계속 핍박하고 유혹하는 중에 종말까지 함께 유지되고 있습니다.

> **계 2:26-29**
> 이기는 자와 끝까지 내 일을 지키는 그에게 만국을 다스리는 권세를 주리니, 그가 철장을 가지고 저희를 다스려 질그릇 깨뜨리는 것과 같이 하리라 나도 내 아버지께 받은 것이 그러하니라, 내가 또 그에게 새벽 별을 주리라, 귀 있는 자는 성령이 교회들에게 하시는 말씀을 들을찌어다

'이기는 자, 지키는' 자는 사단의 사상에 물들지 않고 진리 안에서 살아가는 것을 뜻합니다. 세상을 이긴다는 말은 세상의 문화에 승리한다는 뜻이 아니라 영적으로 세속주의 사상을 버리고 하나님의 목표-내세주의적 사상으로 살아서 영생을 향해 살아가는 성도의 삶을 기본적으로 이기는 자라 일컫는 말입니다.

또한 주님이 재림하시는 날에 확연히 영광스런 승리자의 모습을 보여 주실 것인데, 곧 부활로써 불신자의 저주와 대조적으로 승리자임을 증거해 주실 것입니다.

'만국을 다스리는 권세'를 주신다 함은 이 세상에서 주어진다는 것이 아니라 주님 재림하실 때 주와 같이 영광된 승리자들이 될 것이라는 말씀입니다.

성도의 삶이 영적으로는 세속의 사상과 그 모든 것들의 힘을 정복

할 능력이 주어졌다는 것입니다. 교회와 성도의 삶이 역사 속에서 세상을 우월한 정신문화로 혹은 물질문화로 이끌어 왔던 것조차도 다스림의 권세가 되는 것입니다. 현재 세계 30여개 선진국 중에 기독교국이 28국가라는 통계가 나오는데 이는 실로 믿음으로 사는 자들에게 주신 다스림의 권세라 볼 수 있습니다.

'**철장**'을 가지고 '**질그릇 깨뜨리는**' 것은 아주 쉬운 일입니다. 질그릇이 세속의 힘과 그 능력인데 반해 주님의 권세는 철장에 비유되었습니다. 이긴 자들에게는 그런 주님의 권세를 영적으로 힘입게 해주신다는 뜻입니다.

'**새벽 별**'을 주신다는 것은 예수 그리스도를 주신다, 즉 주님의 능력을 소유케 하신다는 말입니다. 그리고 주님이 새벽 별로 비유된 것은 아침 직전에 뜬 별로서 유난히 밝아 영광의 주님을 상징합니다 (계22:16).[15]

---

15) 계 22:16 '**나 예수**는 교회들을 위하여 내 사자를 보내어 이것들을 너희에게증거하게 하였노라 나는 다윗의 뿌리요 자손이니 곧 **광명한 새벽 별**이라 하시더라'

특 주/ 2. 이단종파 비판(異端宗派 批判)

1. 이단의 정의

[1] 헬라어 하이레시스($α\hat{ι}ρεσις$)는 선택하다, 독자적 견해 등의 뜻입니다.

이 말의 의미 변천은 '자유로운 선택' – '독자적 견해' – '학파' – '종파' – '편당' – 이단 으로 표시될 수 있습니다.

[2] 처음 헬라파 사회에서 이 말은 철학의 어떤 학파, 문파, 새로운 문학을 뜻하는 말이었습니다. 유대 사회에서도 랍비(선생)들의 새로운 견해를 '하이레시스' 라고 했습니다. 또한 다른 교파를 표현할 때에도 사용했습니다. 즉 유대교에서 볼 때 예수교는 하이레시스가 되었습니다.

[3] 신약 초기 기록에 바리새파, 사두개파 등에 사용했습니다(행 5:17). 나중에는 교회 내의 나쁜 무리와 편당을 뜻했고(고전 1:19, 갈 5:20), 결국 거짓 선생, 이단에 적용하는 말이 되었습니다. 벧후 2:1 '저희는 멸망케 할 이단을 가만히…', 딛 3:10 '이단에 속한 사람', 교리나 도덕에 부패한 자를 의미하였습니다.

행 5:17 '대제사장과 그와 함께 있는 사람 즉 사두개인의 당파가 다 마음에 시기가 가득하여 일어나서' (갈 5:20 '우상 숭배와 술수와 원수를 맺는 것과 분쟁과 시기와 분냄과 당 짓는 것과 분리함과 이단과').

[4] 사도 때부터 이단이 있었습니다

(벧후 2:1, 벧후 3:4, 갈 1:6-,9-11, 골 2:8).

벧전 5:8 '근신하라 깨어라 너희 대적 마귀가 우는 사자같이 두루 다니며 삼킬 자를 찾나니'

요일 4:1-3 '사랑하는 자들아 영을 다 믿지 말고 오직 영들이 하나님께 속하였나 시험하라 많은 거짓 선지자가 세상에 나왔음이니라 하나님의 영은 이것으로 알지니 곧 예수 그리스도께서 육체로 오신 것을 시인하는 영마다 하나님께 속한 것이요 예수를 시인하지 아니하는 영마다 하나님께 속한 것이 아니니 이것이 곧 적그리스도의 영이니라 오리라 한 말을 너희가 들었거니와 이제 벌써 세상에 있느니라.'

[5] 그릇된 주장에 대하여 거듭 경고를 하였음에도 불구하고 끝내 돌이키지 않는 자들입니다.

딛 3:10 '이단에 속한 사람을 한 두 번 훈계한 후에 멀리 하라.'

이 말씀에 의하면 이단의 성질은 아주 강해서 좀처럼 변하기 힘들게 되어 있다는 것입니다.

이단의 영에 사로 잡힌 자를 훈계하는 일이 결코 쉬운 일이 아니라는 말입니다. 한 두 번의 훈계로 돌이키지 않으면 멀리하라는 것입니다. 그냥 방치하는 것이 아니라 멀리하라($παραιτέομαι$, 파라이테오마이)는 말은 반대하고 거절하는 것입니다. 교회 안에서 이와 같은 이단자가 있으면 출교까지 감행 할 것을 뜻합니다.

2. 이단의 특성

[1] 성경의 절대권을 무시합니다.

인간의 생각으로 보편적인 진리를 무시하거나 새로운 예언을 추가하며 성경을 조작하려고 합니다. 천주교는 계명을 바꾸어 놓았습니다. 10계명 중 제 2계명은 없애버리고 10번째 계명을 9, 10계명으로 분리했습니다. 성경을 가감하는 자, 이런 자에게는 구원이 없습니다. 교회사에 가장 큰 이단이라면 로마 카톨릭교입니다. 중세기 신학자들이 지적했듯이 적그리스도의 모형은 바로 로마 교황입니다.

계 22:18-19 '내가 이 책의 예언의 말씀을 듣는 각인에게 증거하노니 만일 누구든지 이것들 외에 더하면 하나님이 이 책에 기록된 재앙들을 그에게 더하실 터이요 만일 누구든지 이 책의 예언의 말씀에서 제하여 버리면 하나님이 이 책에 기록된 생명 나무와 및 거룩한 성에 참예함을 제하여 버리시리라.'

계 22:18-19 '내가 이 책의 예언의 말씀을 듣는 각인에게 증거하노니 만일 누구든지 이것들 외에 더하면 하나님이 이 책에 기록된 재앙들을 그에게 더하실 터이요 만일 누구든지 이 책의 예언의 말씀에서 제하여 버리면 하나님이 이 책에 기록된 생명 나무와 및 거룩한 성에 참예함을 제하여 버리시리라',

갈 1:8 '그러나 우리나 혹 하늘로부터 온 천사라도 우리가 너희에게 전한 복음 외에 다른 복음을 전하면 저주를 받을지어다.'

[2] 교주를 신격화합니다.

3세기 몬타너스를 위시하여 이슬람의 모하멜 외 수많은 거짓 선지자와 재림 예수들이 나왔습니다. 이단의 특징은 기성 교회를 비난하고, 예수를 욕하며 혹은 자신이 예수를 대신한다고 신격화합니다. 건전치 못한 교단일수록 지도자를 신성시합니다.

카톨릭교도들은 부정하려 하나 교황에 대한 그들의 교리를 보아도 그가 얼마나 선성시 되는가를 알 수 있는데, 교황은 무오하다든가 교황이 선언한 말은 성경과 꼭 같은 권위를 갖는다는 그들의 믿음은 이단의 영이 아닐 수 없습니다.

교황은 베드로의 후계자라고 하나 베드로는 실수가 많았던 사도의 한 사람에 불과합니다. 그러면서도 교황은 그리스도의 대리자(그의 어두관에 새겨진 말)로서 스스로 잘못이 없는 신처럼 여기고 있습니다. 그런데 역사에 교황이 교황을 재판하는 일도 있었으니 비진리의 속성은 언제나 그렇게 자가당착에 빠진다는 것을 알 수 있습니다.

고후 11:14 '이것이 이상한 일이 아니라 사단도 자기를 광명의 천사로 가장하나니.'

마 13:25 '사람들이 잘 때에 그 원수가 와서 곡식 가운데 가라지를 덧뿌리고 갔더니',

살후 2:4 '저는 대적하는 자라 범사에 일컫는 하나님이나 숭배함을 받는 자위에 뛰어나 자존하여 하나님 성전에 앉아 자기를 보여 하나님이라 하느니라.'

[3] 은혜 교리를 부정합니다.

율법주의, 개인 공로주의와 선행의 구원, 자기 교단(특정) 교리를 통한 구원론을 주장합니다. 의신득구(義信得救:믿음으로 구원을 얻음)를 부정하는 자들입니다.

이단들의 특징은 예수 그리스도를 통한 구원설을 부인하고 자기 교주가 가르치는 또 다른 구원 교리를 들고 나타납니다. 대개 특징적으로 행위 구원설을 주장합니다.

안식교의 안식일 준수를 통한 구원설 주장이나 통일교의 교주 문선명이 말하는 피가름의 구원설이나 그 외 적극적이지는 않으나 복음 사상의 중심을 귀신 축출에 관련하여 강조한다든가(다락방, 류광수), 귀신이 죽은 사람의 영혼이라고 가르치며 병은 모두 귀신의 것이므로 귀신을 쫓아내는 것이 치유의 선교라는 주장(베뢰아 귀신론, 김기동), 그리고 말세에 휴거되지 못하면 순교의 공로로 구원을 얻게 될 것이라는 휴거론자의 구원설(세대주의 전천년설, 조용기, 요한계시록 강해) 등은 모두 믿음으로 구원을 얻는 은혜의 교리를 부정한 것입니다.

롬 3:20 '그러므로 율법의 행위로 그의 앞에 의롭다 하심을 얻을 육체가 없나니 율법으로는 죄를 깨달음이니라',

갈 3:2 '내가 너희에게 다만 이것을 알려 하노니 너희가 성령을 받은 것은 율법의 행위로냐 듣고 믿음으로냐',

갈 1:8 '그러나 우리나 혹 하늘로부터 온 천사라도 우리가 너희에게 전한 복음 외에 다른 복음을 전하면 저주를 받을지어다.'

[4] 삼위일체(三位一體) 하나님을 부정하는 자들입니다.

예수를 천사 혹은 일반 선지자로 보는 예가 많습니다. 교회사에 이단 내지 건전치 못한 신학은 대개 예수 그리스도에 대한 신인양성(神人兩性)을 부인한 자들로 삼위일체를 부정한 자들이었습니다.

이단들은 이구동성으로 자신이 구원자이며 예수는 선지자 중에 한 사람이었거나 아니면 십자가에서 죽으심으로 실패한 지도자로 여깁니다.

요일 4:15 '누구든지 예수를 하나님의 아들이라 시인하면 하나님이 저 안에 거하시고 저도 하나님 안에 거하느니라.'

요 10:33 '유대인들이 대답하되 선한 일을 인하여 우리가 너를 돌로 치려는 것이 아니라 참람함을 인함이니 네가 사람이 되어 자칭 하나님이라 함이로라.'

[5] 호색, 간음자들입니다.

이단들의 정체 중에 남성 교주 뿐아니라 여성 교주도 있습니다. 통일교의 피가름의 원리라든가 일반 이단자들도 성에 문란한 행위로 사회에 누를 끼치는 것을 보게 됩니다. 구약의 이방 종교의 의식에서 음란한 행위로 우상을 섬긴 것을 볼 수 있습니다.

겔 6:9 '너희 중 피한 자가 사로잡혀 이방인 중에 있어서 나를 기억하되 그들이 음란한 마음으로 나를 떠나고 음란한 눈으로 우상을 섬겨 나로 근심케 한 것을 기억하고 스스로 한탄하리니 이는 그 모든 가증한 일로 악을 행하였음이라.'

벧후 2:14 '음심이 가득한 눈을 가지고 범죄하기를 쉬지 아니하고 굳세지 못한 영혼들을 유혹하며 탐욕에 연단된 마음을 가진 자들이니 저주의 자식이라',

겔 23:30 '네가 이같이 당할 것은 네가 음란히 이방을 좇고 그 우상들로 더럽혔음이로다',

겔23:37 '그들이 행음하였으며 피를 손에 묻혔으며 또 그 우상과 행음하며 내게 낳아준 자식들을 우상을 위하여 화제로 살랐으며',

벧후 2:2 '여럿이 저희 호색하는 것을 좇으리니 이로 인하여 진리의 도가 훼방을 받을 것이요',

유 1:4 '이는 가만히 들어온 사람 몇이 있음이라 저희는 옛적부터 이 판결을 받기로 미리 기록된 자니 경건치 아니하여 우리 하나님의 은혜를 도리어 색욕거리로 바꾸고 홀로 하나이신 주재 곧 우리 주 예수 그리스도를 부인하는 자니라',

계 17:5 '그 이마에 이름이 기록되었으니 비밀이라, 큰 바벨론이라, 땅의 음녀들과 가증한 것들의 어미라 하였더라.'

[6] 신자들을 찾아 전도합니다.

기성 신자들을 유혹하여 자신들의 교리를 들어야 구원이 있다하면서 그들의 주장에 빠지게 합니다. 그 유혹을 따라 그들에게 합해지는 자들은 대개 자신들이 가지고 있던 신앙에 문제가 있었기 때문에 유혹 받는 경우가 많고 쉽게 이단에 빠지게 됩니다.

돈독한 신앙으로 성경의 바른 교훈과 성령의 영감에 충실하면 이단의 유혹을 살피고 즉각으로 반박할 수 있는 지식을 터득하게 될 것입니다.

마 23:13 '화 있을찐저 외식하는 서기관들과 바리새인들이여 너희는 천국 문을 사람들 앞에서 닫고 너희도 들어가지 않고 들어가려 하는 자도 들어가지 못하게 하는도다',

마 23:15 '화 있을진저 외식하는 서기관들과 바리새인들이여 너희는 교인 하나를 얻기 위하여 바다와 육지를 두루 다니다가 생기면 너희보다 배나 더 지옥 자식이 되게 하는도다.'

[7] 시한부 종말론을 말합니다.

날짜를 예언하여 긴장시키려 합니다. 그 동안 여러 사람들이 예수의 재림 날짜를 예언하였으나 적중하지 않았습니다. 그것은 당연하고 그 예언은 이단의 영이 가르쳐 준 것입니다.

어떤 사람은 약 40년 전후에 오실 것 같다든지 합니다. 그런 식의 발언도 정확한 날짜를 예고하는 시한부 종말론자와 꼭 같은 말입니다. 다만 약간 여유를 가지려고 한 말이며 미화된 표현일 뿐입니다.

마 24:36 '그러나 그 날과 그 때는 아무도 모르나니 하늘의 천사들도, 아들도 모르고 오직 아버지만 아시느니라',

행 1:7 '가라사대 때와 기한은 아버지께서 자기의 권한에 두셨으니 너희의 알 바 아니요.'

[8] 이단들은 열심이 대단합니다.

악한 영들이 오히려 더 열심히 자기들의 교를 따르고 또한 전파하는데 주력합니다. 열심 자체는 하나님의 뜻이 아닙니다. 하나님의 말씀에 근거하여 활동해야 합니다. 그리고 성령의 인도를 따라 영감 있게 대처하고 행동하는 것입니다. 건전한 교파의 신자가 전도하는 일에 게으른 것은 마땅히 지적을 받아야 합니다. 그러나 이단들의 열심은 하나님의 뜻이 아닙니다.

마 23:15 '화 있을찐저 외식하는 서기관들과 바리새인들이여 너희는 교인 하나를 얻기 위하여 바다와 육지를 두루 다니다가 생기면 너희보다 배나 더 지옥 자식이 되게 하는도다.'

[9] 깊이 알고 보면 그들은 악(惡)합니다.

이단들은 선량한 사람이 아니고 그들의 교리를 따르지 않으면 가차없이 죽입니다. 얼마나 많은 이단들이 사람들을 죽여 매장하고 사회적으로 경악한 사건들을 보여 주고 있습니까? 옳지 못한 교리가 사람의 영혼을 구원하는 것이 아닙니다. 현금의 마호멭의 알라 신을 믿는 잘못된 교리가 그들로 하여금 테러와 자살을 유도하고 있는 것을 보게됩니다.

일본의 오옴 진리교, 한국의 대순 진리 오대양 사건, 조희성의 영생교에서 저지른 신도 암 매장 사건 등등 여러 악한 사건들을 접할 수 있었습니다. 이단들은 악한 세상의 마음을 따라 충격적인 요법으로 거짓 이적이나 기적을 통하여 유혹하는 것을 볼 수 있습니다. 기적은 있으나 기적주의를 따르는 것은 성경에 이단들의 행위로 예언하고 있습니다.

요 10:10 '도적이 오는 것은 도적질하고 죽이고 멸망시키려는 것 뿐이요 내가 온 것은 양으로 생명을 얻게 하고 더 풍성히 얻게 하려는 것이라'

[10] 표적주의입니다.

이단들은 진리를 따르기에 어려운 인간적인 입장을 고려하여 항상 인간의 심정에 맞도록 유혹합니다. 인간의 본성은 항상 음란과 세속적 가치에 민감합니다.

마 12:39-40 '예수께서 대답하여 가라사대 **악하고 음란한 세대가 표적을 구하나** 선지자 요나의 표적 밖에는 보일 표적이 없느니라 요나가 밤낮 사흘을 큰 물고기 뱃속에 있었던 것같이 인자도 밤낮 사흘을 땅 속에 있으리라',

마 24:24 '거짓 그리스도들과 거짓 선지자들이 일어나 큰 표적과 기사를 보이어 할 수만 있으면 택하신 자들도 미혹하게 하리라.'

[11] 신비주의입니다.

성경은 신비로움으로 가득 차 있으나 신비주의는 잘못된 것입니다. 그들은 신비를 말씀보다 더 중요시합니다. 신비, 계시주의, 꿈, 환상을 성경 말씀보다 더 강조합니다.

유 1:8 '그러한데 꿈꾸는 이 사람들도 그와 같이 육체를 더럽히며 권위를 업신여기며 영광을 훼방하는도다',

요일 3:7 '자녀들아 아무도 너희를 미혹하지 못하게 하라 의를 행하는 자는 그의 의로우심과 같이 의롭고',

렘 23:25 '내 이름으로 거짓을 예언하는 선지자들의 말에 내가 몽사를 얻었다 함을 내가 들었노라.'

[12] 돈을 좋아합니다.

바리새인이나 가룟.유다같이 돈을 좋아합니다. 이단들은 아주 세상을 달관한 사람같이 자신을 선전하면서 그들은 여러 희한한 명목의 헌금을 긁어내어 자신의 배를 채우는 자들입니다.

1992년도에 다미선교회 이장림 목사의 경우, 10월 28일에 휴거한다고 하며 모든 재산을 다 바쳐서 소위 선교에 힘쓸 것을 강요해 놓고서 자신은 외국을 도주할 계획으로 이미 외국에 3억이 넘는 돈을 유치해두고 있었다는 사실이 폭로된 일이 있었습니다.

눅 16:14 '바리새인들은 돈을 좋아하는 자라 이 모든 것을 듣고 비웃거늘',

딤전 6:10 '돈을 사랑함이 일만 악의 뿌리가 되나니 이것을 사모하는 자들이 미혹을 받아 믿음에서 떠나 많은 근심으로써 자기를 찔렀도다', 딤후 3:2 '(말세에) 사람들은 자기를 사랑하며 돈을 사랑하며 자긍하며 교만하며 훼방하며 부모를 거역하며 감사치 아니하며 거룩하지 아니하며',

느 6:12 '깨달은즉 저는 하나님의 보내신 바가 아니라 도비야와

산발랏에게 뇌물을 받고 내게 이런 예언을 함이라.'

[13] 인본주의(人本主義)입니다.

인간애(人間愛)를 하나님 사랑보다 더 중요시합니다. 현대교회가 인간 중심의 사랑과 동정으로 하나님의 진정한 진리의 메시지를 전하지 못하고 있습니다. 그 특징으로 교회에서 권징이 사라졌습니다. 하나님의 말씀대로라면 교회에서 축출이 되어야 마땅할 교인을 그대로 방치하거나 감싸는 것이 하나님의 뜻이라 가르치고 있는 경우를 흔히 보게 됩니다.

현대인의 감각에 맞춘 감성은 결코 성경이 주는 영성이 아닙니다. 사람의 마음을 잠시 위로한다고 해서 결정적으로 영혼이 유익하게 되는 것은 아닙니다.

갈 1:10 '이제 내가 사람들에게 좋게 하랴 하나님께 좋게 하랴 사람들에게 기쁨을 구하랴 내가 지금까지 사람의 기쁨을 구하는 것이었다면 그리스도의 종이 아니니라.'

[14] 이단자는 그 가정과 가족이 덕스럽지 못합니다.

성경은 가르치는 자의 가정 환경에 대한 교훈이 많은데 모범된 가정이어야 할 것과 자신을 먼저 돌보는 자가 되어 남을 가르칠 것을 명하셨습니다.

그런데 이단들의 가정은 먼저 자신의 신변에 문제를 안고 다닙니다. 그런 사회적인 도덕적 책임은 교세같은 것으로 치부하려고 합니다. 이단이나 건전치 못한 지도자들의 가족은 대개 부도덕합니다. 어떻게 변명할 수 없는 비윤리적이고 비도덕적인 문제를 안고 있습니다.

가르치는 자로서 그의 자녀를 제대로 교육하지 못한다면 무엇으로 본이 되어 신빙성을 찾겠느냐 하는 것입니다.

마 5:19 '그러므로 누구든지 이 계명 중에 지극히 작은 것 하나라도 버리고 또 그같이 사람을 가르치는 자는 천국에서 지극히 작다 일컬음을 받을 것이요 누구든지 이를 행하며 가르치는 자는 천국에서 크다 일컬음을 받으리라'

[15] 주의 이름을 남용합니다.

주의 이름은 제 3계명에 속하므로 가볍게 부를 수 없습니다. 이단들은 대개 주여, 주여! 하고 남용하는 버릇이 있는 자들입니다. 건전치 못한 부흥사나 지도자들이 하나님의 이름을 꼭 이방 종교처럼 부르짖게 합니다.

마 7:22 '그 날에 많은 사람이 나더러 이르되 **주여 주여** 우리가 주의 이름으로 선지자 노릇하며 주의 이름으로 귀신을 쫓아내며 주의 이름으로 많은 권능을 행치 아니하였나이까 하리니.'

요즘 흔히 강단에서 '**주여! 삼창합시다**' 라고 하는데 과연 이 말이 성경적일까요? 만세 삼창이 없는 외국의 경우에는 이런 말을 들을 때 어떻게 이해할 지 궁금합니다. 구태여 주의 이름을 세 번 불러야 기도가 강한 것일까요?

제 3 장

아시아의 일곱 교회
(사,빌,라)

3장 주해 내용
1. 아시아 일곱 교회 중 세 교회의 평가
2. 교회의 거룩에 대한 주의 교훈
3. 교회가 승리하여 받을 상급

3장
아시아의 일곱 교회(사, 빌, 라)

> **계 3:1-3**
>
> 사데 교회의 사자에게 편지하기를 하나님의 일곱 영과 일곱 별을 가진 이가 가라사대 내가 네 행위를 아노니 네가 살았다 하는 이름은 가졌으나, 죽은 자로다 너는 일깨워 그 남은 바 죽게 된 것을 굳게 하라 내 하나님 앞에 네 행위의 온전한 것을 찾지 못하였노니, 그러므로 네가 어떻게 받았으며 어떻게 들었는지 생각하고 지키어 회개하라 만일 일깨지 아니하면 내가 도적같이 이르리니 어느 시에 네게 임할는지 네가 알지 못하리라

'**사데**' (남은 자취의 물건) 교회에 '**하나님의 일곱 영**', 즉 성령으로 교회(일곱 별)를 주관하시는 주님으로 나타나셨습니다(계1:20).[1] 사데 교회는 겉으로는 잘 믿는 교회처럼 형세하나('**살았다 하는**') 성령이 거의 다 떠난 교회요 영적으로 죽은 교회였습니다. 그런데 아주 희미하나마 아직도 영적으로 일어날 수 있는 소수의 교인과 진리가 남아 있었던 것으로 보입니다.

사데는 두아디라 남동 약 48km 지점에 위치한 도시로 현재 터키인 루디아의 수도였습니다. 이 도시는 상업적으로 번창한 도시로서 사치와 부의 도시로 전락하였던 곳입니다.

사데 사람들은 B.C. 6세기에 고레스(Cyrus)의 공격과 약 200년 후

---

1) 계 1:20 '네 본 것은 내 오른손에 일곱 별의 비밀과 일곱 금 촛대라 일곱별은 일곱 교회의 사자요 일곱 촛대는 일곱 교회니라'

안티오쿠스(Antiochus)의 침략을 받기도 했습니다. 사데는 황제 숭배가 극심하였던 곳으로 알려져 있습니다. 역사가들의 말에 의하면 요한의 전도로 세워졌고 2세기에 이르러 변증가며 주석가로 유명했던 멜리토(Melito)가 이 교회의 감독이었다고 합니다.

'어떻게 받았으며 어떻게 들었는지', 주님은 사데 교회에게 에베소 교회에 권유하시듯 회개하는 방법을 제시하셨습니다. (1)주님께 들은 바 진리를 기억하고 (2)말씀을 따라 지키어 행하므로 (3)회개하라는 것입니다.

이와 같은 말씀은 회개의 중요한 과정을 알게 하셨는데, 우리가 흔히 감정에 몰입하여 눈물이 나오거나 하면 회개한 줄 착각하지만 말씀대로 다시 살고자 하는 간절함으로 생활의 변화가 실질적으로 나타나지 않으면 온전한 회개가 아닌 줄 알아야 합니다.

'도적 같이' 임하시는 것은 주로 심판적으로 오심을 의미합니다. 믿음이 신실한 상태의 자녀에게는 도적같이 오시지 않는다고 했습니다(살전 5:4).[2] 여기 사데 교회에게 말씀하신 표현은 도적이 언제 올지 모르듯 심판 받을 자에게 갑자기 닥치는 주님의 진노를 일컫습니다. 죄악이 충만하여 영적으로 어두운 사데 교회가 회개치 않을 시에 당하게될 주님의 심판을 뜻합니다.

> **계 3:4-6**
> 그러나 사데에 그 옷을 더럽히지 아니한 자 몇 명이 네게 있어 흰 옷을 입고 나와 함께 다니리니 그들은 합당한 자인 연고라, 이기는 자는 이와 같이 흰 옷을 입을 것이요 내가 그 이름을 생명책에서 반드시 흐리지 아니하고 그 이름을 내 아버지 앞과 그 천사들 앞에서 시인하리라, 귀 있는 자는 성령이 교회들에게 하시는 말씀을 들을찌어다

---

2) 살전 5:4 '형제들아 너희는 어두움에 있지 아니하매 그 날이 도적같이 너희에게 임하지 못하리니'

'**그 옷**'은 믿음의 옷, 영적인 옷입니다. 개인의 스스로 가진 수련된 인격이 아니라 하나님의 은혜로 입게된 믿음의 옷입니다. 비록 형편없는 교회였지만 그 믿음의 옷을 더럽히지 아니한 자 몇 명이 남아 있었습니다.

그들은 그리스도의 마음에 '**합당한 자**'였습니다. 흰 옷을 입고 그리스도와 함께 다닌다 함은 주와 함께 생활하며 주의 나라에 영원히 살 것을 뜻합니다.

신앙의 승리자는 '**흰 옷**'을 입고 하나님의 생명책에 뚜렷이 기록될 것입니다.

'**생명책**'은 하나님이 구원 얻을 자들을 기억하신 책입니다. 이것은 단순한 서적의 관점에서 이해할 것이 아니며 하나님이 선택하시고 믿음을 주신 자들을 인지하시는 책입니다.

죄인을 구속하시고 대변하시는 예수 그리스도께서 심판 날 아버지 앞과 '**그 천사들**', 즉 심판 때의 증인 천사들 앞에서 시인해 주실 것이라 약속하셨습니다. 이 천사들은 변호적 입장에서 심판 날에 성도들을 가감 없이 증인 천사로 설 것입니다. 사데 교회는 영적으로 깊은 잠에 취해 있었으며 그 중에 이 소수를 주님이 일깨워 주셨습니다(마10:32-33, 막8:38).[3]

---

3) 마 10:32-33 '누구든지 사람 앞에서 나를 시인하면 나도 하늘에 계신 내 아버지 앞에서 저를 시인할 것이요 누구든지 사람 앞에서 나를 부인하면 나도 하늘에 계신 내 아버지 앞에서 저를 부인하리라'
막 8:38 '누구든지 이 음란하고 죄 많은 세대에서 나와 내 말을 부끄러워 하면 인자도 아버지의 영광으로 거룩한 천사들과 함께 올 때에 그 사람을 부끄러워하리라'
4) 눅18:38 '소경이 외쳐 가로되 다윗의 자손 예수여 나를 불쌍히 여기소서 하거늘'

> **계 3:7-8**
> 빌라델비아 교회의 사자에게 편지하기를 거룩하고 진실하사 다윗의 열쇠를 가지신 이 곧 열면 닫을 사람이 없고 닫으면 열 사람이 없는 그이가 가라사대, 볼지어다 내가 네 앞에 열린 문을 두었으되 능히 닫을 사람이 없으리라 내가 네 행위를 아노니 네가 적은 능력을 가지고 내 말을 지키며 내 이름을 배반치 아니하였도다

 '**빌라델비아**' (형제 사랑)는 거룩하신 주님으로 나타나셨고 열면 닫을 사람이 없고 닫으면 열 사람이 없게 하시는 섭리의 주인으로 오셨습니다.

 빌라델비아는 사데 동남쪽 약 40km 지점에 위치한 고원 도시로 포도 생산지로 유명하였습니다. 빌라델비아 교회에 대해서는 알려진 바가 거의 없으며 단지 암미아(Ammia)라는 여선지자가 이 교회를 관할하면서(A.D. 100-160) 큰 부흥을 이루었다고 전해집니다. 빌라델비아 교회는 거룩한 교회요 진실한 교회임이 평가됩니다. 서머나 교회처럼 칭찬만 받는 교회입니다.

 '**다윗의 열쇠를 가지신 이**', 성경상 다윗은 이스라엘 국왕을 대표하고 유대인이 가장 존경하는 역사적 왕입니다(눅18:38).[4] 즉 국고의 열쇠를 맡은 자처럼 하나님의 나라를 맡으신 왕으로 묘사한 것입니다.

 '**열린 문**' 은 우선 들어가기가 쉬우며 환영하는 상태입니다. 그 문은 천국 문입니다. 빌라델비아 교회는 구원의 문이 활짝 열어져 있다는 뜻이며 은총의 문이 열려 있다는 말입니다.

 이 교회는 여러 가지로 적은 능력을 가진 바 세상적으로 교인의 수, 그들의 권위, 경제력 등으로 볼 때는 빈곤한 교회였습니다. 그러나 주의 말씀을 지키는 자들이었습니다. 환경적 요소를 불만하지 않고 주를 '**배반치**' 아니하였습니다.

문화적 환경의 지배를 잘 받는 보통 사람들의 처신과 다르게 빌라델비아 교회는 그 모든 열악한 환경을 탓하거나 세상의 문화에 짓눌리지 않고 주를 배신하지 않았다는 것이 더욱 귀한 신앙이었습니다.

> **계 3:9**
> 보라 사단의 회 곧 자칭 유대인이라 하나 그렇지 않고 거짓말하는 자들 중에서 몇을 네게 주어 저희로 와서 네 발 앞에 절하게 하고 내가 너를 사랑하는 줄을 알게 하리라

'**사단의 회**', 즉 배교자들은 신앙이 투철한 빌라델비아 교회에서 결국은 패망하고 무릎을 꿇게 될 것을 예언하셨습니다. 악은 반드시 패한다는 사실입니다. 본래 신앙이 참되고 성실한 자일수록 그런 극한 시험을 받게 됩니다. 시험이 없다는 것은 오히려 이상한 줄 알 것입니다.

욥이 하나님을 잘 섬겼으므로 마귀가 시기하여 하나님께 청하므로 하나님은 욥의 신앙을 귀하게 보시고 선하신 뜻에서 마귀의 시험을 허락하신 것입니다. 외부적으로 보기에는 욥의 아내가 이해한 것처럼 저주받는 것으로 여길 만큼 무서운 마귀의 시험이 있었으나 욥은 잘 인내하였습니다. 그처럼 진실한 신약 성도에게도 때로는 마귀가 시기하여 물리적인 시험보다 영적으로 거짓된 사상의 시험을 할 수 있습니다(엡 6:12).[5]

---

5) 엡6:12 '우리의 씨름은 혈과 육에 대한 것이 아니요 정사와 권세와 이 어두움의 세상 주관자들과 하늘에 있는 악의 영들에게 대함이라'

> **계 3:10**
>
> 네가 나의 인내의 말씀을 지켰은즉 내가 또한 너를 지키어 시험의 때를 면하게 하리니 이는 장차 온 세상에 임하여 땅에 거하는 자들을 시험할 때라

　　빌라델비아 교회는 **'말씀'** 을 잘 지키는 신앙으로 굳힌 교회였습니다(8,10). **'인내의 말씀'**, 주님의 말씀을 따르려면 인내가 있어야 합니다. 본 교회가 말씀을 지키기 위해 고난 중에 인내했다는 것을 강조하려는 표현입니다. 역시 인내 없이는 주를 따를 수 없습니다. 주의 말씀을 환난과 시험 중에 참음으로 지킨 자들을 끝까지 보호하시고 구원해 주신다는 약속을 하셨습니다.

　　'온 세상' 은 두 가지로 유대 전역을 의미할 수도 있고 말세론적으로 세상 전체를 의미할 수도 있습니다. 좁게는 유대 전역이며 말세론적으로는 그런 교회의 종말적 상황입니다.

　　'시험의 때', 이 '때' (호라스, $\H{\omega}\rho\alpha\varsigma$, 시기, 시점, 순간)를 주님의 재림 때로 직역하면 빌라델비아 교인이 세상 종말까지 계속 존속해야 할 것입니다. 그러므로 이 때는 당시 빌라델비아 교회만 받을 커다란 환난의 날을 의미합니다. 빌라델비아 교회 그들의 역사 안에 큰 환난을 받는다는 것으로 해석하는 것이 옳습니다. 어느 때인지는 분명하지는 않습니다.

　　다만 그러한 교회는 말세에 주님이 지켜 주신다는 뜻은 확실합니다. 또 시험의 때를 **'면하게'** 하신다는 것을 휴거론자들은 대환난을 피하여 공중으로 휴거함을 뜻한다고 해석합니다. 그렇다면 서머나 교회도 빌라델비아 교회처럼 칭찬만 받는 교회로서 휴거의 약속을 받아야 할 것입니다. 신앙이 좋은 교회가 받을 축복이 휴거라면 서

머나 교회도 환난을 면하는 것이 당연할 것입니다.

그러나 2:10에 서머나 교회는 **'환난을 받으리라'** 고 하셨습니다. 따라서 면하게 됨은 단순히 고통을 면케 되는 것보다 환난 중에 주께서 굳게 지켜 주셔서 사상으로 승리 할 수 있게 하신다는 말입니다. 신약적 승리의 어의(語意)는 육의 피신과 보호보다 시험에 이기고 승리하는 것을 뜻합니다(요 17:15).[6] (5:2-4 주해 참조)

> **계 3:11-13**
> 내가 속히 임하리니 네가 가진 것을 굳게 잡아 아무나 네 면류관을 빼앗지 못하게 하라, 이기는 자는 내 하나님 성전에 기둥이 되게 하리니 그가 결코 다시 나가지 아니하리라 내가 하나님의 이름과 하나님의 성 곧 하늘에서 내 하나님께로부터 내려오는 새 예루살렘의 이름과 나의 새 이름을 그 위에 기록하리라, 귀 있는 자는 성령이 교회들에게 하시는 말씀을 들을찌어다

'속히' (탁쿠, ταχύ) 임하시는 것은 종말론적 시간의 단어로 주께서 항시 성도와 함께 하시고 신앙 안에서는 언제라도 임하신다는 말입니다.

빌라델비아 교회가 **'가진 것'** 이란 말씀을 지키는 귀한 신앙입니다. 면류관은 신앙적인 값으로 얻는 영광입니다. 누가 이 영광을 빼앗는다기 보다 신앙이 약해져서 영광이 없어질까 두려워해야 한다는 것입니다.

'하나님의 성전에 기둥' 이 되는 것은 하나님의 나라에 중요한 위치를 얻게 될 것이라는 의미와 함께 지상의 교회로서 가장 든든한 성격의 교회로 역사에 남을 것을 뜻합니다.

---

6) 요 17:15 '내가 비옵는 것은 저희를 세상에서 데려가시기를 위함이 아니요 오직 악에 빠지지 않게 보전하시기를 위함이니이다'

'결코 다시 나가지 아니하리라' 고 하신 대로 집 전체가 무너져도 기둥은 든든히 서듯 그들의 신앙과 구원은 영원히 흔들림이 없을 것이라는 말씀입니다.

'하늘로부터 내려오는 새 예루살렘' 은 신천신지(新天新地), 곧 천국입니다. 신앙 승리자의 이마 위에 하나님의 이름과 천국과 그리스도밖에 모르는 주님의 **'새 이름'** 을 새긴다하심은 이 모든 약속이(하나님이 것, 그리스도의 것, 천국백성) 확고 부동하다는 것이요 하나님의 소유가 됐다는 말입니다(계19:12, 사43:1).[7]

> **계 3:14**
>
> 라오디게아 교회의 사자에게 편지하기를 아멘이시요 충성되고 참된 증인이시요 하나님의 창조의 근본이신 이가 가라사대

'라오디게아' (백성의 정의)에는 **'아멘(진실)이시요 충성된 증인'** 으로 나타나셨습니다. 이는 예수 그리스도는 참되신 분이시며 온전히 하나님 아버지께 충성하신 분으로서 신앙이 미지근한 이 교회에 진실하고 참된 주님으로 나타나신 모습입니다. 각 교회마다 나타나시는 모습이 다른 것은 그 교회의 특징을 감안하여 모습을 바꾸신 것입니다. 주님의 각양 모습에는 긍정과 부정의 메시지를 담고 있습니다.

---

7) 계 19:12 '그 눈이 불꽃같고 그 머리에 많은 면류관이 있고 또 이름 쓴 것이 하나가 있으니 자기 밖에 아는 자가 없고'
사 43:1 '야곱아 너를 창조하신 여호와께서 이제 말씀하시느니라 이스라엘아 너를 조성하신 자가 이제 말씀하시느니라 너는 두려워 말라 내가 너를 구속하였고내가 너를 지명하여 불렀나니 너는 내 것이라'

라오디게아는 빌라델비아 동남쪽 약 72km 지점에 위치한 도시로서 라이커스(Lycus) 계곡에 있는 여러 도시들 중 하나로 교통의 요충지였을 뿐만 아니라 모직물 공업의 중심지였으며 '브루기아 가루'로 알려진 안약과 의학교가 있었다고 합니다. 에바브라가 설립하였으며(골 4:12,13) 골로새 교회와 함께 바울이 지도하였습니다.

'**하나님의 창조의 근본**'을 여호와의 증인들처럼 잘못 해석하여, 예수님을 하나님이 창조하신 자라 하며 만물보다 가장 앞서 지음 받은 작품으로 보게 되면 예수님이 일반 인간처럼 되어버립니다. 그러나 본문은 모든 것을 창조하시는 분이라는 뜻이며 모든 창조의 근원 되시는 분이라는 말입니다.

다른 곳에서 예수님은 창조자로 증거하고 있기 때문에 본문은 창조물의 근본이라 아니라 창조자로서의 근본이 되신다는 뜻으로 읽어야 합니다. 라오디게아 교회는 미지근하여 진실이 부족하고 충성이 없고 창조적이지 못하고 주관이 없는 교회였습니다. 불투명한 교회에 대하여 창조자요 절대적 주권자로서의 예수를 닮도록 강조하는 것입니다.

우리가 사랑과 여유로움으로 인격적 관계를 유지하는 것은 바르지만 진리를 규명하거나 믿음의 신실함을 보여야 할 입장에서는 이다, 아니다를 분명하게 고백하고 삶을 뚜렷하게 실천해야 합니다. 이것이 진리에 대한 증거의 바른 태도입니다.

> **계 3:15-16**
>
> 내가 네 행위를 아노니 네가 차지도 아니하고 더웁지도 아니 하도다 네가 차든지 더웁든지 하기를 원하노라, 네가 이같이 미지근하여 더웁지도 아니하고 차지도 아니하니 내 입에서 너를 토하여 내치리라

'차지도 아니하고 더웁지도 아니한' 것은 신앙의 불투명성이요 열의가 없는 신자의 형식적 생활을 말합니다. 미지근한 신앙이란 결국 차가운 쪽에 기울어 있는 것입니다. 신앙의 의지와 충성심은 반드시 뜨거운 열의로 가득 차있어야 효과가 나타납니다. 사회의 어느 분야에서라도 열정이 있어야 일을 잘 해 낼 수 있는 법입니다(내가 불타야 남도 불탄다).

차가움은 어떤 긍정적인 해석도 불가하고 단연코 부정적인 의미를 말합니다. 즉 본 구절은 완전히 그리스도를 반대하든지 아니면 전폭적으로 충성스런 자가 되든지 하라는 말씀입니다. 차가움의 단어($\psi u \chi \rho \acute{o} \varsigma$)는 싸늘하다, 차갑다, 냉수, 식어짐 등으로 풀이됩니다. **'미지근한 것'** 은 차가운 것보다 더 못하여 입에서 **'토하여 내치리라'** 하심은 취하시기에 매우 괴로우심을 뜻하며 버리신다는 마지막 결론입니다.

> **계 3:17**
> 네가 말하기를 나는 부자라 부요하여 부족한 것이 없다 하나 네 곤고한 것과 가련한 것과 가난한 것과 눈먼 것과 벌거벗은 것을 알지 못하도다

여기 **'부자'** 의 뜻은 외부적으로 보이는 것들을 말합니다. 그런데 주께서 보실 때 영적으로는 매우 핍절한 상황이었습니다(**'곤고, 가련, 가난'**). 즉 풍요 속의 빈곤입니다.

오늘날 풍요한 문화 속에서 교회는 본질적인 요소가 없으므로 방황하는 교인들이 늘어나고 문화주의적 예배와 교육 프로그램으로 변질되어 가고 있습니다. 이 속에서 축복이라는 한 단어의 힘으로 더 이상 성찰을 하지 않는 영적 태만과 전이된 가치관으로 교회의

질이 변하고 있습니다.

'눈 먼 것과 벌거벗은 것' 은 영적으로 어두운 것이며 수치스런 인격을 뜻합니다.

라오디게아 교회는 자만과 자기의 영적 상태가 부끄러움과 가련함을 모르고 있었습니다. 배가 부르면 지각이 둔해지고 영성활동에 지장이 있습니다. 그처럼 문화의 풍요는 자각 능력을 상실케 하는 반비례 현상을 가져다 줍니다.

시대마다 그 시대의 대중적 가치관이 역사관을 형성하기 쉬운데 그리스도인이 가진 역사관은 언제나 성경에 근거해야 합니다. 비록 우리들의 마음에 현실적으로 흡족하게 여겨지는 것들이라도 성경에 이른 바 옳지 않다고 가르친다면 우리는 스스럼없이 성경의 가치관대로 우리의 가치관을 확립하고 그렇게 정서를 찾을 수 있도록 해야 할 것입니다.

라오디게아 교회는 진정한 자아의 모습을 잃고 말았습니다. 우리가 참된 자아를 각성한다는 것은 그리 쉬운 일이 아닙니다. 때로는 타인이 나를 이해하는 것이 내가 자신을 생각하는 것보다 객관성이 있을지 모릅니다. 주님이 우리를 평가하시는 것은 더욱 다릅니다. 우리는 결국 주님이 평가하실 때 진정으로 부요하고 평안하고 영안이 밝고 부끄럽지 않아야 할 것입니다.

> **계 3:18**
>
> 내가 너를 권하노니 내게서 불로 연단한 금을 사서 부요하게 하고 흰 옷을 사서 입어 벌거벗은 수치를 보이지 않게 하고 안약을 사서 눈에 발라 보게 하라

주님께 **'불로 연단한 금을 사라'** 고 하셨습니다. 금(金)은 주님이

주시는 변치 않는 신앙을 뜻합니다. 영적인 은혜를 얻어 영혼의 상태가 부요하라고 하셨습니다.

특별히 '**불로 연단한 금**' 이라고 하심은 참 믿음은 자기 혁신, 뜨거운 회심으로 얻을 수 있는 성질을 뜻하고 있습니다. 믿음은 진실로 이론적인 지식이 아니라 영적이고도 감정을 포함하는 뜨거운 가슴으로 체험하게 되는 것입니다. 무슨 연장이든 많이 달구어진 것일수록 잘 견디는 것과 같습니다.

'**흰 옷**' 은 믿음으로 의롭게 해 주시는 마음의 옷으로 회개를 통한 용서의 옷, 성결한 옷입니다. 부끄러운 영적 수치를 회개로 통해 성결의 옷으로 가리우라는 것입니다. 금과 옷 그리고 안약을 사라고 하신 것은 신앙이란 결코 손쉽게 얻을 수 있는 것이 아니란 말씀입니다. 무언가 댓가를 지불하는 것인데 먼저는 주께서 십자가의 보혈로 완성하신 믿음의 내용을 하나님의 은혜로 얻게 됩니다. 또한 그 은혜를 예사롭게 받을 수 없고 회개하고 열심을 다하여 주의 은혜를 귀하게 수용하는 것입니다. 마치 값을 치루고 귀한 보화를 사듯이 주의 은혜를 귀중히 여기고 받으라는 뜻입니다.

'**안약**' 은 영적 치료를 얻게 되는 정신적 능력입니다. 성령의 영적 효험입니다. 마음의 눈(영안)이 어두운 것을 지적하신 것입니다. 영안이 밝지 않으면 주의 뜻을 분별할 수가 없고 봉사할 수 없습니다. 교회는 영적으로 사회의 빛으로서 눈의 역할을 합니다. 교회가 영적으로 어두우면 사회가 혼돈에 빠지고 하나님의 심판을 받게 될 것입니다.

'**눈에 발라 보게**' 하는 것은 영적 눈이 뜨이도록 하라는 것입니다. 즉 성령의 충만으로 영안이 열리도록 하라는 뜻입니다. 영안이 밝아 진리를 바로 알고 사회에 선지자적 삶을 살아야 하는 것은 특정인의 의무가 아니라 성도는 누구라도 영분별력의 기본이 있어서 제대로 역사(歷史)를 읽으며 삶을 살아야 합니다. 구원 얻은 자의 특색이기도 합니다.

영안이 어두운 상태로 살아가는 것은 태만입니다. 영안이 밝아서 참 그리스도인답게 살아 갈 것을 명하셨습니다. 잘못된 삶을 방치하고 영적으로 보지 못하는 어둠의 세력 아래 사는 것은 곧 죄가 됩니다. 날마다 영안이 밝기를 힘써야 합니다.

> **계 3:19**
> 무릇 내가 사랑하는 자를 책망하여 징계하노니 그러므로 네가 열심을 내라 회개하라

'**사랑하시는 자를 책망**' 하시는 주님이십니다. 그리고 그 책망은 사랑의 동기에서 일어납니다. 잘못에 대해 책망이 없고 무관할 때 이미 서로의 관계는 끊어진 상태입니다(히 12:5-8).[8] 그러므로 책망 받을 때 열심히 회개해서 새롭게 변화되어야 합니다.

'**열심을 내라**', 회개로 가는 길도 역시 뜨거운 열심, 그 후에 연결되는 것입니다. 거저 고요하게 묵상하는 것으로는 회개하기 어렵습니다. 양심의 뜨거운 열정이 필요합니다. 특별히 말세가 되면 진리가 불확실하게 될 소지가 예언되었습니다.

세상 지식의 충만으로 인한 세속적 가치관이라든가 그로 인한 개인적인 고집과 이기심으로 인한 교만 때문에 진리에 분명하게 서지

---

8) 히 12:5-8 '또 아들들에게 권하는 것같이 너희에게 권면하신 말씀을 잊었도다 일렀으되 내 아들아 주의 징계하심을 경히 여기지 말며 그에게 꾸지람을 받을 때에 낙심하지 말라 주께서 그 사랑하시는 자를 징계하시고 **그의 받으시는 아들마다 채찍질하심이니라** 하였으니 너희가 참음은 징계를 받기 위함이라 하나님이 아들과 같이 너희를 대우 하시나니 어찌 아비가 징계하지 않는 아들이 있으리요 징계는 다 받는 것이거늘 너희에게 없으면 사생자요 참 아들이 아니니라'

못하는 중도적 신앙 사상이 예고되고 있습니다(단 12:4, 딤후 3:7,4:3).[9]

따라서 여기 열심은 단순한 열심이 아닙니다. 이단들도 열심 한가지는 대단합니다. 그러나 진리에 대한 열정이 있어야 하고 진정한 회개-자기를 돌아보는 성찰의 노력이 필요합니다.

> **계 3:20**
>
> 볼지어다 내가 문 밖에 서서 두드리노니 누구든지 내 음성을 듣고 문을 열면 내가 그에게로 들어가 그로 더불어 먹고 그는 나로 더불어 먹으리라

주님은 영적으로 닫혀진 성도들의 마음 문 앞에서 두드리십니다. 예배와 교훈과 여러 가지 모양들로 권면하십니다. 마음 문을 열면 주님께서 영적으로 들어오셔서 **'더불어'** 함께 영적 교제를 나눌 것입니다. 주님을 믿는 것을 먹는 것으로 표현합니다. 또는 성경을 믿고 마음으로 그 사상을 내 것으로 삼는 것을 먹는 것으로도 표현합니다(계10:9, 요6:54-55).[10]

주님과 연합의 실체는 영적으로 일체가 되는 것입니다. 우리가 식사를 즐겁게 할 수 있는 사이라면 얼마나 친한 관계입니까? 그처럼

---

9) 단12:4 '다니엘아 마지막 때까지 이 말을 간수하고 이 글을 봉함하라 많은 사람이 빨리 왕래하며 지식이 더하리라'
  딤후3:7 '항상 배우나 마침내 진리의 지식에 이를 수 없느니라'
  딤후4:3 '때가 이르리니 사람이 바른 교훈을 받지 아니하며 귀가 가려워서 자기의 사욕을 좇을 스승을 많이 두고'
10) 계 10:9 '내가 천사에게 나아가 작은 책을 달라 한즉 천사가 가로되 갖다 먹어 버리라 네 배에는 쓰나 네 입에는 꿀같이 달리라 하거늘'
  요6:54-55 '내 살을 먹고 내 피를 마시는 자는 영생을 가졌고 마지막 날에 내가 그를 다시 살리리니 내 살은 참된 양식이요 내 피는 참된 음료로다'

그리스도와의 연합은 함께 더불어 먹고 마실 수 있는 사이의 개념으로 주님과의 동행적 삶을 가질 수 있어야 합니다. 우리가 가슴을 열고 주님을 늘 모셔들여야 한다는 말입니다.

> **계 3:21-22**
> 이기는 그에게는 내가 내 보좌에 함께 앉게 하여 주기를 내가 이기고 아버지 보좌에 함께 앉은 것과 같이 하리라, 귀 있는 자는 성령이 교회들에게 하시는 말씀을 들을찌어다

신앙으로 승리하는 자는 주님의 자리에 함께 앉게 될 것이라 하셨습니다. 그것은 하늘의 영광에 동참하는 것을 뜻합니다. 자리를 함께 한다는 것은 의미가 큽니다(출18:12, 신12:7).[11]

다윗이 악한 사울 왕으로부터 위협을 받을 때 도와 준 사울 왕의 아들 요나단의 용기와 우정 때문에 맺은 정을 생각하여 요나단의 절뚝발이 아들을 축복하여 왕의 상에서 함께 식사를 할 수 있도록 했습니다(삼상 18:1, 삼하 9:6-8).[12]

본문에서 주의 자리에 앉게 해주시는 은혜란 바로 그와 같은 사랑과 은혜의 의미가 들어 있습니다.

---

11) 출 18:12 '모세의 장인 이드로가 번제물과 희생을 하나님께 가져오매 아론 과 이스라엘 모든 장로가 와서 모세의 장인과 함께 하나님 앞에 서 떡을 먹으니라'
신 12:7 '거기 곧 너희 하나님 여호와 앞에서 먹고 너희 하나님 여호와께서 너희 손으로 수고한 일에 복 주심을 인하여 너희와 너희 가족이 즐거워할지니라'
12) 삼상 18:1 '다윗이 사울에게 말하기를 마치매 요나단의 마음이 다윗의 마음과 연락되어 요나단이 그를 자기 생명 같이 사랑하니라'
삼하 9:6-8 '사울의 손자 요나단의 아들 므비보셋이 다윗에게 나아와서 엎드려 절하매 다윗이 가로되 므비보셋이여 하니 대답하되 주의 종이 여기 있나이다 다윗이 가로되 무서워 말라 내가 반드시 네 아비 요나단을 인하여 네게 은총을 베풀리라 내가 네 조부 사울의 밭을 다 네게 도로 주겠고 또 너는 항상 내 상에서 먹을찌니라 저가 절하여 가로되 이 종이 무엇이관대 왕께서 죽은 개 같은 나를 돌아보시나이까'

제 4 장

보좌의 모습(천상교회)

4장 주해 내용
1. 사도 요한의 영적 부름이 교회의 휴거인가?
2. 천상교회의 영광스런 모습
3. 예배의 귀중성과 영적 위계질서

4장
보좌의 모습(천상교회)

> **계 4:1-2**
>
> 이 일 후에 내가 보니 하늘에 열린 문이 있는데 내가 들은 바 처음에 내게 말하던 나팔소리 같은 그 음성이 가로되 이리로 올라 오라 이 후에 마땅히 될 일을 내가 네게 보이리라 하시더라, 내가 곧 성령에 감동하였더니 보라 하늘에 보좌를 베풀었고 그 보좌 위에 앉으신 이가 있는데

'**이 일**' 은 3장까지의 계시를 말합니다. 사도 요한이 본즉 하늘의 문이 열렸는데 '**나팔소리 같은 그 음성**' 이 들렸습니다. 이것은 계 1:10에 있었던 성령의 (예수 그리스도의) 음성이었습니다. 따라서 이러한 표현으로 보아 계시의 연속성을 가지고 기록하는 요한은 앞서 3장까지의 일을 두고 '이 일' 라고 한 것입니다.

'**이리로 올라 오라**', 이것은 천국의 환상을 보여주시기 위해 사도 요한을 부르신 것이지 휴거론자들이 주장하듯 지상 교회 전체를 휴거 시키는 음성(일)이 아닙니다. 현재 계속적으로 펼쳐지는 계시의 환상을 보는 대로 기록하는 요한으로서 계시의 연속적인 드라마를 말해주는 것입니다.

말세에 대한 예언을 더욱 상세하게 받게 될 요한에게 먼저 1장에서 다시 오실 예수 그리스도의 모습을 시작으로 교회의 주인 되신 주께서 교회의 본질적인 모습을 개혁하도록 하신 바 모델로서의 아시아 7교회에 대한 내용을 상세히 기록했습니다.

이제 천상(天上)의 온전한 교회, 무형교회(無形敎會)의 모습을 보게 되는 것은 전투적 지상 교회 시대를 살아가는 요한과 그리고 모든 역사 속에 살아 온 그리스도인들에게 소망이 되는 장면이 연출된 것입니다. 이것은 냉정한 평가와 긍정적 소망으로 인도하시는 하나님의 보편적인 계시성입니다.

휴거를 갈망하는 자들은 엉뚱하게 본 장의 환상이 말세에 일어날 교회의 휴거라고 해석하는데 도무지 납득할 수 없는 억지 주장이라고 봅니다. 본문에서는 조금도 그러한 뜻을 함의(含意)하고 있지 않습니다. 혹은 계시록 성경 앞뒤 환상이 그렇게 보게 하는 보충적 계시가 주어지지 않았는데도 휴거라고 해석하는 것은 신학적 근거를 어떻게 설정했는지 궁금할 따름입니다. 여기에서 나타난 환상이나 내용은 전혀 교회의 휴거와는 무관합니다. 도무지 문장 전체에서 발견할 수가 없는데도 어찌 교회의 들림-휴거를 뜻한다고 하는지 알 수 없습니다.

분명한 것은 현재 진행되고 있는 계시록의 서론 격인 1-4장(5장까지)은 사도 요한 자신에게만 집중되어 있다는 것입니다. 사도 요한을 교회 전체라고 읽을 이유가 없습니다.

'이 후에 마땅히 될 일' 은 말세에 있을 계시를 뜻합니다. 마땅히 될 일은 확고부동한 하나님의 작정을 뜻합니다. 역사의 주관자 되신 하나님의 절대적 의지입니다. 사도 요한은 성령에 감동해 있었고 영적으로 하늘의 보좌에 올라갔습니다. 이러한 경우는 사도 바울도 경험한 바 있습니다(고후12:2).[1]

---

1) 고후 12:2 '내가 그리스도 안에 있는 한 사람을 아노니 십 사년 전에 그가 세째 하늘에 이끌려 간 자라 (그가 몸 안에 있었는지 몸 밖에 있었는지 나는 모르거니와 하나님은 아시느니라)'

휴거론자들은 사도 요한이 영적으로 천상에 오른 것을 지상 교회가 들림 받은 것으로 확대 해석합니다. 이것은 요한 개인을 교회 전체로 보는 것으로 옳지 못할 뿐아니라 내용에서 교회의 휴거의 거사(巨事)로 볼 이유가 없습니다. 참으로 황당한 비약이 아닐 수 없습니다.

사도 요한 자신이 말세의 대환난 기사를 받기 위한 영적 준비로서 성령의 감동 안에서 천상에 오른 것입니다. 예배를 시작하기 전에 우리는 신령과 진정-성령과 말씀의 예배가 되기 위해 기도로 준비하고 찬송으로 준비합니다. 영감의 예배가 되기 위하여 영적으로 준비하듯이 요한이 세밀한 예언을 받기 위해 성령 안에서 영적으로 이끌림을 받아 천상에까지 오른 것입니다.

'**보좌에 앉으신 이**'는 다음 절로 보아 성부 하나님이십니다.

> 계 4:3-4
> 앉으신 이의 모양이 벽옥과 홍보석 같고 또 무지개가 있어 보좌에 둘렸는데 그 모양이 녹보석 같더라, 또 보좌에 둘려 이십 사 보좌들이 있고 그 보좌들 위에 이십 사 장로들이 흰 옷을 입고 머리에 금면류관을 쓰고 앉았더라

보좌에 앉으신 이의 모양에 '**벽옥**'은 깨끗한 이미지로 청결, 성결을 의미하고, '**홍보석**'은 엄위, 심판, 정의의 뜻이 있습니다. 하나님은 완전무결하시며 어두운 그림자가 조금도 없으신 완전자로 계십니다. 이를 깨끗한 보석으로 표현되는 환상에서 인간의 가치 척도에 맞추어 깨끗한 보석에 비유한 것입니다.

'**무지개**'는 녹보석으로 은혜와 생명을 상징합니다. 여러 색깔의 아름다운 무지개가 보좌를 둘렸으니 완전함과 영광의 충만함을 뜻합니다. 또한 영광스런 무지개는 하나님의 언약을 상징합니다. 하나님의 신실하심과 영원한 약속의 하나님으로 간주됩니다(창

9:13).[2]

하나님 보좌에 둘려 있는 **24장로들에 대한 여러 해석**이 있습니다.

(1) 이들의 옷은 흰옷이며 머리에 쓰고 있는 면류관의 이름은 승리의 면류관(스테파누스, στεφάνους)입니다. 이로 보아 구원받은 성도와 관련되어 지상 성도를 대표하는 자들이라 할 수 있습니다.

(2) 5:10에서 장로들이 말하는 것으로 보아 24장로들은 소위 휴거한 지상 교회가 아님을 증명합니다. 5장에서 24장로들이 '**저희로(구원 얻을 백성) 우리(24장로 자신들) 하나님 앞에**' 라고 찬송하고 있습니다. 24장로가 아닌 구원 얻은 많은 무리들이 또한 여러 군데 나타나고 있으므로 여기 24장로와 차후 나타나는 24장로는 하나님의 백성을 상징하는 천상의 무형교회를 대표하는 사람으로 해석되지 않을 수 없습니다.

(3) 그들은 결국 구약의 12지파와 신약 12사도로 신구약 하나님의 백성을 대표하는 천상교회의 장로로 해석되야 할 것입니다(계 21:12, 계 21:14).[3] 구약 시대의 백성과 신약 시대의 백성을 함께 통괄하시는 한 하나님이시기 때문에 이 해석이 무난한 것으로 봅니다.

> **계 4:5**
>
> 보좌로부터 번개와 음성과 뇌성이 나고 보좌 앞에 일곱 등불 켠 것이 있으니 이는 하나님의 일곱 영이라

---

2) 창 9:13 '내가 내 무지개를 구름 속에 두었나니 이것이 나의 세상과의 언약의 증거니라'

3) 계 21:12 '크고 높은 성곽이 있고 열두 문이 있는데 문에 열두 천사가 있고 그 문들 위에 이름을 썼으니 이스라엘 자손 열두 지파의 이름들이라'
계 21:14 '그 성에 성곽은 열두 기초석이 있고 그 위에 어린 양의 십이사도의 열두 이름이 있더라'

보좌로부터 '**번개와 음성과 뇌성**'이 났습니다. '**번개**'는 뇌성과 함께 위엄과 빛으로 심판하심을, '**음성**'은 살아 계심을 뜻합니다.

'**일곱 등불 켠 것**', 일곱은 완전함을 뜻하고 이는 1:4의 일곱 영으로 표현된 성령님을 상징합니다. 즉 하나님의 보좌 주변이 이와 같이 영광, 엄위, 성결 그리고 빛으로 둘려 있다는 것입니다. 이처럼 성도의 삶 속에서도 성령님은 우리로 하여금 이성 없는 도취의 무아지경으로 들어가게 하시는 것이 아니라 밝은 지혜와 성결과 영광스러운 지성으로 충실하게 하십니다(요일1:5).[4]

조금의 의심할 바도 불공평할 것도 없는 완전한 위치의 보좌를 뜻합니다. 휴거론자는 여기서도 요한이 교회로 상징되어 휴거하므로써 결국 성도와 함께 하시는 성령이 요한(교회)과 함께 들림 받음으로 지금 천상에 올라와 계시다는 것입니다. 그러나 성령은 완전하신 하나님의 영으로서 천상 천하에 편재하십니다.

오순절에 성령이 임하셨다는 것은 그 뒤로 천상에 성령이 계시지 않다는 것이 아니라 활동의 주된 근거지를 지상으로 하시는 선언일 뿐입니다. 오순절 이전에도 얼마든지 성령의 역사는 지상에서 일어나고 있었음을 볼 수 있기 때문입니다.

오순절에 성령이 지역적으로 지상에 오셨다가 계시록 4장에서 들림 받았으므로 이제 지상에는 교회도 믿음도 없게 되었다면 어떻게 4장 그 후 계시록 상에서 성도들이 계속 나타나고 있느냐에 대한 답을 할 수 없게 됩니다.

성령이 없이 어떻게 신앙의 역사를 따라 순교가 가능하며 믿음을

---

[4] 요일 1:5 '우리가 저에게서 듣고 너희에게 전하는 소식이 이것이니 곧 하나님은 빛이시라 그에게는 어두움이 조금도 없으시니라'

지킬 수 있느냐 하는 것입니다(계14:12).[5] 사실 4장의 해석이 휴거라면 그 뒤에 이어지는 5장 이하의 내용은 교회에 아무런 상관이 없는 예언입니다. 배울 바도 없지요?

> **계 4:6**
>
> 보좌 앞에 수정과 같은 유리 바다가 있고 보좌 가운데와 보좌 주위에 네 생물이 있는데 앞 뒤에 눈이 가득하더라

'수정과 같은 유리 바다', 수정은 맑은 투명체이고 유리는 빗방울이란 단어로 맑은 물같은 유리 바다입니다. 이는 구약 시대 성전에 제사장들이 손을 씨고 들어가기 위한 큰 대야(물두멍)가 성소 입구에 있었던 것을 생각하게 합니다(출 30:18-21).[6]

구약시대에 제사장들이 손을 씻고 성소에 들어갔던 것처럼 하나님의 보좌 앞에 이와 같은 유리 바다가 있으므로 누구라도 반드시 죄를 씻어 의로워진 후에야 하나님을 뵐 수 있다 함을 상징합니다.

'네 생물'은 하나님의 보좌 근저에서 봉사하는 특별한 천사들입니다. 생물 넷은 사방을 지키고 봉사하는 영역을 말해줍니다.

'앞 뒤 눈이 가득'한 것은 무한한 지혜의 능력과 총명을 뜻합니다. 그들은 하나님의 일을 명령받는 즉시에 하달시키며 지상에서 올

---

5) 계14:12 '성도들의 인내가 여기 있나니 저희는 하나님의 계명과 예수 믿음을 지키는 자니라'
6) 출 30:18-21 '너는 물두멍을 놋으로 만들어 씻게 하되 그것을 회막과 단 사이에 두고 그 속에 물을 담으라 아론과 그 아들들이 그 두멍에서 수족을 씻되 그들이 회막에 들어갈 때에 물로 씻어 죽기를 면할 것이요 단에 가까이 가서 그 직분을 행하여 화제를 여호와 앞에 사를 때에도 그리할지니라 이와 같이 그들이 그 수족을 씻어 죽기를 면할지니 이는 그와 그 자손이 대대로 영원히 지킬 규례니라'

라온 일들을 또한 즉각적으로 하나님께 알려 드리는 하나님의 특별 보좌관들입니다.

요한은 하나님의 주변에 이 완전한 지혜와 경계와 공의의 심판이 진을 치고 있음을 보았습니다. 지상에서 우리가 하나님의 인격과 그 권능을 신뢰하고 믿을 때 그와 같은 보좌의 모습을 연상 할 수 있어야 합니다. 이것이 성도가 인식하고 바라보는 하나님의 권위에 대한 신앙고백이어야 할 것입니다.

> **계 4:7**
>
> 그 첫째 생물은 사자 같고 그 둘째 생물은 송아지 같고 그 세째 생물은 얼굴이 사람 같고 그 네째 생물은 날아가는 독수리 같은데

네 생물들은 비유로 그 성격들을 말해 줍니다. 에스겔 1장에서 언급된 것과 유사한데(1:6,10,14).[7] '~같고'라고 표현한 것에 유의하여 네 생물의 직무를 보아야 합니다. 천사로 볼 수 있는 네 생물은 사자나 송아지 자체가 아니고 그러한 특징적 봉사의 성질을 나타내고자 한 것입니다.

첫째는 '**사자**' 같다 했으니 담대함과 강한 의지를 상징하며,

둘째는 '**송아지**' 같다 했으니 일하는 충성의 상징이며, 구약 시대에는 희생의 제물이었습니다.

셋째는 '**사람**' 같다 했으니 성경상 사람은 지혜를 상징합니다.

---

7) 겔 1:6 '각각 네 얼굴과 네 날개가 있고'
 겔 1:10 '그 얼굴들의 모양은 넷의 앞은 사람의 얼굴이요 넷의 우편은 사자의 얼굴이요 넷의 좌편은 소의 얼굴이요 넷의 뒤는 독수리의 얼굴이니'
 겔 1:14 '그 생물의 왕래가 번개같이 빠르더라'

넷째는 날아가는 '**독수리**' 같다 했으니 신속성과 고결한 영적 차원을 상징합니다.

> **계 4:8-9**
> 네 생물이 각각 여섯 날개가 있고 그 안과 주위에 눈이 가득하더라 그들이 밤낮 쉬지 않고 이르기를 거룩하다 거룩하다 거룩하다 주 하나님 곧 전능하신 이여 전에도 계셨고 이제도 계시고 장차 오실 자라 하고, 그 생물들이 영광과 존귀와 감사를 보좌에 앉으사 세세토록 사시는 이에게 돌릴 때에

네 생물들이 각각 '**여섯 날개**'를 가졌습니다. 이는 충성스런 활동을 위한 날개요 신속히 움직이겠다는 의미입니다(사6:2).[8]

'**눈이 가득함**'은 지혜와 통찰력이 충만함을 뜻합니다. 활동하는 행위의 도구인 그 날개에 눈이 가득함은 충성의 성질을 말해줍니다. 하나님께 충성하는 일은 지극히 깨어 있는 진리의 감각이어야 하며 공의와 거룩으로 봉사하는 것이어야 합니다. 충성의 의도가 좋으나 그 형식과 태도에 있어서 불순하다면 그것은 하나님의 영광이 될 수 없습니다.

하나님을 사랑하되, 눅 10:27 '대답하여 가로되 네 마음을 다하며 목숨을 다하며 힘을 다하며 뜻을 다하여 주 너의 하나님을 사랑하고 또한 네 이웃을 네 몸과 같이 사랑하라 하였나이다' 고 하셨습니다.

그들은 '밤낮 쉬지 않고' 하나님을 찬양하고 감사하고 있었습니다. 그렇습니다. 하나님의 나라는 예배하는 곳입니다. 하나님을 찬양하고 감사하는 일로 종일 경배할 것입니다. 예배가 지겹고 찬송이

---

8) 사 6:2 '스랍들은 모셔 섰는데 각기 여섯 날개가 있어 그 둘로는 그 얼굴을 가리었고 그 둘로는 그 발을 가리었고 그 둘로는 날며'
9) 롬 12:2 '너희는 이 세대를 본받지 말고 오직 마음을 새롭게 함으로 변화를 받아 하나님의 선하시고 기뻐하시고 온전하신 뜻이 무엇인지 분별하도록 하라'

힘들고 감사에 인색하신 분들은 이와 같은 광경이 감동되지 못할 것입니다. 성도의 삶 자체는 하나님을 영화롭게 하기 위한 행위의 연속입니다. 밤낮 쉬지 않고 충성 봉사하는 삶 자체가 거룩한 산 제사입니다(롬12:2).[9]

'**거룩하다, 거룩하다, 거룩하다**', 3번씩 한 것에 대한 해석을 꼭 성부, 성자, 성령, 성삼위 하나님께 찬송하는 것이라 단정할 필요는 없습니다. 성부 하나님의 완전한 거룩성을 찬미한 것입니다.

'**전에도 있었고 장차 올 자요 전능한 자라 하시더라**'는 성부 하나님의 영생하심을 뜻합니다(계 1:8 해석참조).

> **계 4:10-11**
> 이십 사 장로들이 보좌에 앉으신 이 앞에 엎드려 세세토록 사시는 이에게 경배하고 자기의 면류관을 보좌 앞에 던지며 가로되 우리 주 하나님이여 영광과 존귀와 능력을 받으시는 것이 합당하오니 주께서 만물을 지으신지라 만물이 주의 뜻대로 있었고 또 지으심을 받았나이다

4생물들의 찬송이 있을 때 24장로들도 보좌 앞에 앉으신 하나님께 '**엎드려**' 경배하였습니다. 이는 겸손이요 경배의 중심을 표합니다. 경배한다는 말 히브리어 바라크(ברך)는 엎드리다, 꾸부리다로 번역됩니다.

그러므로 경배는 하나님께 굴복이요 겸손으로 행할 수 있어야 합니다. 또한 바라크는 축복이란 말입니다. 축복은 꾸부려 겸손히 하나님을 경외(경배)하는 자들에게 임할 것입니다. 겸손한 자는 하나님께 제대로 경배하는 자이며 그러므로 그는 축복을 받게 될 자입니

---

[9] 롬 12:2 '너희는 이 세대를 본받지 말고 오직 마음을 새롭게 함으로 변화를 받아 하나님의 선하시고 기뻐하시고 온전하신 뜻이 무엇인지 분별하도록 하라'

다(약4:6).[10]

'면류관을 보좌에 던지며', 보좌 앞에 던지는 것은 신앙의 승리자들이 그 영광을 주님의 것으로 알고 돌려 드린다는 감사의 태도입니다(계4:4).[11]

이것이 중요합니다. 교회당에 바쳐지는 성물(聖物)에 대해 자기 자랑을 빼놓기 싫어서 성함을 써 붙이는 것 등은 참된 충성심이 될 수 없습니다. 사람이 자기의 영광을 구하는 것은 하나님의 영광을 빼앗는 행위입니다.

24장로들의 찬송과 4생물들의 찬송이 유사한데 영광과 존귀는 같으나 감사 대신 장로들은 **'능력'**을 찬송했습니다. 4생물들은 감사하심을 찬송했으나 24장로 이들이 능력을 찬송함에는 교회에 주신 신앙의 능력, 구원의 능력 등을 기억할 수 있습니다. 만물을 지으신 창조주에 대한 능력과 그 섭리 등을 함께 중심으로 찬송한 것입니다.

---

10) 약4:6 '그러나 더욱 큰 은혜를 주시나니 그러므로 일렀으되 하나님이 교만한 자를 물리치시고 겸손한 자에게 은혜를 주신다 하였느니라'
11) 계 4:4 '또 보좌에 둘려 이십 사 보좌들이 있고 그 보좌들 위에 이십 사 장로들이 흰 옷을 입고 머리에 금면류관을 쓰고 앉았더라'

제 5 장

일곱 인으로 봉한 책

5장 주해 내용
1. 말세의 계시를 스스로 볼 수 없는 인간
2. 어린양의 능력
3. 구원자 예수 그리스도께 드리는 영광
4. 24장로들의 겸손함이 주는 교훈

5장
일곱 인으로 봉한 책

> **계 5:1**
>
> 내가 보매 보좌에 앉으신 이의 오른손에 책이 있으니 안팎으로 썼고 일곱 인으로 봉하였더라

4장에 이어 5장도 하늘의 광경을 연속적으로 보고 있는 사도 요한이었으므로 국역에는 빠져 있으나 원서에는 2절처럼 '**또**' (카이, καί)라는 말로 시작됩니다.

'**내가**' 는 역시 사도 요한 자신입니다.

성부 하나님의 '**오른 손에 책**', 오른 쪽은 권세, 권능, 주권 등을 뜻하며 여기 책은 말세 계시의 내용이 담겨 있는 것입니다. 일곱 인으로 봉한 이 책은 6장에서부터 주께서 인을 떼시고 환상이 펼쳐지는 말세의 비밀입니다. 그러므로 일반적인 모든 하나님의 말씀이나 혹은 하나님의 경륜의 뜻이라는 해석 등은 본서의 특징과 문맥의 흐름에 합당하지 않습니다.

이 책은 '**안팎으로**' 쓰여졌습니다. 이는 충분한 내용 전달과 여지 없는 계시임을 뜻합니다. 즉 가감 할 수 없는 완벽한 말세 예언임을 의미합니다. 간혹 역사를 예견하는 예언자들이 있긴 하나 항시 완전

하지 못함을 볼 수 있는데 하나님의 예언은 확실하기 때문에 안팎으로 쓰여졌다는 말로 완전한 예언임을 형용한 것입니다.

'일곱 인으로 봉한 것' 은 일곱 번의 도장, 즉 완전히 봉하여 아무라도 임의대로 열어 볼 수가 없도록 되어 있다 함이요 그만큼 중요한 문서라는 의미도 있습니다. 일곱 번의 도장을 찍어 둔 것은 완벽하게 봉한 하나님의 말씀인 동시에 완전한 계시의 비밀이라는 뜻입니다.

> **계 5:2-3**
> 또 보매 힘있는 천사가 큰 음성으로 외치기를 누가 책을 펴며 그 인을 떼기에 합당하냐 하니, 하늘 위에나 땅 위에나 땅 아래에 능히 책을 펴거나 보거나 할 이가 없더라

'힘있는 천사' (10:1, 힘센 천사), 힘있다는 말은 강력히 뭐든 해 낼 수 있는 뜻입니다. 즉 이 천사의 능력과 권위를 말하며 특별한 천사로 보입니다.

그 천사가 큰 음성으로 외치기를 **'누가 책을 펴며 그 인을 떼기에 합당하냐?'** 고 했습니다. 누구냐? 란 질문이라기 보다 감히 누가 할 수 있느냐? 하는 부정 의문 형식입니다.

예수 그리스도 외에 그 누구라도 이 책을 펴 보일 수 없다는 강조형의 표현입니다. '합당하냐' 란 말은 말세 계시를 스스로 펴 볼 자로 적합한 자가 누구이겠느냐는 말입니다. 그러니까 뒤에 이어지는 내용으로 보아 오직 예수 그리스도 밖에 볼 수 없다는 뜻이며 합당하다는 것이 도덕적인 인격을 말하는 것이 아니라 하나님의 계시를 스스로 이해하거나 펴 보일 권세가 있느냐 하는 말입니다. 인간은 도덕적으로도 부정할 뿐아니라 하나님의 계시를 스스로 대언할 수

있는 권능이 없다는 말입니다.

천상천하에 합당한 자가 없다라고 했습니다. 천상에는 천사들일 것입니다. 즉 우주 만물과 이 세상 저 세상 모든 이를 통틀어 이른 말입니다. 우주 만물 그 누구라도 이 책을 펴 보일 수 없습니다. 혹 하늘로부터 온 천사의 계시 운운하나 하나님의 참된 계시를 천사가 대신할 수 없습니다. 오직 하나님의 지시 아래서 천사는 수종 들 뿐입니다.

계시의 주최자는 오직 성부 하나님이시고 그 계시를 펴 보일 수 있는 분은 오직 하나님의 아들 예수 그리스도 밖에 없다는 사실입니다. 결국 신에 대한 지식은 예수 그리스도를 통하여 가능한 것입니다.

예수 그리스도의 십자가 보혈의 은혜로 말미암아 성령의 감화 안에서 중생하고 예수 그리스도를 통한 인식의 구도에서 하나님의 계시를 이해하고 받을 수 있습니다.

예수 그리스도가 모든 신학과 신앙의 통로가 되어야 하는 이유가 여기에 있습니다. 사람들이 중간에서 예수를 대신하려 할 때 인간의 자랑과 교만이 일어납니다(갈 1:8).[1]

> **계 5:4**
> 이 책을 펴거나 보거나 하기에 합당한 자가 보이지 않기로 내가 크게 울었더니

사도 요한은 이 책을 펴 보일 자가 없어 보여 크게 **'울었다'** 고 했습니다. 요한 자신을 비롯하여 그 어떠한 인생이라도 이 책을 보기에 합당한 의로운 자가 없으므로 통곡함이요, 이 상황에서 계시 내

---

[1] 갈 1:8 '그러나 우리나 혹 하늘로부터 온 천사라도 우리가 너희에게 전한 복음 외에 다른 복음을 전하면 저주를 받을지어다'

용을 알고 싶고 보고 싶은 열정적 소망에 북받쳐 크게 운 것입니다.

이처럼 우리들의 신앙에는 눈물이 필요한데 쉽게 흘리는 감성적 눈물이 아니라 하나님의 뜻과 신앙의 승리를 위해 울 것입니다. 회개함으로 울고 무지하며 무능함을 고백하면서 울 때 하나님의 위로가 있을 것입니다. 하나님을 향하여 환난과 충성 중에 속으로도 울고 밖으로도 통곡을 많이 한 자가 신령해 진다는 것을 우리는 스스로의 경험으로 잘 알 수 있습니다.

하나님의 뜻을 알기 위해 그 의로운 욕망으로 인해 울 수 있다면 하나님이 그를 곧 믿음의 의인(義人)이라 하실 것입니다. 진정으로 회개한 자 아니면 그 하나님의 뜻을 알고 따르기 위한 간절함이 있을 수 없습니다. 하나님의 뜻을 배우고 알고자 하는 것은 강요하므로 되는 것이 아닙니다. 예수 그리스도를 믿음으로 받고 구원의 영으로서 하나님의 뜻을 알고자 하는 간절한 심령이 있어야 하나님의 위로가 있을 것입니다(마 5:4, 잠 8:17).[2]

> **계 5:5**
> 장로 중에 하나가 내게 말하되 울지 말라 유대 지파의 사자 다윗의 뿌리가 이기었으니 이 책과 그 일곱 인을 떼시리라 하더라

24장로 중에 하나가 통곡하는 요한에게 이르기를 '**유대 지파의 사자 다윗의 뿌리가 이기었으니**'라고 했습니다. 구약 성경에 예언된

---

2) 마 5:4 '애통하는 자는 복이 있나니 저희가 위로를 받을 것임이요'
　5:6 '의에 주리고 목마른 자는 복이 있나니 저희가 배부를 것임이요'
　잠 8:17 '나를 사랑하는 자들이 나의 사랑을 입으며 나를 간절히 찾는 자가 나를 만날 것이니라'

대로 예수 그리스도를 뜻합니다. 무형교회 장로는 이 사실을 알고 가르치는데 왜 요한은 통곡만 하고 있었을까요? 이것이 지상교회의 유한된 영감이 아닐까 합니다(창 49:9, 사 11:1).[3] 다윗은 이스라엘의 성군으로 거룩한 왕의 모본입니다. 예수 그리스도께서 만 왕의 왕 되심을 상징합니다. 예수는 유다 혈통 가운데 뿌리를 하고 동시에 다윗 왕족 후예가 되사 육신으로도 주를 왕으로 섬기는데 정통성을 가지신 분임을 뜻합니다.

'이기었다' (에니케센, ἐνίκησεν)는 승리를 이룬다는 니카오 (νικάω)의 과거 능통태 직설법으로 이미 이기시고 계속 그 승리가 지속됨을 뜻해줍니다. 즉 죽음의 권세에서 부활하심으로 이미 사망의 세력을 승리하신 것을 말하고 근본적으로 예수님은 전능하심을 뜻합니다.

따라서 본 계시의 책을 보여주실 수 있는 전능하신 능력의 주님이라는 말입니다. 죽었다가 다시 살아나지 않고는 사후의 세계에 대한 가르침을 신빙성 있게 말 할 수 없습니다.

그러므로 사후에 대한 교훈은 어떠한 교주라도 사실 신빙성이 없습니다. 간혹 죽었다가 재생(再生)한 사람이 있으나 그는 다시 죽습니다. 마치 나사로같이 성경에 죽은 자가 살아났어도 그는 또 다시 죽었을 것입니다. 혹은 산채로 들림 받은 자들은(에녹, 엘리야) 주님이 재림하시는 날 이제 영원히 죽음을 보지 않을 부활의 몸이 될 것입니다. 주께서는 완전한 부활로 사망의 권세를 이기신 분이십니다.

---

3) 창 49:9 '유다는 사자 새끼로다 내 아들아 너는 움킨 것을 찢고 올라 갔도다 그의 엎드리고 웅크림이 수사자 같고 암사자 같으니 누가 그를 범할 수 있으랴'
  사 11:1 '이새의 줄기에서 한 싹이 나며 그 뿌리에서 한 가지가 나서 결실할 것이요'

> **계 5:6**
>
> 내가 또 보니 보좌와 네 생물과 장로들 사이에 어린 양이 섰는데 일찍 죽임을 당한 것 같더라 일곱 뿔과 일곱 눈이 있 으니 이 눈은 온 땅에 보내심을 입은 하나님의 일곱 영이더라

　또한 성경은 세상을 이기신 예수님을 닮아 성도들이 세상을 이긴 자라 했습니다(요일 5:4,5).[4] 보좌(하나님)와 네 생물(천사)과 장로(교회 대표)들 사이에 어린양(구약의 속죄물, 예수 그리스도)이 섰다는 것은 예수 그리스도께서 우리 죄인과 하나님 사이에 중보자 되심을 뜻합니다(딤전2:5, 요1:29).[5]

　어린 양이 **'일찍 죽임을 당한 것'** 은 예수그리스도의 십자가 죽음을 말합니다. 우리가 주를 뵈올 때 우리를 위하여 십자가에 죽으심을 기억할 수 있을 것입니다. 이것이 그리스도에 대한 바른 인식입니다. 단순하게 부활하시고 영광스런 모습만 보이는 것이 아닙니다(계 1:18).[6]

　'일곱 뿔과 일곱 영' 을 가졌는데, 일곱 뿔은 완전한 능력을 뜻하며 일곱 눈은 완전한 지혜인데 곧 성령을 뜻합니다. 예수 그리스도는 성령의 완전한 지혜를 가지신 분이라는 말입니다.

---

4) 요일 5:4-5 '대저 하나님께로서 난 자마다 세상을 이기느니라 세상을 이긴 이김은 이 것이니 우리의 믿음이니라 예수께서 하나님의 아들이심을 믿는 자가 아니면 세상을 이기는 자가 누구뇨'
5) 딤전 2:5 '하나님은 한 분이시요 또 하나님과 사람 사이에 중보도 한 분이시니 곧 사람이신 그리스도 예수라'
　요 1:29 '이튿날 요한이 예수께서 자기에게 나아 오심을 보고 가로되 보라 세상 죄를 지고 가는 하나님의 어린 양이로다'
6) 계 1:18 '곧 산 자라 내가 전에 죽었었노라 볼찌어다 이제 세세토록 살아있어 사망과 음부의 열쇠를 가졌노니'

휴거론자들은 이 성령이 천상에 와 있으므로 지상에는 이제 성령이 계시지 않다고 하며, 따라서 4:1에 요한이 성령에 이끌리어 영적으로 하늘로 간 것이 아니라 교회 전체의 들림으로 해석해 버립니다. 그러나 성령님은 땅에도 계시고 하늘에도 계시는 완전한 영으로서 국지적인 영향을 받지 않습니다. 성령님이 교회와 함께 휴거했다면 뒷 부분에 예수의 증인들이 나오는데 근본적으로 성령이 없이 신앙을 갖고 증인이 될 수 있느냐 하는 것입니다(행 1:8, 고전 12:3).[7]

> **계 5:7-8**
> 어린 양이 나아 와서 보좌에 앉으신 이의 오른 손에서 책을 취하시니라, 책을 취하시매 네 생물과 이십 사 장로들이 어린 양 앞에 엎드려 각각 거문고와 향이 가득한 금대접을 가졌으니 이 향은 성도의 기도들이라

어린 양(예수님)이 하나님의 오른 손에서 책을 취하셨습니다. 예수 그리스도께서 그 책을 취하시니 4생물과(천사들) 24장로들이 '**찬양**' 했습니다. '**거문고**'는 찬송할 때 쓰던 것이므로 성도의 찬송을 뜻합니다. '**금대접**'에 가득한 향은 성도의 기도들이라 했습니다.

그러니까 24 '**장로**'들은 천상교회(무형교회, 無形敎會)의 장로들이며 이들은 특별히 말세에 처한 성도들의 기도의 향이 가득한 금대접을 가졌습니다. 성도의 기도가 향으로 표현 된 것은 구약 시대에 제물을 태워서 향을 하나님께 올린 것처럼 희생과 정성어린 기도와

---

7) 행 1:8 '오직 성령이 너희에게 임하시면 너희가 권능을 받고 예루살렘과 온 유대와 사마리아와 땅 끝까지 이르러 내 증인이 되리라 하시니라'
고전 12:3 '그러므로 내가 너희에게 알게 하노니 하나님의 영으로 말하는 자는 누구든지 예수를 저주할 자라 하지 않고 또 성령으로 아니하고는 누구든지 예수를 주시라 할 수 없느니라'

헌신적 신앙의 모든 생활을 상징합니다(시 142:2).[8]

> **계 5:9-10**
> 새 노래를 노래하여 가로되 책을 가지시고 그 인봉을 떼기에 합당하시도다 일찍 죽임을 당하사 각 족속과 방언과 백성과 나라 가운데서 사람들을 피로 사서 하나님께 드리시고, 저희로 우리 하나님 앞에서 나라와 제사장을 삼으셨으니 저희가 땅에서 왕노릇 하리로다 하더라

'**새 노래**' (14:3), 이는 구원의 노래요 천국의 노래입니다. 천국은 모든 것이 새롭습니다. 세상이 말하는 유행스런 모습의 변화가 아니라 그래서 권태로울 것이 아닌 질적 변화요 영구적으로 만족할 새로운 것들로만 되어 있습니다(새 하늘과 새 땅, 새 사람). 우리가 이미 지상에서 부르는 노래가 새 노래로 하나님께 드리는 찬송입니다.

이 찬송은 유행가 같은 시대 감각에 맞는 것이 아니라 영원히 부를 영적 노래로 하나님께 드리는 제물같은 것입니다. 24장로들은 예수 그리스도께서 그 책을 가지시고 그 인봉을 떼시기에 합당하심을 노래했습니다. 그리고 각 나라(세계적으로)중에서 사람(성도)들을 '**피로 사서**' 하나님께 드렸다고 했는데 원문상으로는 엔 토 하이마티($\epsilon\nu$ $\tau\omega$ $\alpha\H{\iota}\mu\alpha\tau\iota$), 즉 피 안에서, '피에 의하여'가 됩니다. 국역의 피로 산다는 것은 십자가의 죽으심으로 땅의 성도들을 구속하셨다는 말씀입니다.

여기 '**산다**' 는 말은 장을 본다는 뜻인데 피 값을 지불하고 우리를 샀다는 의미입니다. 즉 대속(代贖)하셨다는 말입니다. 그러므로 교

---

8) 시 141:2 '나의 기도가 주의 앞에 분향함과 같이 되며 나의 손드는 것이 저녁 제사 같이 되게 하소서'

회는 예수 그리스도의 피로 값 주어 사신 교회입니다(행 20:28).[9]

'**저희로 우리 하나님 앞에**' 라고 한 말을 볼 때, 24장로와 성도(저희들)는 분리해야 할 문장으로 보입니다. 만약에 24장로가 휴거한 땅의 성도들이면 이렇게 표현할 수가 없을 것입니다. 지상 성도들을 나라와 제사장으로 삼으셨다는 표현은 1:6과 같습니다.

'**땅에서 왕노릇**' 하는 것이 현재적 의미로는 그리스도인의 영적 왕권을 뜻하고 미래적 의미로는 천년 왕국이나 천국에서의 영생입니다.

> **계 5:11-12**
> 내가 또 보고 들으매 보좌와 생물들과 장로들을 둘러 선 많은 천사의 음성이 있으니 그 수가 만만이요 천천이라, 큰음성으로 가로되 죽임을 당하신 어린양이 능력과 부와 지혜와 힘과 존귀와 영광과 찬송을 받으시기에 합당하도다 하더라

보좌와 생물들과 장로들 주변으로 둘러선 천사가 수없이 많았습니다. 이 천사들은 교회를 위해 여러 가지로 수고하는 천사들입니다. 우리가 계시록에서 특별히 천사들을 많이 보게 됩니다. 천사의 실존과 함께 말세에 처할 성도를 위로할 하나님의 사역을 기억하게 하십니다. 천사는 영물로 하나님을 위해 그리고 성도를 위하므로 하나님께 충성하는 피조물입니다. 계시록에 많이 언급되는 것은 환난 중에 구원하시는 하나님의 은혜를 믿게 하려함에 있습니다.

본래, 언제라도 하나님은 천군천사들을 부리시며 우리를 도우십니다(마 18:10).[10] 찬송을 전체적으로 부르니 큰 소리가 나겠지만 각

---

9) 행 20:28 '너희는 자기를 위하여 또는 온 양 떼를 위하여 삼가라 성령이 저들 가운데 너희로 감독자를 삼고 하나님이 **자기 피로 사신 교회**를 치게 하셨느니라'
10) 마 18:10 '삼가 이 소자 중에 하나도 업신여기지 말라 너희에게 말하노니 저희 천사들이 하늘에서 하늘에 계신 내 아버지의 얼굴을 항상 뵈옵느니라'

각 힘찬 목소리로 찬송했을 것입니다. 사실 찬송은 감사하며 힘있게 불러야 합니다.

십자가로 죽으신 '**어린 양**' 예수 그리스도께 드리는 찬송인데, 4:8에 성부 하나님께 4생물들이 드리는 찬송과 24장로들이 하나님께 드린 찬송 4:12과 천사들이 7:12에서 하나님께 드린 찬송이 모두 비슷합니다. 즉 찬송의 가사 내용에서 보여주는 것은 성부와 성자의 동등성을 이해하게 합니다.

계 4:8,9 4생물들 성부께 찬송	계 5:12 많은 천사들 성자께 찬송	계 7:12 천사들 성부께 찬송
전능,거룩,영광, 존귀,감사	능력,부,지혜,힘, 존귀,영광,찬송	찬송,영광,지혜, 감사,존귀,능력,힘

찬송 내용

(1) '**능력**'은 그리스도께서 우리를 구속하시기 위해 십자가에서 죽으신 것이 약한 자의 최후 같았으나 사실은 능력에 완전하신 분이셨음을 증거하는 찬송이요,

(2) '**부**'는 예수께서 가난한 삶으로 지상에 사셨으나 천지의 주인 되신 부요의 주가 되심을 찬양 드리게 되는 것입니다.

(3) '**지혜**'는 성령님의 완전한 지혜를 가지신 분임을 뜻합니다(계 5:6)[11] 지상에서 무지한 것처럼 악한 자들에게 그들의 요구에 대처하시지 않고 결국 하나님의 계획 안에서 구원의 대속물로 죽으셨던 것

---

11) 계 5:6 '내가 또 보니 보좌와 네 생물과 장로들 사이에 어린 양이 섰는데 일찍 죽임을 당한 것 같더라 일곱 뿔과 일곱 눈이 있으니 이 눈은 온 땅에 보내심을 입은 하나님의 일곱 영이더라'

입니다. 그것은 성부 하나님의 뜻이기 때문이었습니다(마 26:62, 고전 1:21, 고후 6:9, 마 26:24).[12]

(4) '**힘**'은 육적 힘을 말합니다. 주님이 육신적으로 십자가에 못 박던 그들에게 천사가 도와주는 힘으로 대항해도 이기셨을 것입니다. 나약하게 보이시던 주님은 사실 육적으로 힘이 완전하신 분입니다(마 26:53).[13]

(5) '**존귀**'는 예수께서 하나님의 아들의 자리를 비우시고 비하하셔서 비천한 가운데 계셨던 예수님을 이제 영광의 주(主)로 찬양하는 것입니다(빌 2:6-8, 계 4:11, 7:12).[14]

(6) '**영광**'은 예수께서 지상에 계실 때에 저주스러운 취급을 받으셨으나 이제 주님께서 부활하시어 사실적으로 하나님의 아들이심과, 성부 하나님과 동등하신 영광스런 분임을 찬송합니다.

---

12) 마 26:62 '대제사장이 일어서서 예수께 묻되 아무 대답도 없느냐 이 사람들의 너를 치는 증거가 어떠하뇨 하되'
고전 1:21 '하나님의 지혜에 있어서는 이 세상이 자기 지혜로 하나님을 알지 못하는 고로 하나님께서 전도의 미련한 것으로 믿는 자들을 구원하시기를 기뻐하셨도다'
고후 6:9 '무명한 자 같으나 유명한 자요 죽는 자 같으나 보라 우리가 살고 징계를 받는 자 같으나 죽임을 당하지 아니하고'
마 26:24 '인자는 자기에게 대하여 기록된대로 가거니와 인자를 파는 그 사람에게는 화가 있으리로다 그 사람은 차라리 나지 아니 하였더면 제게 좋을뻔 하였느니라'
13) 마 26:53 '너는 내가 내 아버지께 구하여 지금 열 두 영 더되는 천사를 보내시게 할 수 없는 줄로 아느냐'
14) 빌 2:6-8 '그는 근본 하나님의 본체시나 하나님과 동등 됨을 취할 것으로 여기지 아니하시고 오히려 자기를 비어 종의 형체를 가져 사람들과 같이 되었고 사람의 모양으로 나타나셨으매 자기를 낮추시고 죽기까지 복종하셨으니 곧 십자가에 죽으심이라'
사실은 존귀하심이 하나님과 같으심을 노래합니다.
계 4:11 '우리 주 하나님이여 영광과 존귀와 능력을 받으시는 것이 합당하오니 주께서 만물을 지으신지라 만물이 주의 뜻대로 있었고 또 지으심을 받았나이다'
계 7:12 '가로되 아멘 찬송과 영광과 지혜와 감사와 존귀와 능력과 힘이 우리 하나님께 세세토록 있을찌로다 아멘 하더라'

(7) **'찬송을 받으시기에 합당'**, 본래 찬송은 하나님께 드리는 것으로 되어 있는데 예수 그리스도께 찬양을 드림은 역시 성부 하나님과 동등하심을 뜻합니다. 찬송은 축복이라는 말과 같이 쓰입니다. 축복(베라카 בְּרָכָה)이란 **'좋은 말'** (유로기아 εὐλογία)입니다. 주님께 감사와 좋은 말로써 노래해 드린다는 것입니다(롬 1:25, 9:5, 막 14:61).[15]

계 5:13-14

내가 또 들으니 하늘 위에와 땅 위에와 땅 아래와 바다 위에와 또 그 가운데 모든 만물이 가로되 보좌에 앉으신 이와어린 양에게 찬송과 존귀와 영광과 능력을 세세토록 돌릴찌어다 하니 네 생물이 가로되 아멘 하고 장로들은 엎드려 경배하더라

천상천하에 모든 만물들이 하나님과 어린양 예수께 찬송하는데 앞서 들러리 천사들의 찬송을 이어받아 찬송했습니다. 그러니까 맨 처음 4생물들의 찬송에 영광과 존귀를 이어 24장로들이 4:11에 영광과 존귀로 시작해서 능력으로 마쳤습니다(계 4:8-9).[16]

이어서 5:12에 천사들은 24장로들의 찬송 끝 부분인 능력을 이어받아 찬송의 이름으로 마칠 때 또 만물은 그 마지막 내용인 찬송으

---

15) 롬 1:25 '이는 저희가 하나님의 진리를 거짓 것으로 바꾸어 피조물을 조물주보다 더 경배하고 섬김이라 주는 곧 영원히 찬송할 이시로다 아멘'
  롬 9:5 '조상들도 저희 것이요 육신으로 하면 그리스도가 저희에게서 나셨으니 저는 만물 위에 계셔 세세에 찬양을 받으실 하나님이시니라 아멘'
  막 14:61 '잠잠하고 아무 대답도 아니하시거늘 대제사장이 다시 물어 가로되 네가 찬송 받을 자의 아들 그리스도냐'
16) 계 4:8-9 '네 생물이 각각 여섯 날개가 있고 그 안과 주위에 눈이 가득하더라 그들이 밤낮 쉬지 않고 이르기를 거룩하다 거룩하다 거룩하다 주 하나님 곧 전능하신 이여 전에도 계셨고 이제도 계시고 장차 오실 자라 하고 그 생물들이 영광과 존귀와 감사를 보좌에 앉으사 세세토록 사시는 이에게 돌릴 때에'

로 시작하여 능력으로 마쳤습니다(시 66:1,4, 98:4).[17]

하나님 보좌 주변에 있는 4생물(천사)들이 **'아멘'**으로 화답했습니다. 그것은 과연 그러하며 그 찬송 내용이 합당하고 진실하다는 뜻입니다. 24장로들은 천상교회의 대표들로 엎드려 경배했습니다(계 4:10).[18] 여기 장로들은 4생물들과 함께 교회를 대표하므로 항시 예배하는 생활입니다(계 19:4).[19] 우리는 천상교회의 예배 모습에서도 찬송과 감사의 경배가 있음을 봅니다.

따라서 온전한 예배의 중심을 4장에서부터 정리하면 (1)신령함이 충만해야 하고(4:2) (2)하나님의 영광이 있어야 할 것이며(강단의 정도) (3)거룩해야 하고(4:8) (4)겸손이 있어야 하며(4:10) (5)진리를 사모하는 간절함이 있어야 하고(5:3,4) (6)예수 그리스도가 부각돼야 하고(5:5-7) (7)구속에 대한 감사가 있어야 합니다(5:10).

---

[17] 시 66:1 '온 땅이여 하나님께 즐거운 소리를 발할지어다'
   시 6:4 '여호와여 돌아와 나의 영혼을 건지시며 주의 인자하심을 인하여 나를 구원하소서'
   시 98:4 '온 땅이여 여호와께 즐거이 소리할지어다 소리를 발하여 즐거이 노래하며 찬송할지어다'
[18] 계 4:10 '이십 사 장로들이 보좌에 앉으신 이 앞에 엎드려 세세토록 사시는 이에게 경배하고 자기의 면류관을 보좌 앞에 던지며 가로되'
[19] 계 19:4 '또 이십 사 장로와 네 생물이 엎드려 보좌에 앉으신 하나님께 경배하여 가로되 아멘 할렐루야 하니'

제 6 장

적그리스도의 출현과
여섯 가지 인 재앙

6장 주해 내용
1. 일곱 가지 인 재앙 중에 여섯 가지 인 재앙
2. 백마 탄 자는 누구인가?
3. 계시록과 공관복음서의 종말 예언 비교연구
4. 수(數)의 상징적인 뜻

6장
적그리스도의 출현과 여섯 가지 인 재앙

> **계 6:1-2**
> 내가 보매 어린 양이 일곱 인 중에 하나를 떼시는 그 때에 내가 들으니 네 생물 중에 하나가 우뢰 소리같이 말하되 오라 하기로, 내가 이에 보니 흰 말이 있는데 그 탄 자가 활을 가졌고 면류관을 받고 나가서 이기고 또 이기려고 하더라

사도 요한이 일곱 인으로 봉한 계시의 책을 열어 보여 주시는 어린 양을 보았습니다.

'어린 양' 은 예수 그리스도를 말합니다. 일곱인 중에 인 하나를 떼시는 예수님이십니다. 그 때 네 생물 중에 하나가 요한더러 '오라' 하고 우뢰같은 소리로 불렀습니다. 우뢰소리 같은 것은 하늘의 위엄을 표시합니다.

사도 요한이 보니 **'흰 말 탄 자'** 가 보였습니다. 여기 흰 말 탄 자가 누구냐 하는 여러 견해가 있습니다. 문맥상 첫째 인을 떼시는 분은 예수 그리스도 자신입니다(계 5:5).[1]

먼저 흰 말은 승리를 상징합니다. 그러나 흰 말이 승리를 상징한다고 하여 본 계시록의 특성이나 본 장의 문맥을 무시하고 흰말 탄 자를

---

1) 계 5:5 '장로 중에 하나가 내게 말하되 울지 말라 유대 지파의 사자 다윗의 뿌리가 이기었으니 이 책과 그 일곱 인을 떼시리라 하더라'

예수 그리스도로 볼 수 없습니다. 흰 깃발을 들면 패배를 인정하는 뜻도 있습니다. 성경에도 경우따라 같은 단어가 다르게 상징됩니다.

흰 말 탄 자가 예수 혹은 흰 말 탄 자의 모습을 복음이 세상에 전파되고 영적으로 승리하는 것 등으로 영해(靈解)하는 것은 계시록 내용의 예언적 역사성을 무시하는 것입니다. 예언서라는 특징을 무시하고 여기서 복음 전파의 전진으로 본다는 것은 미래사에 대한 하나님의 경륜을 간과하는 것입니다.

복음적 해석이란 성경 전반에 보편화되어 있지만 계시록의 예언서에서 장래의 일을 알리시는 특별한 책의 인 재앙이 펼쳐지는 환상을 이미 주어진 복음이 세상을 향하여 전진하는 모습으로 해석하는 것은 계시록 자체의 예언서적 특유성을 무시하는 일입니다.

그렇게 복음의 전진성을 보여주시기 위해 엄청난 모습으로 나타나시고(1장) 이렇게 복잡한 환상을 연달아 연출하실 이유가 없습니다. 기독교 복음 사상은 그냥 서술적 표현으로 말씀을 해 주셔도 알아 들을 수 있기 때문에 4 복음서나 서신서 등에는 특별히 계시록과 같은 환상을 통하여 복음의 진의를 알리려 하지 않습니다. 성경전체는 구속사적 목적성을 가진 책으로 기록된 것은 사실이지만 각 책마다의 특징이 있고 그 역사의 사실적 보도들을 우리는 사상적인 의미로 받아들이지는 않습니다. 역사는 역사대로 읽고 그 역사를 통하여 주시는 메시지를 찾을 뿐입니다. 과거 역사를 그렇게 기록적 역사로도 이해해야 하듯이 미래사에 대한 예언서의 특징을 무시하고 본서를 기독교의 영적 투쟁을 그린 추상적 역사, 혹은 초월적 역사 등으로 간주할 수 없습니다.

'**흰 말을 탄 자**' 가 활을 가졌고 면류관을 받고 나가서 이기고 또 이기려고 하더라고 했습니다. 어린양 예수님은 인을 떼시는 분인데 그 인 재앙의 내용에서 다시 예수님이 나오시는 장면으로 보기에는 부자연스럽습니다.

흰 말 탄 자는 적그리스도인 증거

1) 흰 말 탄 자는 활을 가졌으나 계시록에서 예수님은 칼(검)을 가지셨습니다(1:16, 19:15).[2]

2) 여기 백마 탄 자는 면류관을 받으나 예수님은 면류관을 받으시는 분이 아니고 우리에게 주시는 분으로 되어 있습니다(2:10, 3:11, 4:10).[3]

3) '면류관'의 원어도 스테파노스($\sigma\tau\acute{\epsilon}\phi\alpha\nu\sigma\varsigma$)로 투쟁하여 얻는 승리자의 면류관을 뜻합니다. 계 19:12에 예수께서 쓰신 '면류관'은 디아데마타($\delta\iota\alpha\delta\acute{\eta}\mu\alpha\tau\alpha$)로 왕관, 주권자란 뜻의 단어가 쓰여졌습니다.

4) 흰 말 탄 자는 계속 이기고 또 이기려고 하나 예수께서는 이미 이기신 분으로 묘사되었습니다. 부활하심으로 완전한 승리자이십니다(요 16:33).[4]

---

[2] 계 1:16 '그' 오른손에 일곱 별이 있고 그 입에서 좌우에 날선 검이 나오고 그 얼굴은 해가 힘있게 비취는 것 같더라'
계 19:15 '그의 입에서 이한 검이 나오니 그것으로 만국을 치겠고 친히 저희를 철장으로 다스리며 또 친히 하나님 곧 전능하신 이의 맹렬한 진노의 포도주 틀을 밟겠고'
[3] 계 2:10 '네가 장차 받을 고난을 두려워 말라 볼지어다 마귀가 장차 너희 가운데서 몇 사람을 옥에 던져 시험을 받게 하리니 너희가 십 일 동안 환난을 받으리라 네가 죽도록 충성하라 그리하면 내가 생명의 면류관을 네게 주리라'
계 3:11 '내가 속히 임하리니 네가 가진 것을 굳게 잡아 아무나 네 면류관을 빼앗지 못하게 하라'
계 4:10 '이십사 장로들이 보좌에 앉으신 이 앞에 엎드려 세세토록 사시는 이에게 경배하고 자기의 면류관을 보좌 앞에 던지며 가로되'
[4] 요 16:33 '이것을 너희에게 이름은 너희로 내 안에서 평안을 누리게 하려 함이라 세상에서는 너희가 환난을 당하나 담대하라 내가 세상을 이기었노라 하시니라'

5) 계 13:5에, '또 짐승이 큰 말과 참람된 말하는 입을 받고 **또 마흔두 달** 일할 권세를 받으니라' 고 하는데, 필자는 계 13:에서 소위 대환난의 후반기를 맞이하는 것으로 해석하고자 하며 따라서 7년 대환난의 중간 기점에서 전후 대 환난의 내용을 살필 때에 6장부터 시작되는 비밀의 책, 곧 주께서 일곱 인을 하나씩 떼실 때 말세에 일어날 대 환난의 기사가 계시되는 것이라 봅니다. 그러므로 6장에서 시작되는 첫째 인에서 나타나는 흰 말 탄 자는 예수님이나 복음이 아니고 적그리스도가 되어야 옳습니다.

구약 다니엘서 7장과 8장을 연결해 보면 말세의 대 환난의 기간인 이레의 절반에 가서 성도들이 적그리스도로부터 순교를 당하거나 큰 핍박을 받게 될 것을 예고하고 있습니다.

단 7:25 '그가 장차 말로 지극히 높으신 자를 대적하며 또 지극히 높으신 자의 성도를 괴롭게 할 것이며 그가 또 때와 법을 변개코자 할 것이며 **성도는 그의 손에 붙인 바 되어 한 때와 두 때와 반 때를 지내리라**'

단 9:27 '그가 장차 많은 사람으로 더불어 한 이레 동안의 언약을 굳게 정하겠고 그가 **그 이레의 절반**에 제사와 예물을 금지할 것이며 또 잔포하여 미운 물건이 날개를 의지하여 설 것이며 **또 이미 정한 종말까지 진노가 황폐케 하는 자에게 쏟아지리라** 하였느니라'

이러므로 계 13:5에서 말하는 '마흔 두 달'은 이미 앞서 마흔 두 달의 세월이 있었음을 전제하는 것으로 계산됩니다.

6) 말세에 대한 성경 다른 곳의 예언을 보아도 대환난 초기에는 항상 적그리스도가 먼저 출현할 것을 말씀하셨습니다(마 24:6,9, 눅 21:8-12).[5]

7) 무엇보다 예수 그리스도의 재림을 보여주는 곳은 계시록 19장

으로 환상의 해석이 필요 없이 쉽게 그려져 있습니다. 먼저 계시록에서 예수님을 표현하고자 하는 은유나 이미 성경 다른 곳에서 쉽게 접할 수 있는 문장이나 단어들을 사용하고 기술되고 있음을 봅니다. 누구라도 계시록 19장을 볼 때 예수 그리스도의 재림의 모습인 것을 금방 알아볼 수 있게 기록해 주었습니다.

> **계 6:3-4**
> 둘째 인을 떼실 때에 내가 들으니 둘째 생물이 말하되 오라 하더니, 이에 붉은 다른 말이 나오더라 그 탄 자가 허락을받아 땅에서 화평을 제하여 버리며 서로 죽이게 하고 또 큰 칼을 받았더라

둘째 인에는 '**붉은 말 탄 자**' 가 나왔습니다. 이 말을 탄 자는 큰 전쟁으로 땅에 화평을 제하는데 그는 이 악한 일을 '**허락**' 받았다고 했습니다. 사단의 역사도 궁극적으로는 만사를 통치하시는 하나님의 손에서 움직입니다. 그러므로 하나님으로부터 허락을 받은 것입니다(욥 1:12, 마 10:29).[6]

그러면 어찌 하나님이 땅에 화평을 없애도록 허락하셨을까 하는 의문을 가질 것입니다. 하나님께서 선민(選民)들을 이끄시는 그 깊

---

5) 마 24:6 '난리와 난리 소문을 듣겠으나 너희는 삼가 두려워 말라 이런 일이 있어야 하되 끝은 아직 아니니라'
   마 24:9 '그 때에 사람들이 너희를 환난에 넘겨주겠으며 너희를 죽이리니 너희가 내 이름을 위하여 모든 민족에게 미움을 받으리라'
   눅 21:8-12 '가라사대 미혹을 받지 않도록 주의하라 많은 사람이 내 이름으로 와서 이르되 내가 그로라 하며 때가 가까왔다 하겠으나 저희를 좇지 말라...'
6) 욥 1:12 '여호와께서 사단에게 이르시되 내가 그의 소유물을 다 네 손에 붙이노라 오직 그의 몸에는 네 손을 대지 말지니라 사단이 곧 여호와 앞에서 물러가니라'
   마 10:29 '참새 두 마리가 한 앗사리온에 팔리는 것이 아니냐 그러나 너희 아버지께서 허락지 아니하시면 그 하나라도 땅에 떨어지지 아니하리라'

으신 뜻을 우리들의 이성으로는 이해 할 수 없는 일들이 많은데, 바로의 마음을 악하게 하신 일이나 사단의 요구를 들어주신 일들입니다(롬 9:18-20).[7]

환난은 예수의 사상을 품고 있기 전부터 아담의 원죄 이후 인간 세상에 주어진 하나님의 형벌로써 언제나 도전되는 부분이기도 합니다. 그러나 말세론적으로 예언된 이 큰 전쟁이나 대 환난은 종말에 나타나는 하나님의 경륜에 속합니다. 말세 성도는 보편적인 신앙적 핍박과 아울러 종말에는 적그리스도를 통한 대환난의 핍박을 함께 예고 받는 것입니다.

'**붉은 말**' 은 전쟁을 상징하는데 본문은 말세에 있을 대 전쟁('큰 칼')을 상징합니다. 적그리스도가 출현함으로 세상에는 대 전쟁이 일어날 것입니다. 사망의 세력이 등장하므로 일어나는 현상입니다. 평화의 왕 예수의 등장으로 생명과 화목 운동이 일어나고(눅 2:14) 적그리스도가 일어나매 악한 일, 전쟁과 사망이 도래합니다. 이런 원리에서 그리스도의 정신이 충만한 곳에는 평화와 창조와 협력이 일어나야 합니다. 이에 반해 악한 영이 임하면 분리와 불안과 이기심 등으로 영육 간에 손실이 임하고 패망이 오는 것입니다.

> **계 6:5-6**
> 세째 인을 떼실 때에 내가 들으니 세째 생물이 말하되 오라 하기로 내가 보니 검은 말이 나오는데 그 탄 자가 손에 저울을 가졌더라, 내가 네 생물 사이로서 나는 듯 하는 음성을 들으니 가로되 한 데나리온에 밀 한 되요 한 데나리온에 보리 석 되로다 또 감람유와 포도주는 해치 말라 하더라

---

7) 롬 9:18-20 '그런즉 하나님께서 하고자 하시는 자를 긍휼히 여기시고 하고자 하시는 자를 강퍅케 하시느니라혹 네가 내게 말하기를 그러면 하나님이 어찌하여 허물하시느뇨 누가 그 뜻을 대적하느뇨 하리니 이 사람아 네가 뉘기에 감히 하나님을 힐문하느뇨 지음을 받은 물건이 지은 자에게 어찌 나를 이같이 만들었느냐 말하겠느뇨'

역시 어린 양 예수께서 셋째 인을 떼시니 검은 말 탄 자가 나왔습니다. 그는 '**손에 저울**'을 가졌습니다. 여기 저울을 가진 것은 기근이 매우 심하다는 것을 상징합니다. 전쟁이 주는 자연스런 재난입니다. 경제적 빈곤이 일방적인 저주는 아니지만 인류사회가 가난과 질병의 고통을 얻게 된 근본 이유는 원죄로 인한 하나님의 저주에 있습니다. 따라서 성도는 물질문화에서 이길 수 있어야 하는데 정신적으로 영적 승리가 중요하나 필요한 정도의 문화에 대한 은총을 입을 수 있어야 할 것입니다.

가난함을 경건의 모델로 보는 영지주의나 경건주의자들처럼 일반 신자의 보편적인 생활관으로 도입될 수 없습니다. 말세가 되어 적그리스도가 나타나고 전쟁이 일어나므로 경제 공황은 현실적으로 생길 수 밖에 없는 현상입니다. 이것은 당연히 저주라고 할 것입니다. 어찌 복된 전쟁이 있을 수가 있겠습니까? 전쟁은 슬픈 일입니다. 그에 따라오는 이와 같은 경제적 빈곤의 실태는 인간 스스로 만든 저주입니다.

'**한 데나리온**'은 당시 병사의 하루 품삯이었다고 합니다. 그 돈으로 밀 한 되 혹은 보리 석 되 밖에 살 수 없는 경제 공황이 올 것이라는 예언입니다. 물가가 비싸다는 말입니다.

네 생물이 말하되 '**감람유와 포도주는 해치 말라**'고 했습니다. 어떤 이는 물질적 재난 중에 성도(포도)들을 보호하는 것으로 해석 하지만 심판이 이미 시작되었고 물질적 재난이 일어나는 상황으로 읽을 때, 여기서 갑자기 감람유와 포도주를 성도로 상징하는 것이라 영해(靈解) 할 수 없습니다. 문맥에서 조화롭지 못합니다.

포도주는 술이고 감람유는 미용 재료니 전쟁 중에도 이런 것들로 죄와 정욕에 취할 것을 의미한다고 봅니다. 하나님이 심판하실 때 영적 타락에 빠지게 방치 내지는 필요에 의해 보유하도록 하실 것입니다. 또한 기본적 생활 식료품이어서 경제적 재난의 한계성을 설명해 주는 바입니다.

그럼에도 불구하고 이러한 기본적 문화 속에서 술에 취하고 죄를 거듭 짓는 사회이므로 심판이 더욱 무겁게 예고되고 있는 것입니다. 감람유와 포도주는 기본적 생활 문화 요소이기도 하면서 범죄의 연속에 요구되는 사치적 매체로도 볼 수 있습니다. 이것은 영적인 성도로 비유한 말이 아니며 문자대로 감람유와 포도주 자체로 읽는 것이 자연스러운 것입니다.

계 6:7-8

네째 인을 떼실 때에 내가 네째 생물의 음성을 들으니 가로되 오라 하기로 내가 보매 청황색 말이 나오는데 그 탄자의 이름은 사망이니 음부가 그 뒤를 따르더라 저희가 땅사분 일의 권세를 얻어 검과 흉년과 사망과 땅의 짐승으로 써 죽이더라

이번에는 '**청색 말 탄 자**'가 등장합니다. 이 말 탄 자의 이름은 사망이라 했으니 곧 많은 죽음을 의미합니다. 전쟁과 그에 따른 재난과 기근으로 오는 기아 현상들입니다. 전쟁으로 직접 사망하기도 하나 전쟁을 통하여 생기게 된 가난과 질병 등으로 결국 많은 인명이 죽음에 이를 것입니다.

'**음부가 그 뒤를 따르더라**' 는 것은 이로 인해 많은 사람들이 죽게 될 것을 뜻합니다. 음부는 하데스($\overset{\scriptscriptstyle\prime}{a}\delta\eta s$)로 누구나 죽으면 가게 되는 어둡고 캄캄한 곳을 의미합니다. 즉 죽음의 세계를 뜻합니다. 직접적으로 지옥을 뜻하는 단어는 게헨나($\gamma\acute{\epsilon}\epsilon\nu\nu a$, 마 23:33)를 쓰고 있습니다. 계 1:18의 음부의 열쇠를 가지신 예수님은 죽음의 세력을 이기신 분이라는 뜻입니다.[8]

'**청황색**'은 시체색에 가까우며 그 말 탄 자가 검(살육, 전쟁)과 흉년과 사망(온역) 그리고 땅의 짐승으로써 사람을 죽이더라고 했는데, 말세에 짐승들이 사람을 죽이는 무서운 일이 있을 것입니다(레 26:22, 신 32:24).[9]

어떤 이는 이 '**짐승**'을 적그리스도에 비유하나 원문상 데리온($\theta\eta\rho\iota\omega\nu$)으로 목적격 복수형입니다. 적그리스도는 단수로 표기되었습니다(계 13:1 '한 짐승', 데리온, $\theta\eta\rho\iota o\nu$, a beast)(살후 2:3).[10]

'**땅 사분 일의 권세**', 땅 $\frac{1}{4}$의 권세를 얻어서 환난을 일으킨다는 말입니다. 제한된 권세이지만 얼마나 무서운 권세로 환난을 일으키는 일인가를 생각할 수 있습니다. 땅의 25%를 통제하는 권세는 얼마나 큰 세력인가! 하는 것입니다.

계 6:9-10

다섯째 인을 떼실 때에 내가 보니 하나님의 말씀과 저희의 가진 증거를 인하여 죽임을 당한 영혼들이 제단 아래 있어, 큰 소리로 불러 가로되 거룩하고 참되신 대주재여 땅에거하는 자들을 심판하여 우리 피를 신원하여 주지 아니하시기를 어느 때까지 하시려나이까 하니

다섯째 인에는 순교자들의 영혼이 나옵니다.

'**하나님의 말씀과 저희의 가진 증거**'는 예수를 믿고 믿음을 증거한 것과 또는 신약 이전에 하나님의 선지자들도 포함하여 순교 한

---

8) 계 1:18 '곧 산 자라 내가 전에 죽었었노라 볼지어다 이제 세세토록 살아 있어 사망과 음부의 열쇠를 가졌노니'
9) 레 26:22 '내가 들짐승을 너희 중에 보내리니 그것들이 너희 자녀를 움키고 너희 육축을 멸하며 너희 수효를 감소케 할지라 너희 도로가 황폐하리라'
    신 32:24 '그들이 주리므로 파리하며 불같은 더위와 독한 파멸에게 삼키울 것이라 내가 들짐승의 이와 티끌에 기는 것의 독을 그들에게 보내리로다'
10) 살후 2:3 '누가 아무렇게 하여도 너희가 미혹하지 말라 먼저 배도하는 일이 있고 저 불법의 사람 곧 멸망의 아들이 나타나기 전에는 이르지 아니하리니'

영혼들이 하늘의 제단 아래에 있었습니다. 제단은 제물을 바치는 곳, 즉 하나님의 것이 되어진 귀한 영혼들이라는 말입니다. 그 영혼들이 큰 소리로 하나님께 탄원합니다.

'**땅에 거하는 자들**' 은 이 세속의 불신자들이며,

'**심판하여 우리 피를 신원하여**' 달라는 것은 심판을 재촉하는 말이지만 이것은 불신자처럼 원한이 아니라 아벨의 피소리 같은 탄원입니다. 여기 신원(에크디케오, $ἐκδικέω$)은 정당한 권리를 주장하는 뜻으로 쓰였습니다. 결단코 원수에 대한 살인적 미움이 아닌 신앙적 승리를 기다리는 소리입니다.

> **계 6:11**
> 각각 저희에게 흰 두루마기를 주시며 가라사대 아직 잠시 동안 쉬되 저희 동무 종들과 형제들도 자기처럼 죽임을 받아 그 수가 차기까지 하라 하시더라

'**흰 두루마기**' 는 승리와 성결을 상징합니다. 순교자들에게 의로움과 승리를 다짐해 주시는 뜻으로 흰 두루마기를 입혀 주신 것입니다. 주를 믿는 마음의 옷입니다.

'**잠시 동안**' 쉬어라고 하셨습니다. 물론 그 날에는 말세의 심판이 얼마 남지 않은 상태이긴 해도 여기의 잠시 동안이란 어떤 한정된 시간이 아니라 소망 중에 인내하라는 말씀입니다. 신앙 안에서의 세월은 과학적 판단을 뛰어넘습니다.

믿음은 시간의 한계를 넘어서 인내로 하나님의 약속을 기다릴 수 있습니다. 혹 세상적으로는 지루한 세월같이 보여도 신앙으로 기다리는 믿음의 시간은 아주 잠시같이 여길 수 있습니다.

'**동무 종들과 형제들**' 이란 특히 하나님의 종된 신분 자들과 일반

성도들을 말하며 말세에 또한 많이 순교하게 될 것이라는 말입니다.

그런데 순교자들도 정한 '**수(數)**'가 있다는 말씀에 유의할 것입니다. 그 순교자들의 수가 차게 되면 하나님의 마지막 심판, 종말이 된다고 했습니다. 물론 그 수는 우리가 알 수 없습니다. 다만 구원의 수도 있고 순교도 정한 자들만 할 수 있다는 사실입니다(롬 11:25, 벧후 3:7, 마 20:23, 롬 11:12).[11]

> **계 6:12**
> 내가 보니 여섯째 인을 떼하실 때에 큰 지진이 나며 해가 총담같이 검어지고 온 달이 피같이 되며

어린 양 예수 그리스도께서 여섯째 인을 떼시니 '**큰 지진**'이 났습니다. 말세에는 대 지진이 있을 것입니다. 역사에 지진으로 많은 인명 피해가 있었으나 대환난기에는 지역을 초월하여 큰 지진이 있을 것으로 예상됩니다. 땅 위에 인간의 죄악이 많음으로 땅을 심판하시는 것입니다(창 3:17-18).[12]

'**해가 총담같이 검어진다**'고 함은 전쟁과 공해로 인해 혹은 태양

---

11) 롬 11:25 '형제들아 너희가 스스로 지혜 있다 함을 면키 위하여 이 비밀을 너희가 모르기를 내가 원치 아니하노니 이 비밀은 이방인의 충만한 수가 들어오기까지 이스라엘의 더러는 완악하게 된 것이라'
벧후 3:7 '이제 하늘과 땅은 그 동일한 말씀으로 불사르기 위하여 간수하신 바 되어 경건치 아니한 사람들의 심판과 멸망의 날까지 보존하여 두신 것이니라'
마 20:23 '가라사대 너희가 과연 내 잔을 마시려니와 내 좌 우편에 앉는 것은 나의 줄 것이 아니라 내 아버지께서 누구를 위하여 예비하셨든지 그들이 얻을 것이니라'
롬 11:12 '저희의 넘어짐이 세상의 부요함이 되며 저희의 실패가 이방인의 부요함이 되거든 하물며 저희의 충만함이료'
12) 창 3:17-18 '아담에게 이르시되 네가 네 아내의 말을 듣고 내가 너더러 먹지 말라 한 나무 실과를 먹었은즉 땅은 너로 인하여 저주를 받고 너는 종신토록 수고하여야 그 소산을 먹으리라 땅이 네게 가시덤불과 엉겅퀴를 낼 것이라…'

열 자체가 식어서 빛을 잃는 상태입니다. 총담은 검은 베로 짠 유대인의 상복입니다.

달빛도 흐려질 수밖에 없어 '**피같이**' 색이 어두워집니다. 본문은 문자대로 이루어질 내용입니다.

주께서 십자가로 돌아가실 때에 땅이 진동하고 태양이 빛을 잃고 컴컴했었습니다(마 24:29, 27:51-52).[13] 그러나 그 때는 잠시(마 27:45)였지만 말세에 나타날 천체의 변화는 우주의 종말로 가는 마지막 심판입니다.

계 6:13

하늘의 별들이 무화과 나무가 대풍에 흔들려 선 과실이 떨어지는 것 같이 땅에 떨어지며

겨울에 미리 맺힌 무화과의 선 과실이 작은 바람에도 잘 떨어지는 것처럼 '**하늘의 별들이**' 땅에 우수수 떨어진다는 것입니다. 참으로 무서운 천체의 변화입니다. 어떤 이는 이것 또한 영적으로 해석하여 하나님의 종들(별들)이 타락하는 것이라고 해석합니다.

그러나 모든 것을 의인화해서 풀이하는 것이 다 옳은 것은 아닙니다. 본문의 흐름을 막지 않아야 하고 말세 심판 내용상 전쟁 이후에 일어난 천체 변화의 개연성을 고려할 때 이런 일은 주께서 복음서에 이른 바 문자대로 실현될 일로 믿어야 합니다(마 24:29).[14]

---

13) 마 24:29 '그 날 환난 후에 즉시 해가 어두워지며 달이 빛을 내지 아니하며 별들이 하늘에서 떨어지며 하늘의 권능들이 흔들리리라'
마 27:51-52 '이에 성소 휘장이 위로부터 아래까지 찢어져 둘이 되고 땅이 진동하며 바위가 터지고 무덤들이 열리며 자던 성도의 몸이 많이 일어나되'
14) 마 24:29 '그 날 환난 후에 즉시 해가 어두워지며 달이 빛을 내지 아니하며 별들이 하늘에서 떨어지며 하늘의 권능들이 흔들리리라'

> **계 6:14-15**
>
> 하늘은 종이 축이 말리는 것같이 떠나가고 각 산과 섬이 제 자리에서 옮기우매, 땅의 임금들과 왕족들과 장군들과 부자들과 강한 자들과 각 종과 자주자가 굴과 산 바위 틈에 숨어

'종이 축 말아가듯' 없어진다 함은 두루마리 책처럼 지금의 하늘은 불 타 종이 말려가듯 날아 가버린다는 것입니다(벧후 3:12).[15] 현재도 오존층 파괴로 인해 지구에 큰 위협이 되고 있습니다. 그리고 과학적인 증명으로도 하늘이 불 탈 것이라고 합니다.

'각 산과 섬' 들이 자리를 옮긴다는 것은 대지진 등으로 지형이 변한다는 말입니다. 말하자면 천지가 변동한다는 것입니다. 세상이 이쯤 됐을 때 세상의 군왕과 장군 및 부자들 그리고 종과 자주자, 즉 서민층의 사람들 할 것 없이 모든 세상이 공포에 휩싸이게 될 것입니다.

'굴과 산 바위 틈에 숨어' 피신하였습니다. 그 정도가 되었다면 기독교인을 찾아서 창조주에 대한 물음이 있어야 피한다고 해결될 상황입니까? 지금도 여러 나라가 전쟁과 공포를 면하기 위해 산굴 등에 많은 비밀된 군비와 식량을 축적해두었다고 합니다. 숨는 행위의 도덕적 이유는 범죄에 따른 심판을 피하려는 행위입니다.

> **계 6:16**
>
> 산과 바위에게 이르되 우리 위에 떨어져 보좌에 앉으신이의 낯에서와 어린 양의 진노에서 우리를 가리우라

얼마나 다급했으면 산과 바위에게 빌었겠습니까? 아담과 하와도

---

15) 벧후 3:12 '하나님의 날이 임하기를 바라보고 간절히 사모하라 그 날에 하늘이 불에 타서 풀어지고 체질이 뜨거운 불에 녹아지려니와'

범죄 후 하나님의 낯을 피하여 동산 나무 사이에 숨었습니다(창 3:8).[16] 숨는 것은 잘못된 것입니다. 모든 것은 숨길 데가 없이 다 드러나게 마련입니다(마 10:26).[17] 혹 위성을 타고 별나라에 숨을지라도 하나님은 그를 끌어내리리라고 하셨으니 어디에 숨겠습니까?(욥 1:4, 시 139:8).[18] 불안과 공포를 현대인은 돈으로 해결하려 하나 이것도 무모한 짓입니다(겔 7:19).[19] 우리 죄인들의 피난처는 하나님, 우리 구원은 예수 그리스도 안에만 있습니다(시 46:1-3, 시 121:1-8).[20]

계 6:17
그들의 진노의 큰 날이 이르렀으니 누가 능히 서리요 하더라

---

16) 창 3:8 '그들이 날이 서늘할 때에 동산에 거니시는 여호와 하나님의 음성을 듣고 아담과 그 아내가 여호와 하나님의 낯을 피하여 동산 나무 사이에 숨은지라'
17) 마 10:26 '그런즉 저희를 두려워하지 말라 감추인 것이 드러나지 않을 것이 없고 숨은 것이 알려지지 않을 것이 없느니라'
18) 욥 1:4 '네가 독수리처럼 높이 오르며 별 사이에 깃들일지라도 내가 거기서 너를 끌어내리리라 나 여호와가 말하였느니라'
시 139:8 '내가 하늘에 올라갈지라도 거기 계시며 음부에 내 자리를 펼지라도 거기 계시니이다'
19) 겔 7:19 '그들이 그 은을 거리에 던지며 그 금을 오예물 같이 여기리니 이는 여호와 내가 진노를 베푸는 날에 그 은과 금이 능히 그들을 건지지 못하며 능히 그 심령을 족하게 하거나 그 창자를 채우지 못하고 오직 죄악에 빠치는 것이 됨이로다'
20) 시 46:1-3 '하나님은 우리의 피난처시요 힘이시니 환난 중에 만날 큰 도움이시라 그러므로 땅이 변하든지 산이 흔들려 바다 가운데 빠지든지 바닷물이 흉용하고 뛰놀든지 그것이 넘침으로 산이 요동할지라도 우리는 두려워 아니하리로다(셀라)'
시 121:1-8 '내가 산을 향하여 눈을 들리라 나의 도움이 어디서 올꼬 나의 도움이 천지를 지으신 여호와에게서로다 여호와께서 너로 실족지 않게 하시며 너를 지키시는 자가 졸지 아니하시리로다 이스라엘을 지키시는 자는 졸지도 아니하고 주무시지도 아니하시리로다 여호와는 너를 지키시는 자라 여호와께서 네 우편에서 네 그늘이 되시나니 낮의 해가 너를 상치 아니하며 밤의 달도 너를 해치 아니하리로다 여호와께서 너를 지켜 모든 환난을 면케 하시며 또 네 영혼을 지키시리로다 여호와께서 너의 출입을 지금부터 영원까지 지키시리로다'

'**그들의 진노**'란 앞 절에 하나님(보좌에 앉으신)과 어린 양 예수 그리스도를 말합니다. 진노의 '**큰 날**'로 표현한 것에서 그들은 마지막 때가 됐음을 아는 것 같습니다.

하나님의 마지막 심판 앞에서 '**누가 능히 서리요**' 함은 누가 태연히 맞설 수 있겠으며 당당한 존재로 나서겠느냐 하는 패배자의 고백과도 같습니다. 여기서 우리는 복음서에 이르신 말세의 교훈과 계시록에 일곱 인의 예언을 비교할 때 문맥을 같이 하는 것을 보게 됩니다(서론, 6번 참고).

특 주/ 3. 수(數)의 상징적 뜻

1 : 절대수(계 1:8)

2 : 증인수(계 11:3,4, 13:11, 신 19:15, 마 18:16, 고후 13:1)

3 : 삼위일체, 하늘의 수(계 7:4, 8:7-12, 9:15)

4 : 동서남북, 땅의 수(계 4:6, 5:8, 7:1)

5 : 세상의 힘, 괴로움의 수(계 9:5)

6 : 마귀수(계 13:18), 마귀:666, 세상수; 6일간의 창조

7 : 3+4, 완전수(계 1:11,20, 4:5, 마 18:22)

8 : 시작수, 새 출발(눅 1:59, 창 17:12), 예수:888

9 : 열매수(고전 12:4-11, 갈 5:22,23)

10 : 세속적 완전수(계 12:3, 13:1, 17:3, 12:16)

12 : 3x4 완전수, 천국 군진수, 성도의 수(계 21:12,14, 22:2)

24 : 구약 12지파, 신약 12사도, 신구약 성도의 대표수(계 4:4)

40 : 고난수의 상징이며 또한 숫자대로 40(눅 4:1, 출 16:35)

70 : 전도 단체의 수(눅 10:1)

120 : 천국 군진수(행 1:15)

12,000 : 천국 군진수(계 7:)

144,000 : 구원 얻은 자의 상징 수(7; 14:)

7,000 : 7×1,000 많은 수, 하나님의 직접 관심수(계 11:13, 왕상 19:18)

천천만만 : 많고 많다는 뜻(삼상 29:5)

1,000 : 자구적으로 천년(계 20:5) 혹은 많은 세월(벧후 3:8)

년,월,일,시 : 확실히 정한 때(계 9:15)

한 때 두 때 반 때 : 42개월(계 13:5), 1260일(계 11:3, 단 7:25)
　　　　　　이레의 절반(7년의 절반, 단 9:27, 12:7)

헬라어의 수치

$A(a)$:1	$E(\epsilon)$:5	$I(\iota)$:10	$N(\nu)$:50	$P(\rho)$:100	$\Phi(\phi)$:500
$B(\beta)$:2	$Z(\zeta)$:7(4)	$K(\kappa)$:20	$\Xi(\xi)$:60	$\Sigma(\sigma)$:200	$X(\chi)$:600
$\Gamma(\gamma)$:3	$H(\eta)$:8	$\Lambda(\lambda)$:30	$O(o)$:70	$T(\tau)$:300	$\Psi(\psi)$:700
$\Delta(\delta)$:4	$\Theta(\theta)$:9	$M(\mu)$:40	$\Pi(\pi)$:80	$\Upsilon(\upsilon)$:400	$\Omega(\omega)$:800

　ex) 예수(예수스, $I\eta\sigma o\hat{u}\varsigma$) ; I=10, η=8, σ=200, o=70, υ=400,
　　　　　　ς=200　　합하면 = 888

　888=8+8+8=24(구약 12지파+신약 12사도, 천국 성도의 수)
　666=6+6+6=8, 6장에서 18장까지 적그리스도의 대환난 그리고 극한 환난이 3번(화, 화, 화) 있습니다.

제 7 장

유대인과 기독성도의 구원 환상

7장 주해 내용
1. 하나님의 종들 144,000인이 누구인가?
2. 14장의 144,000인과의 관계
3. 흰옷 입은 자들은 누구인가?
4. 말세론적으로 본 유대인들의 구원문제

7장
유대인과 기독성도의 구원 환상

> **계 7:1-3**
>
> 이 일 후에 내가 네 천사가 땅 네 모퉁이에 선 것을 보니 땅의 사방의 바람을 붙잡아 바람으로 하여금 땅에나 바다에나 각종 나무에 불지 못하게 하더라. 또 보매 다른 천사가 살아 계신 하나님의 인을 가지고 해 돋는 데로 부터 올라와서 땅과 바다를 해롭게 할 권세를 얻은 네 천사를 향하여 큰 소리로 외쳐, 가로되 우리가 우리 하나님의 종들의 이마에 인(印) 치기까지 땅이나 바다나 나무나 해하지 말라 하더라

6가지 인을 떼실 때 보여 주신 말세 계시의 환상이 있은 후 '**네 천사가 땅 네 모퉁이에 선 것**'을 사도 요한이 보았습니다. 넷(4)은 동서남북 세상을 뜻합니다. 네 천사는 바람으로 재앙을 일으키는 천사입니다. 바람이 영적으로 환난에 비유되긴 하나 여기에는 자연의 폭풍 같은 것입니다(마 7:25, 계 12:7, 7:2, 19:17).[1]

---

1) 마 7:25 '비가 내리고 창수가 나고 바람이 불어 그 집에 부딪히되 무너지지 아니하나니 이는 주초를 반석 위에 놓은 연고요'
바람의 재앙을 일으킬 4천사가 아직은 재앙을 일으키지 않고 있으며 다른 천사가 그들의 활동을 강력히 막고 있습니다. 하나님의 인을 가지고 해 돋는 데로 부터 올라왔다는 천사는 예수님이 아니라 미가엘인듯 합니다.
계 12:7 '하늘에 전쟁이 있으니 미가엘과 그의 사자들이 용으로 더불어 싸울 쌔 용과 그의 사자들도 싸우나'
계 7:2 '또 보매 다른 천사가 살아 계신 하나님의 인을 가지고 해 돋는 데로부터 올라와서 땅과 바다를 해롭게 할 권세를 얻은 네 천사를 향하여 큰 소리로 외쳐'
계 19:17 '또 내가 보니 한 천사가 해에 서서 공중에 나는 모든 새를 향하여 큰 음성으로 외쳐 가로되 와서 하나님의 큰 잔치에 모여'

이스라엘 12 지파의 이마에 인을 치기 위해 **'하나님의 인'** 을 가져 왔는데 이는 하나님의 소유를 확인하기 위함이며, **'해 돋는 데'** 는 광명을 비유하는 하나님으로부터 왔다는 뜻입니다. 하나님의 커다란 영광을 입은 천사요 구원의 소망을 비추는 영광스런 천사로 나타났습니다(합 3:4).[2]

'우리 하나님의 종들' 이란 넓게는 하나님을 경외하는 모든 자들입니다. 우리가 기독교인으로서 하나님을 경외합니다. 그러나 하나님의 종들이라기보다 그리스도의 종이 신약적 표현입니다. 전자는 유대적 표현이자 구약 시대에 쓰여진 고귀한 하나님의 일꾼 내지는 백성을 뜻합니다. 따라서 5-8절에 나오는 하나님의 종들은 정통 유대인들을 대표하는 하나님의 백성인 유대인입니다. 왜냐면 이어지는 세계 각 국에서 구원자들의 환상(9-)이 분리되어 나타나고 있기 때문입니다.

'종들의 이마에 인' 친다는 것은 하나님께서 구원 얻을 정통 유대인들에게 그 말세에 가면 표시 나게 이마 쪽에 어떠한 형식으로 선민임을 알도록 표시할 것으로 봅니다. 물론 직접 표시를 실행하는 것은 사람이 하는 일입니다.

> **계 7:4**
>
> 내가 인 맞은 자의 수를 들으니 이스라엘 자손의 각 지파 중에서 인 맞은 자들이 십 사만 사천이니

---

2) 합 3:4 '그 광명이 햇빛 같고 광선이 그 손에서 나오니 그 권능이 그 속에 감추었도다'

144,000명은 누구인가?

첫째, 이 사람들은 신약의 기독교인이 아닙니다. 곧 이어 출현하는 흰 옷 입은 무리들이 나타나기 때문에 이들은 기독교인이 아닙니다(9). 비록 예수 그리스도를 불신한 유대인이라도 하나님의 선택된 백성(선민;選民)이므로 종말에 그들을 구원해 주실 것입니다. 여기, 이들은 바로 정통 유대인들입니다.

둘째, 기독 성도를 영적으로 이스라엘이라고도 볼 수는 있으나 성도들을 12지파로 세분하고 그 족속들의 이름들까지 면밀히 기록 할 수는 없습니다. 이방 기독교 신자를 이처럼 유대인의 12지파 족속의 이름을 열거하면서까지 형용할 이유가 없습니다.

셋째, 이스라엘 12지파는 하나님의 인을 맞는다고 했고, 성경상 기독교 성도들은 성령의 인을 맞는다고 했습니다. 하나님의 인을 맞는다는 말과는 비교되어야 합니다.

엡 1:13 '그 안에서 너희도 진리의 말씀 곧 너희의 구원의 복음을 듣고 그 안에서 또한 믿어 약속의 성령으로 인 치심을 받았으니'

구약은 성부 하나님의 직접적인 역사요 교회 역사 속에서 함께 하신 분은 성령 하나님이십니다. 물론 구약에서도 3위 하나님이 함께 역사하셨으나 그 특징적인 면에서 신약 성도들은 주께서 승천하시고 마가의 다락방에 약속의 성령이 임하신 후 성령의 직접적인 역사 안에서 하나님의 섭리를 이루고 있습니다.

넷째, 성경에 특별히 이스라엘은 환난 중에 구원 얻게 될 것이라고 예언하였습니다.

롬 11:25-26 '형제들아 너희가 스스로 지혜 있다 함을 면키 위하여 이 비밀을 너희가 모르기를 내가 원치 아니하노니 이 비밀은 이방인의 충만한 수가 들어오기까지 이스라엘의 더러는 완악하게 된 것이라 그리하여 온 이스라엘이 구원을 얻으리라 기록된바 구원자가 시온에서 오사 야곱에게서 경건치 않은 것을 돌이키시겠고'(슥 12:9-13).[3]

다섯째, 대환난 중간쯤에서 정통 유대인들이 지상의 어느 보호처로 피신되는 것과 유대인이지만 기독교로 개종한 유대인은 이방나라 기독교 성도들과 함께 적그리스도로부터 받는 고난에 동참하는 장면이 나타납니다(12:13-17 해설 참조).

따라서 본문의 144,000인은 기독교 신자를 상징한다는 평이한 해석보다 본 장의 흐름을 보아서 그들은 정통 유대인들이며 말세에 구원 얻을 예언적 환상으로 보는 것이 드라마상 자연스런 이해입니다. 무엇보다 그 뒤에 이어 나오는 큰 무리는 다른 사람들이기 때문입니다.

계 7:5-8

유다 지파 중에 인 맞은 자가 일만 이천이요 르우벤 지파 중에 일만 이천이요 갓 지파 중에 일만 이천이요, 아셀 지파 중에 일만 이천이요 납달리 지파 중에 일만 이천이요 므낫세 지파 중에 일만 이천이요, 시므온 지파 중에 일만 이천이요 레위 지파 중에 일만 이천이요 잇사갈 지파 중에 일만 이천이요, 스블론 지파 중에 일만 이천이요 요셉 지파 중에 일만 이천이요 베냐민 지파 중에 인 맞은 자가 일만 이천이라

본문에는 이스라엘 12지파 족속 명(名)이 나오는데, 다소 이름과

---

[3] 슥 12:9-13 '예루살렘을 치러 오는 열국을 그날에 내가 멸하기를 힘쓰리라 내가 다윗의 집과 예루살렘 거민에게 은총과 간구하는 심령을 부어 주리니 그들이 그 찌른바 그를 바라보고 그를 위하여 애통하기를 독자를 위하여 애통하듯 하며 그를 위하여 통곡하기를 장자를 위하여 통곡하듯 하리로다 그 날에 예루살렘에 큰 애통이 있으리니 므깃도 골짜기 하다드림몬에 있던 애통과 같을 것이라 온 땅 각 족속이 따로 애통하되 다윗의 족속이 따로 하고 그 아내들이 따로 하며 나단의 족속이 따로 하고 그 아내들이 따로 하며 레위의 족속이 따로 하고 그 아내들이 따로 하며 시므이의 족속이 따로 하고 그 아내들이 따로 하며'

그 순서에 차이가 있습니다. 6절의 단 지파와 에브라임 지파 대신 므낫세와 요셉이 든 것은 구약 시대에 이스라엘 왕 여로보암이 금송아지로 우상 숭배를 한 것 때문으로 봅니다(삿 18:30, 왕상 12:28).[4]

그래서 요셉의 장자인 므낫세가 명기되었습니다. 유대 지파가 먼저 기록된 것은 구속사적 의미로 유다 지파에서 메시아가 탄생할 것이 예언되었기 때문입니다.

각 지파마다 '**12,000명**'이라 함은 영적 의미로 12라는 천국 백성 조직 수에다 많음을 뜻하는 1,000의 수가 곱한 것이므로 하나님의 구원 얻을 백성들이 많다는 뜻입니다. 또는 하나님 구원의 풍요와 넉넉함을 뜻하기도 합니다.

결론적으로 이스라엘 12지파를 기독 성도로 보기에는 너무나 구체화된 표현들이고 이어지는 다른 구원의 무리들과 중복되는 것으로 보아 이들은 기독교 성도가 될 수 없다고 보는 것이 옳습니다. 뒤에 기록된 큰 무리들은 각 나라 족속이라는 표현으로 앞선 144,000인과의 대조적 백성임을 구체적으로 표현 해 주고 있습니다. 앞의 이스라엘 12지파를 곧 천하 만국 성도로 보기에는 문맥상 이 큰 무리들이 연결되는 표현을 찾을 수 없습니다.

계시록은 말세론의 계시인데 마지막으로 하나님의 가시적 백성인 유대인의 구원을 고려할 이유를 생각한다면 구분하는데 큰 어려움이 없습니다. 기독교적으로 모든 인류 역사를 이해하려고 하기 때

---

4) 삿 18:30 '단 자손이 자기를 위하여 그 새긴 신상을 세웠고 모세의 손자 게르손의 아들 요나단과 그 자손은 단 지파의 제사장이 되어 이 백성이 사로잡히는 날까지 이르렀더라'
왕상 12:28 '이에 계획하고 두 금송아지를 만들고 무리에게 말하기를 너희가 다시는 예루살렘에 올라갈 것이 없도다 이스라엘아 이는 너희를 애굽 땅에서 인도하여 올린 너희 신이라 하고 하나는 벧엘에 두고 하나는 단에 둔지라'

문에 마지막 때 이스라엘에 대한 육신적 피신(구원, 계12:)의 그림을 기독교인의 공중 휴거로 곡해하는 억지 해석도 생기는 것입니다.

> **계 7:9-10**
> 이 일 후에 내가 보니 각 나라와 족속과 백성과 방언에서 아무라도 능히 셀 수 없는 큰 무리가 흰 옷을 입고 손에 종려 가지를 들고 보좌 앞과 어린 양 앞에 서서, 큰 소리로 외쳐 가로되 구원하심이 보좌에 앉으신 우리 하나님과 어린 양에게 있도다 하니

'**이 일**'은 앞서 이스라엘 12지파에게 하나님의 인(印)을 친 일입니다. 이 광경이 끝나고 새로운 환상이 연이어 나타납니다. 이 무리들에 대한 설명으로 보아 앞서 하나님의 인을 맞은 이스라엘이 아닌 이방 기독교 신자임을 확인 할 수 있습니다.

'**각 나라와 족속과 백성과 방언**' 이란 세계 각 처의 민족을 뜻합니다. 이스라엘 유대인 각 족속 144,000인을 예수 믿는 각 나라의 백성이라고 보기에는 표현이 어색하고 부자연스럽습니다. 그들은 이스라엘 족속으로 한 족속입니다. 각 나라 족속이 아닙니다. 앞서 이스라엘 각 지파는 각 나라가 아닙니다.

'**아무라도 셀 수 없는**', 수많은 무리들이 구원을 얻을 것인데, '**흰 옷**'을 입은 것은 성결하게 된 것을 말하며 신앙의 정결성을 뜻합니다. '**종려 가지**'를 든 것은 승리자의 모습입니다. 신앙의 승리입니다.

'**보좌 앞**'은 하나님의 자리란 말이고, '**어린 양**'은 예수 그리스도이십니다. 이들은 성부, 성자 앞에 서서 찬송합니다. 구원의 찬송입니다. 4생물들이 찬송할 때 성부 하나님께(4:8), 24장로들이 찬송할 때도 성부 하나님께(4:10,11), 같이 할 때는 어린 양에게 불렀습니다 (5:8-10).

천하 만국 성도(기독교)들이 찬송할 때는 성부, 성자께 했는데, 성부 성자의 동질성을 노래하는 신학적 측면보다 여기 기독 성도는 개종한 유대인도 있기 때문에 성부 하나님과 성자 예수님께 같이 드리는 것으로 보입니다. 이들은 24장로들처럼(5:10) 구원을 찬송합니다. 성부, 성자께 드렸습니다. 유대인들의 구원은 하나님의 직접적인 은혜로 피신을 얻게 하셨으나 만국 기독 성도들은 적그리스도의 핍박을 이기도록 인도하십니다.

여기서 우리가 구원을 찬송하는 것은 유대인과 그 성질상 다를 수 있습니다. 선택론의 구원에 대한 신학적인 측면보다 말세에 신앙을 지켜 세상을 이긴 자들로서 구원을 찬양하는 것은 그 감격이 유대인과 다르다는 말입니다.

> 계 7:11-13
> 모든 천사가 보좌와 장로들과 네 생물의 주위에 섰다가 보좌 앞에 엎드려 얼굴을 대고 하나님께 경배하여, 가로되 아멘 찬송과 영광과 지혜와 감사와 존귀와 능력과 힘이 우리 하나님께 세세토록 있을찌로다 아멘 하더라, 장로 중에 하나가 응답하여 내게 이르되 이 흰 옷 입은 자들이 누구며 또 어디서 왔느뇨

'**모든 천사**'는 세상 중에 특히 말세에 성도들을 보호하고 지켰던 많은 천사들로 보입니다. 그들은 성부 하나님을 찬양합니다.

'**엎드려 얼굴을 대고**' 엎드려 경배하는 것은 겸손과 성실을 의미합니다. 하나님의 구원에 대한 희열의 반응은 이와 같이 감사의 예의가 따릅니다. 감정주의자들은 자기 감정에 도취하여 이와 같은 경건의 모습을 잃고 맙니다. 그러나 진정한 구원의 감격은 겸손한 경배가 따릅니다.

'**아멘**'으로 시작하여 아멘으로 마치는 것은 앞서 구원 얻은 큰 무리들의 찬송에 대한 화답으로 하나님의 구원에 대한 감사의 동조이

자 구원은 인간의 의지가 아니라 순전히 하나님의 은혜의 구원임을 강조하는 뜻에서 아멘하여 마칩니다. 5:12과 비슷합니다.

 '장로 중에 하나' 는 24장로 중에 한 사람입니다. 그가 요한에게 **'종려 가지를 들고 선 흰 옷 입은 큰 무리들은 어디서 왔느냐'** 고 질문합니다. 종려가지는 승리를 상징합니다.

 '누구며 또 어디서' 왔는가를 구체적으로 물었습니다. 본 절 이하를 자세히 살피므로 144,000인과 여기 흰 옷 입은 큰 무리들은 각기 다른 사람들인 것을 확인 할 수 있습니다. 사도 요한은 그 장로에게 답하지 않고 오히려 **'당신이 알리이다'** 고 했습니다. 물론 요한은 알 수 없었습니다.

 '내 주여' 라고 부른 것은 천상의 존귀한 분께 대한 호칭이지 그리스도께 부르는 말과는 그 의미가 다릅니다. 성경에서 주(主)라고 하는 호칭은 다양하게 사용되는데 하나님과 천사나 혹은 사람에게 부를 수 있는 호칭이기도 합니다(창 19:2, 계 1:8).[5)]

 그 장로가 답하기를 **'큰 환난에서 나오는 자들'** 이라 했습니다. 큰 환난은 말세의 대환난입니다. 원문에는 **'그 큰 환난'** (테스 드립세오스 타스 메가래스, τῆς θλίψεως τῆς μεγάλης)으로 관사가 있어 특별한 말세의 대환난, 직역하면 그 큰 그 환난을 뜻합니다.

 그 큰 환난에서 **'나오는 자들'** 인데, 나온다(엘코마, ἔρχομα)는 말은 꼭 피한다는 것이 아니라 그곳을 **'지난다'** 는 뜻과 **'닥친다'** 는 뜻도 있습니다. 그들은 어린 양 예수의 보혈로 씻음 받은 자라 하였

---

5) 창 19:2 '가로되 내 주여 돌이켜 종의 집으로 들어와 발을 씻으시고 주무시고 일찍이 일어나 갈 길을 가소서 그들이 가로되 아니라 우리가 거리에서 경야하리라'
계 1:8 '주 하나님이 가라사대 나는 알파와 오메가라 이제도 있고 전에도 있었고 장차 올 자요 전능한 자라 하시더라'

으며 환난을 그 사상으로 통과한 결과로 승리의 흰옷을 입은 자라 표현되고 있습니다. 그러므로 앞서 이스라엘 12지파는 이런 사람들이 아니었습니다. 여기 이 무리들은 말세의 대 환난에서 그리스도의 증인으로 십자가를 지고 핍박을 받았으나 인내로 이겼던 자들입니다.

'**어린 양의 피에 그 옷을 씻어 희게**' 한 것은 예수 그리스도의 십자가의 사상으로 맘의 옷을 정결케 하며 신앙 승리를 위해 싸웠다는 것을 말해주고 있습니다. 이로 보아 앞서 144,000인에 대한 기록과는 판이하게 다른 무리, 즉 만국 기독교 성도들로 이해할 수 있습니다.

> **계 7:15**
> 그러므로 그들이 하나님의 보좌 앞에 있고 또 그의 성전에서 밤 낮 하나님을 섬기매 보좌에 앉으신 이가 그들 위에 장막을 치시리라

'**그러므로**'는 대환난기에 '그리스도의 사상(피)으로 승리했기 때문에' 라는 뜻이며 그들은 하나님 앞에서 경배합니다.

여기 '**성전**'은 현실적 장소보다 하나님의 보좌 앞을 뜻합니다. 그리고 성전이란 단어가 '거처한다'에서 유래한 단어입니다(나오스, $vaós$). 즉 하나님의 주변에서 거하며 산다는 뜻입니다.

이미 기독교인은 지상에서부터 하나님을 경배, 예배하는 정신으로 마음은 하늘에 거하며 살고 있습니다. 하나님을 밤낮 섬긴다는 말은 천국에 밤과 낮이 있어서가 아니라 지금 우리들의 주야에 대한 용어를 빌려 쉼 없이 계속적으로 섬긴다는 뜻입니다(계 21:25).[6]

---

6) 계 21:25 '성문들을 낮에 도무지 닫지 아니하리니 거기는 밤이 없음이라'

'**장막**'을 치시는 것 역시 하나님께서 그들과 함께 거하시고 보호하시는 중에 계시다는 뜻입니다.

> **계 7:16**
> 저희가 다시 주리지도 아니하며 목마르지도 아니하고 해나 아무 뜨거운 기운에 상하지 아니할찌니

'**주리지 아니**'하는 것은 영원한 만족과 천국의 풍요입니다.

어느 시대라도 지상의 성도가 복음대로 옳게 살려면 얼마나 어렵습니까? 그러나 천국엔 영육(靈肉)으로 풍성합니다. '**목 마르지**' 아니함도 같은 의미입니다(요 7:38).[7]

'**해나 아무 뜨거운 기운**'은 종말에 태양열에 의해 사람이 태움을 입을 것이 예언되었으나 성도들은 지켜주실 것을 말합니다(계 16:8, 시 121:6-9).[8]

지금 오존층이 상하여 태양 빛이 지구에 곧장 비치어 불이 나는 곳도 있고 날로 그 구멍이 넓어지고 있다는 보도가 있습니다. 말세에 달하면 태양열에 의해 지구촌 여기 저기서 불타는 천재(天災)가 있을 것입니다.

> **계 7:17**
> 이는 보좌 가운데 계신 어린 양이 저희의 목자가 되사 생명수 샘으로 인도하시고 하나님께서 저희 눈에서 모든 눈물을 씻어 주실 것임이러라

---

7) 요 7:38 '나를 믿는 자는 성경에 이름과 같이 그 배에서 생수의 강이 흘러나리라 하시니'
8) 계 16:8 '네째가 그 대접을 해에 쏟으매 해가 권세를 받아 불로 사람들을 태우니'
시 121:6-9 '낮의 해가 너를 상치 아니하며 밤의 달도 너를 해치 아니하리로다 여호와께서 너를 지켜 모든 환난을 면케 하시며 또 네 영혼을 지키시리로다 여호와께서 너의 출입을 지금부터 영원까지 지키시리로다 사람이 내게 말하기를 여호와의 집에 올라가자 할 때에 내가 기뻐 하였도다'

어린 양 예수께서 '**저희의 목자가**' 되신다는 것은 구원을 책임지신다는 뜻입니다. '**생명수 샘**'은 더 이상 갈급하지 아니할 것을 더 강조하는 뜻으로 다함이 없는 영생수를 주사 목마르지 않게 하신다는 말입니다. 영혼이 갈하지 않을 것이라는 말씀입니다.

하나님께서 성도의 '**눈물을 씻어 주실 것**'은 영원한 위로를 뜻합니다. 성도가 괴로운 세속 중에서 신앙을 지키기 위해 얼마나 웁니까? 천국에서 이제 그 모든 슬픔을 위로 받게 해 준다는 말입니다(마 5:4).[9]

---

9) 마 5:4 '애통하는 자는 복이 있나니 저희가 위로를 받을 것임이요'

제 8 장

일곱 번째 인의
네 나팔 재앙

8장 주해 내용
1. 일곱 인 속에 일곱 나팔 재앙의 의미
2. 자연계 ½이 과연 파괴될 것인가?
3. 화, 화, 화의 의미

8장
일곱 번째 인의 네 나팔 재앙

> **계 8:1-2**
>
> 일곱째 인을 떼실 때에 하늘이 반시 동안쯤 고요하더니, 내가 보매 하나님 앞에 시위한 일곱 천사가 있어 일곱 나팔을 받았더라

주님이 '**일곱째 인을 떼실 때에 하늘이 반시 동안쯤 고요한**' 것은 무서운 나팔 재앙이 있을 분위기를 말해줍니다. 잠시 고요함은 폭풍 전야가 그렇기도 합니다.

'**일곱 천사**'는 문자대로 일곱 수(七數)의 천사입니다. 7은 완전함을 뜻하나 여기서는 일곱 천사가 차례대로 나타나게 되므로 자구적인 일곱 천사들입니다.

'**일곱 나팔**'을 받은 것은 그 각각의 천사가 하나씩 받은 것입니다. 나팔은 본 절 이하에 나타난 대로 재앙을 예고하는 나팔입니다. 나팔은 백성을 모을 때나 전쟁을 예고할 때 부는데 본 계시록의 나팔은 예수 그리스도께서 재림하시게 될 임박한 시간을 예고합니다. 주님은 큰 나팔 소리로 강림하시며 특히 바울은 마지막 나팔 소리가 날 때 주께서 재림하실 것을 예고했는데 그 '마지막 나팔'이란 말은 단순한 종말적 표현이기 보다 계시록과 연관할 때 일곱 나팔 재앙 중 마지막 일곱 번째 나팔 불 때 주께서 재림하시는 것을 의미한다

고 봅니다.

바울은 마지막 나팔을 불 때 성도의 부활이 있을 것이라 했기 때문입니다. 이스라엘이 여리고 성을 무너뜨릴 때도 마지막 날 마지막 나팔을 불 때 하나님의 기적이 있으므로 그 성이 무너지고 이스라엘의 승리가 있었습니다(마 24:31, 고전 15:51, 수 6:20).[1)]

> **계 8:3-5**
> 또 다른 천사가 와서 제단 곁에 서서 금 향로를 가지고 많은 향을 받았으니 이는 모든 성도의 기도들과 합하여 보좌 앞 금단에 드리고자 함이라, 향연이 성도의 기도와 함께 천사의 손으로부터 하나님 앞으로 올라가는지라, 천사가 향로를 가지고 단 위의 불을 담아다가 땅에 쏟으매 뇌성과 음성과 번개와 지진이 나더라

'또 다른 천사' 는 앞서 일곱 천사가 아닌 다른 천사로서 성도의 기도를 받아 하나님께 올려 드리는 천사입니다.

'금향로' 에 성도의 기도를 담아 금향단 위로 드리는데 이는 5:8에 4생물과 24장로들처럼 성도의 기도를 담은 그릇이요 하나님께 드리는 향단입니다.

말세에 핍박이 가중되니 성도는 더욱 기도하고 매우 간절하여 구약시대에 하나님께 제물을 태우듯 마음을 애태워 향처럼 되고 이것이 하나님께 상달되어 세속에 심판으로 갚아지는 것입니다. 성도의 기도를 담은 향로에 번제단의 불을 담아다가 땅에 쏟으매 뇌성, 음

---

1) 마 24:31 '저가 큰 나팔 소리와 함께 천사들을 보내리니 저희가 그 택하신 자들을 하늘 이 끝에서 저 끝까지 사방에서 모으리라'
고전 15:51 '보라 내가 너희에게 비밀을 말하노니 우리가 다 잠잘 것이 아니요 마지막 나팔에 순식간에 홀연히 다 변화하리니'
수 6:20 '이에 백성은 외치고 제사장들은 나팔을 불매 백성이 나팔 소리를 듣는 동시에 크게 소리질러 외치니 성벽이 무너져 내린지라 백성이 각기 앞으로 나아가 성에 들어가서 그 성을 취하고'

성, 번개, 지진으로 화했습니다. 이는 성도의 애끓는 기도가 세상에 심판으로 내려진다는 것입니다.

> **계 8:6-7**
> 일곱 나팔 가진 일곱 천사가 나팔 불기를 예비하더라, 첫째 천사가 나팔을 부니 피 섞인 우박과 불이 나서 땅에 쏟아지매 땅의 삼분의 일이 타서 사위고 수목의 삼분의 일도 타서 사위고 각종 푸른 풀도 타서 사위더라

일곱 천사가 각각 나팔을 불기로 예비합니다. 즉 명령대로 이행할 긴장된 자세를 취하고 있는 모습입니다.

첫째가 나팔을 부니 '**피 섞인 우박과 불**'이 났습니다. 이는 애굽의 재앙과 비슷한데 여기 피가 첨가됨은 심판의 가중함을 더합니다 (출9:24).[2]

'땅의 $\frac{1}{3}$'은 문자대로 땅이 타게될 것이며 수목 $\frac{1}{3}$, 각종 푸른 풀도 $\frac{1}{3}$이 탈 것입니다.

> **계 8:8-9**
> 둘째 천사가 나팔을 부니 불 붙는 큰 산과 같은 것이 바다에 던지우매 바다의 삼분의 일이 피가 되고, 바다 가운데 생명 가진 피조물들의 삼분의 일이 죽고 배들의 삼분의 일이 깨어지더라

'**둘째 천사가 나팔을 부니 불붙는 큰 산과 같은 것**'이 바다에 던져지는데, 이는 불 붙는 산 자체가 아니라 거대한 불덩이가 바다에 던져져 바다의 생물과 배들이 $\frac{1}{3}$이 죽고 깨어진다는 말입니다. 인명의

---

2) 출 9:24 '우박의 내림과 불덩이가 우박에 섞여 내림이 심히 맹렬하니 애굽 전국에 그 개국 이래로 그 같은 것이 없던 것이라'

피해는 여기서 나타나지 않은 상태입니다.

어떤 이는 바다의 생물을 세상 사람들로 해석하나 계시록을 모두 영적으로 해석할 수는 없습니다. 가령 16:13에서는 바다 생물이 모두 죽었다고 했는데 바다는 세상으로 생명을 사람으로 해석하게 되면 결국 여기서 사람들이 모두 다 죽었다는 말이 되므로 또 뒤에 나오는 사람들에 대해 해석하기 곤란해집니다.

따라서 본 절은 문자대로 바다의 생물입니다. 하나님께서 태초에 사람의 죄로 인하여 땅의 것을 저주하신 것처럼(창3:) 말세에 하나님의 심판은 사람에게 뿐아니라 만물에게도 임하게 될 것입니다.

계 8:10-11

셋째 천사가 나팔을 부니 횃불같이 타는 큰 별이 하늘에서 떨어져 강들의 삼분의 일과 여러 물샘에 떨어지니, 이 별 이름은 쑥이라 물들의 삼분의 일이 쑥이 되매 그 물들이 쓰게 됨을 인하여 많은 사람이 죽더라

셋째는 크다란 별이 횃불처럼 타면서 $\frac{1}{3}$의 강물과 샘물에 떨어져 이 물을 마시게 된 사람들이 많이 죽습니다.

'쑥같이 된 물' 은 하나님의 심판을 받은 물입니다. 전쟁의 공해로 인해 물을 마실 수 없게 될 것이며 지금도 식수 오염 때문에 문제가 얼마나 많습니까?

계 8:12-13

넷째 천사가 나팔을 부니 해 삼분의 일과 달 삼분의 일과 별들의 삼분의 일이 침을 받아 그 삼분의 일이 어두워지니 낮 삼분의 일은 비췸이 없고 밤도 그러하더라, 내가 또 보고 들으니 공중에 날아가는 독수리가 큰소리로 이르되 땅에 거하는 자들에게 화, 화, 화가 있으리로다 이 외에도 세 천사의 불 나팔 소리를 인함이로다 하더라

넷째는 천체의 변화인데 해와 달, 별의 $\frac{1}{3}$이 어두워지는 형벌입니

다. 6장과 동일 환상이 아니라 더욱 심화된 것입니다. 위의 재앙은 애굽의 10가지 재앙 같은 현상들입니다. 공해로 인해 공중은 맑지 않을 것이며 때문에 태양과 달빛이 흐려질 것입니다.

사도 요한이 또 보는데 **'공중에 날아가는 독수리'** 의 **'큰 소리'** 를 듣게 됐습니다. 독수리가 공중에서 날아가며 심판을 외치는 것은 심판의 신속성을 더하는 의미입니다. 마지막 심판 날에 대한 경고의 메시지입니다.

'땅에 거하는 자들' 은 세속의 인생들을 뜻합니다. 왜냐면 그들에게 화가 있을 것이라 했으므로 성도들에게 하실 말씀은 아닙니다. 화, 화, 화가 3번 있을 것, 즉 5, 6, 7번째의 나팔 재앙이 있을 것인데 그 심판이 중(重)할 것을 예고합니다.

제 9 장

두 나팔 재앙

9장 주해 내용
1. 두 가지 나팔 재앙의 화
2. 황충이는 무엇인가?
3. 세계 대전은 어디서 어떻게 일어날 것인가?

9장
두 나팔 재앙

> **계 9:1-2**
> 다섯째 천사가 나팔을 불매 내가 보니 하늘에서 땅에 떨어진 별 하나가 있는데 저가 무저갱의 열쇠를 받았더라, 저가 무저갱을 여니 그 구멍에서 큰 풀무의 연기 같은 연기가 올라오매 해와 공기가 그 구멍의 연기로 인하여 어두워지며

 '하늘에서 땅에 떨어진 별 하나' 는 뒤에 이어진 설명으로 보아 인격체입니다. 12장에 보면 공중에서 땅으로 떨어져 내려온 사단(용)이 나옵니다(눅 10:18).[1] 그래서 이 별을 사단이라고 해석하기 쉬우나 그렇지 않습니다.

 '무저갱' 의 열쇠를 받으니 계 20:1의 그 천사로 보입니다. 땅에서 떨어졌다는 표현도 악한 천사를 의미하듯 하나 이것은 계시록의 연속적인 사건 발생으로는 아직 이르기 때문에 사단의 등장이 아닙니다. 무저갱이란 사단의 처소이며 지옥 자체는 아닙니다. 모든 악한 일들이 꾸며지고 실행되는 처소입니다. 말세에 이 어두운 세력에 의한 전쟁으로 공해가 심하여 천지가 어두워집니다.

---

1) 눅 10:18 '예수께서 이르시되 사단이 하늘로서 번개 같이 떨어지는 것을 내가 보았노라'

> **계 9:3-4**
> 또 황충이 연기 가운데로부터 땅위에 나오매 저희가 땅에 있는 전갈의 권세와 같은 권세를 받았더라, 저희에게 이르시되 땅의 풀이나 푸른 것이나 각종 수목은 해하지 말고 오직 이마에 하나님의 인 맞지 아니한 사람들만 해하라 하시더라

'**황충**'은 무저갱으로부터 올라온 것이니 사단의 영적 힘을 얻은 심판의 매개물입니다. 거짓 사상으로 영해하는 것은 대자연의 환난을 표시하는 나팔재앙 전체의 분위기에 옳지 않습니다.

'**전갈**'은 광야에서 살며 물리면 즉사합니다. 전갈 같은 독을 가진 황충이가 구약의 메뚜기 떼처럼 사람들을 괴롭힐 것이라 했습니다(출 10:12).[2)] 앞서(8장) 자연계의 큰 심판이 있었으므로 황충들은 이제 하나님의 인 맞지 아니한 자들, 즉 모든 불신자들을 해하게 됩니다. 이것은 사상적 피해가 아닙니다.

> **계 9:5-6**
> 그러나 그들을 죽이지는 못하게 하시고 다섯 달 동안 괴롭게만 하게 하시는데 그 괴롭게 함은 전갈이 사람을 쏠 때에 괴롭게 함과 같더라, 그 날에는 사람들이 죽기를 구하여도 얻지 못하고 죽고 싶으나 죽음이 저희를 피하리로다

불신자들을 죽이지는 않으며 '**5개월 간**' 괴롭힙니다. 전갈이 쏘듯 매우 심한 통증을 앓으며 5개월 간 괴로울 것을 상상해 볼 때 얼마나 그 고통이 심할까 하는 짐작이 갑니다. 사람들이 너무 고통스러워서 자살하려 해도 죽음이 저들을 피하여 스스로 죽지도 못한다 했습니다. 참으로 이상한 현상입니다. 자살하려는 것도 할 수 없고

---

2) 출 10:12 '여호와께서 모세에게 이르시되 네 손을 애굽 땅 위에 들어 메뚜기로 애굽 땅에 올라와서 우박에 상하지 아니한 밭의 모든 채소를 먹게 하라'

고통이 계속된다는 것, 이것은 곧 영원한 지옥의 고통을 대변하는 말입니다.

> **계 9:7-10**
> 황충들의 모양은 전쟁을 위하여 예비한 말들 같고 그 머리에 금같은 면류관 비슷한 것을 썼으며 그 얼굴은 사람의 얼굴 같고, 또 여자의 머리털 같은 머리털이 있고 그 이는 사자의 이 같으며, 또 철흉갑 같은 흉갑이 있고 그 날개들의 소리는 병거와 많은 말들이 전장으로 달려 들어가는 소리 같으며, 또 전갈과 같은 꼬리와 쏘는 살이 있어 그 꼬리에는 다섯달 동안 사람들을 해하는 권세가 있더라

황충의 모양이 설명되고 있습니다.

(1) '**전쟁을 위한 말들**' 같은 것은 공격, 돌진의 기세가 당당함을 뜻하니 사람을 얼마나 괴롭힐 것인가가 짐작되며,

(2) '**금 같은 면류관**'을 쓴 것은 황충의 능력과 사단의 교만한 태도와 인간 위에 악의 왕노릇을 하는 존재 위치를 과시하는 것입니다.

(3) '**얼굴은 사람**' 같음은 지혜로움을 상징하고, 황충의 재앙이 얼마나 교묘하게 나타나는가를 말해줍니다. 사람이 막을 수 없는 불가항적 재앙입니다.

(4) '**여자의 머리털**' 같은 것은 매혹적인 모습으로 죄와 악의 겉모습을 상징합니다(살후 2:9).[3]

(5) '**그 이는 사자**' 같으니 잔인성과 사나움을 뜻하며,

(6) '**철흉갑 같은 흉갑**'은 견고성과 방어력이 강함을 뜻합니다. 즉 고통받는 이로 하여금 전혀 상대할 수 없는 사단의 세력을 갖고 나타난 황충이라는 말입니다. 어떠한 방법으로도 이 고통을 이길 수

---

3) 살후 2:9 '악한 자의 임함은 사단의 역사를 따라 모든 능력과 표적과 거짓 기적과'

가 없다는 것입니다.

(7) '**그 날개들의 소리**'는 황충들의 집단적 움직임으로 나는 요란한 소리입니다. 병거 가는 소리나 전장으로 달려가는 말들처럼 날아다니는 소리가 강하고 무서운 소리를 형용한 말입니다.

(8) 전갈의 '**꼬리와 쏘는 살**' 같은 것으로 다섯 달 동안 사람을 괴롭힌다고 했습니다. 쏘는 살은 사단의 독이요 악의 행위를 표현할 때 쓰는 말입니다(고전 15:55-56).[4]

> **계 9:11**
> 저희에게 임금이 있으니 무저갱의 사자라 히브리 음으로 이름은 아바돈이요 헬라 음으로 이름은 아볼루온이더라

이러한 황충의 임금(주동자)은 사단이라 했습니다. 이 무서운 재앙은 근본적으로 마귀의 지배라는 사실을 말합니다.

'**무저갱의 사자**'는 히브리어로 아바돈, 헬라음으로 아볼루온($\alpha\pi o\lambda\lambda\acute{u}\omega\nu$)으로 파멸, 멸망자(사단;마귀)를 뜻합니다.

> **계 9:12-13**
> 첫째 화는 지나갔으나 보라 아직도 이 후에 화 둘이 이르리로다, 여섯째 천사가 나팔을 불매 내가 들으니 하나님 앞 금단 네 뿔에서 한 음성이 나서

계시록에 일곱 나팔 재앙 중 가장 무서운 재앙이 셋인데(계8:13 '화, 화, 화') 그 중 앞서 무서운 황충의 재앙이 첫째 화였고, 둘째 화인 6째 나팔 재앙이 뒤따릅니다.

---

4) 고전 15:55-56 '사망아 너의 이기는 것이 어디 있느냐 사망아 너의 쏘는 것이 어디 있느냐 사망의 쏘는 것은 죄요 죄의 권능은 율법이라'

6번째 천사가 나팔을 부니 **'하나님 앞 금단 네 뿔'** 에서 음성이 나니 이는 성도들이 올린 기도가 응답되어 악을 심판하는 소리입니다. 성도가 의를 위해 핍박을 받는 중 기도하고 고통을 아뢸 때, 하나님은 대적들을 심판하십니다.

> **계 9:14-15**
> 나팔 가진 여섯째 천사에게 말하기를 큰 강 유브라데에 결박한 네 천사를 놓아 주라 하매,네 천사가 놓였으니 그들은 그 년, 월, 일, 시에 이르러 사람 삼분 의 일을 죽이기로 예비한 자들이더라

'큰 강 유브라데' 는 이스라엘과 아랍 국경에 처한 곳으로 계시록 상 큰 전쟁의 장소입니다(창 15:18, 계 16:12).[5] 이 **'네 천사'** 는 사람을 죽이니 악한 천사입니다. 4는 사방의 땅을 상징하는 수이며 온 세상에 행할 사망의 천사들을 말합니다.

'그 년 월 일 시', 이렇게 전쟁이 일정한 날짜에 경고된다는 것으로 소위 마지막 세계 대전으로 보아집니다. 인구 $\frac{1}{3}$이 죽는 큰 전쟁입니다. 전쟁도 알고 보면 악령들의 놀음에 지나지 않습니다.

> **계 9:16**
> 마병대의 수는 이만만이니 내가 그들의 수를 들었노라

말 탄 병사가 **'2만만'**, 즉 2억을 말합니다. 2억의 군대가 유브라데 강가에서 전쟁을 치릅니다. 세계 역사는 이스라엘 역사라는 말이 있습니다. 이는 하나님이 이스라엘을 택하시고 그들의 역사에 당신의

---

5) 창 15:18 '그 날에 여호와께서 아브람으로 더불어 언약을 세워 가라사대 내가 이 땅을 애굽강에서부터 그 큰 강 유브라데까지 네 자손에게 주노니'
계 16:12 '또 여섯째가 그 대접을 큰 강 유브라데에 쏟으매 강물이 말라서 동방에서 오는 왕들의 길이 예비되더라'

뜻을 조명해 오셨고 마지막 때 일어날 사건들은 이스라엘과 관련지어 역사하시기 때문에 이스라엘의 역사는 세계 종말과 긴밀한 관계에 놓여 있습니다. 때문에 마지막 세계대전이 유대 땅 근저에서 일어날 성경 근거가 있습니다. 아랍과 이스라엘의 종교적 분쟁을 계기로 세계 각국들이 합세할 여건입니다. 그 전쟁은 세계 통치자 적그리스도가 유대 땅의 성전을 중심으로 세계 정치 통일을 하여 각 국이 불만하므로 일어나는 것입니다.

> **계 9:17**
> 이같이 이상한 가운데 그 말들과 그 탄 자들을 보니 불빛과 자주빛과 유황빛 흉갑이 있고 또 말들의 머리는 사자 머리 같고 그 입에서는 불과 연기와 유황이 나오더라

전장에 나가는 그 말들과 탄 자들의 모습이 나오는데 자주빛, 유황빛들은 전쟁과 죽음의 색깔입니다. 유황빛은 하나님의 심판을 의미합니다(창 19:24).[6] **'말들의 머리가 사자 머리'** 같은 것은 용맹한 모습으로 지금의 탱크를 상징하는 것같습니다.

'그 입에서는 불, 연기, 유황' 이 나오니 여러 폭격들일 것입니다. 2천년 전에 오늘날의 전쟁 무기를 예언하신 것은 하나님의 완전하신 지혜입니다. 하나님의 역사적 예정(豫定)과 인간 문화의 발전상에 대한 예지(叡智)는 완벽하게 적중합니다.

> **계 9:18-19**
> 이 세 재앙 곧 저희 입에서 나오는 불과 연기와 유황을 인하여 사람 삼분의 일이 죽임을 당하니라 이 말들의 힘은 그 입과 그 꼬리에 있으니 그 꼬리는 뱀 같고 또 꼬리에 머리가 있어 이것으로 해하더라

---

6) 창 19:24 '여호와께서 하늘 곧 여호와에게로서 유황과 불을 비 같이 소돔과 고모라에 내리사'

이 재앙으로 세계 인구 ⅓이 죽는다고 했습니다. 원자탄, 수소탄, 불의 전쟁으로 멸망할 것은 세상도 예상하고 있습니다. 말들의 힘이 입과 꼬리에 있었는데 무서운 세력이며,

'**꼬리에 머리**'가 있으니 이는 비상한 궤교와 작전으로 사람을 괴롭히는 사단의 기만적인 술책을 상징합니다(사9:15).[7] 사단의 궤교가 하나님의 징계로 사용될 때는 불가항적으로 임하기 때문에 사람의 지혜로는 막을 수가 없고 계속 당하게 됩니다.

> **계 9:20-21**
> 이 재앙에 죽지 않고 남은 사람들은 그 손으로 행하는 일을 회개치 아니하고 오히려 여러 귀신과 또는 보거나 듣거나 다니거나 하지 못하는 금, 은, 동과 목석의 우상에게 절하고 또 그 살인과 복술과 음행과 도적질을 회개치 아니하더라

'**손으로 행하는 일**', 이런 큰 전쟁을 겪으며 사람 ⅓이 죽는 형편에 와도 자기들의 행위를 회개치 않고 오히려 귀신들을 좇고 우상에게 절합니다. 마지막 때 사람들은 더욱 우상을 섬기며 살인을 계속 자행하고 마술과 음행, 도적질을 계속할 것입니다. 그리고 회개치 않습니다. 하나님의 심판에 빠져 있는 자들입니다. 현대를 지식과 과학만능의 시대라고 하지만 여전히 우상숭배는 계속되고 있습니다. 이런 아이러니한 현상은 세상 끝날 까지 계속 될 것입니다.

---

7) 사 9:15 '머리는 곧 장로와 존귀한 자요 꼬리는 곧 거짓말을 가르치는 선지자라'

제 10 장

작은 책

10장 주해 내용
1. 계시록 안에 또 작은 책?
2. 일곱 번째 화에 대한 예고
3. 말세 복음을 왜 쓴맛이라 했는가?

10장
작은 책

> **계 10:1-2**
>
> 내가 또 보니 힘센 다른 천사가 구름을 입고 하늘에서 내려오는데 그 머리 위에 무지개가 있고 그 얼굴은 해 같고 그 발은 불기둥 같으며, 그 손에 펴 놓인 작은 책을 들고 그 오른 발은 바다를 밟고 왼 발은 땅을 밟고

요한이 볼 때 '**힘센 다른 천사**'(나팔 부는 천사가 아닌 다른 천사)가 마치 예수님처럼 한 모양으로 나타났습니다. 일부 해석자들은 이 천사를 예수로 해석합니다. 그러나 계시록에는 예수님을 어린 양으로 표현하고 있게 때문에 여기 천사는 예수님이 아닙니다.

천사는 하나님이 지으신 피조물의 이름이기 때문에 특히 계시록에 예수님을 천사로 표시하는 용례가 없습니다. 계시록에 나타나신 예수님은 1장과 19장에서 충분히 이해할 수 있는 표현들로 계시해 주고 있습니다. 여기 천사는 구름을 입었으나 예수님은 구름을 타며 백마를 타고 오십니다(마 24:30).[1]

여기 '**무지개**'에는 관사가 있으니(헤 이리스, $\hat{\eta}$ $\hat{\iota}\rho\iota s$) 구약 노아 때 언약의 무지개를 연상케 하고 하나님과 백성 사이에 지켜질 언약

---

[1] 마 24:30 '그 때에 인자의 징조가 하늘에서 보이겠고 그 때에 땅의 모든 족속들이 통곡하며 그들이 인자가 구름을 타고 능력과 큰 영광으로 오는 것을 보리라'

을 의미합니다(창 9:13).[2]

'**얼굴은 해**' 같이 빛나니 하늘의 영광을 입은 중요한 그 천사의 직분을 뜻하고 발은 불기둥 같으니 매우 권위 있는 천사로 보입니다. 따라서 이 천사는 가장 중대한 발표를 안고 천적(天的) 위엄을 나타내고 있습니다.

그 손에 펴 놓인 '**작은 책**' 은 11장 이하의 환난 기사입니다. 펴 놓인 것은 이미 작성된 것이니 하나님의 예정된 기사라는 뜻입니다.

'**오른 발은 바다를 밟고 왼 발은 땅을 밟고**' 있는 것은 온 세상을 향하여 외친다는 것을 뜻하고 바다와 땅을 비유로 해석하자면 세속과 종교계를 뜻하기도 합니다(계시록 문맥상 바다는 세속, 땅은 종교사회를 의미하기도 합니다).

> **계 10:3-4**
> 사자의 부르짖는 것같이 큰 소리로 외치니 외칠 때에 일곱 우뢰가 그 소리를 발하더라, 일곱 우뢰가 발할 때에 내가 기록하려고 하다가 곧 들으니 하늘에서 소리나서 말하기를 일곱 우뢰가 발한 것을 인봉하고 기록하지 말라 하더라

사자의 부르짖음' 은 엄청난 두려움과 공포 그리고 하늘의 위엄을 의도합니다.

큰 소리로 외치니 '**일곱 우뢰**' 가 소리를 발함은 신의 초자연적 소리요 심판적 소리며 절대적 예언의 소리입니다. 일곱 우뢰가 들릴 때 그 소리를 기록하려 하나 하나님은 인봉하고 기록치 말라 하셨습니다. 계시의 주최자도 성부 하나님이시기 때문에 계시하시지 않는

---

2) 창 9:13 '내가 내 무지개를 구름 속에 두었나니 이것이 나의 세상과의 언약의 증거니라'

것에 관심을 가질 수 없고 하나님의 허락 한도에서 말씀을 받을 뿐입니다. 여기 '**하늘의 소리**'는 뒤에 이어지는 천사의 고백을 보아 성부 하나님의 음성입니다.

> **계 10:5-6**
> 내가 본 바 바다와 땅을 밟고 섰던 천사가 하늘을 향하여 오른손을 들고, 세세토록 살아 계신 자 곧 하늘과 그 가운데 있는 물건이며 땅과 그 가운데 있는 물건이며 바다와 그 가운데 있는 물건을 창조하신 이를 가리켜 맹세하여 가로되 지체하지 아니하리니

바다와 땅은 위 2절에서 설명되었고, 요한이 본 이 천사가 하늘을 향해 오른 손을 들어 맹세코 만물을 창조하신 하나님을 향하여 하나님이 이 말세 비밀을 곧장 이루실 것을 선언합니다.

만물을 '**창조하신 이**', 만물의 주인되신 하나님의 권세가 세상을 심판하신다는 당위성을 말해줍니다.

> **계 10:7-8**
> 일곱째 천사가 소리 내는 날 그 나팔을 불게 될 때에 하나님의 비밀이 그 종 선지자들에게 전하신 복음과 같이 이루리라, 하늘에서 나서 내게 들리던 음성이 또 내게 말하여 가로되 네가 가서 바다와 땅을 밟고 섰던 천사의 손에 펴 놓인 책을 가지라 하기로

'**일곱째 천사**'는 일곱 천사들 중에 마지막 일곱 번째 나팔 불 천사이니, 9:13의 6째 천사 다음입니다. 일곱 번째 천사가 나팔 부는 날은 하나님의 말세 예언이 선지자들에게 전하신 그대로 이루게 된다 하였습니다. 구약 성경에서 우주의 종말을 예고하였고 그 종말은 마지막 나팔 재앙으로 끝내게 될 것이라는 말입니다.

하늘에서 소리내시던 분, 즉 하나님이 요한더러 바다와 땅을 밟고 선 천사의 손에 있는 그 책을 가지라 명하셨습니다.

> **계 10:9-11**
>
> 내가 천사에게 나아가 작은 책을 달라 한즉 천사가 가로되 갖다 먹어버리라 네 배에는 쓰나 네 입에는 꿀같이 달리라 하거늘, 내가 천사의 손에서 작은 책을 갖다 먹어버리니 내 입에는 꿀 같이 다나 먹은 후에 내 배에서는 쓰게 되더라, 저가 내게 말하기를 네가 많은 백성과 나라와 방언과 임금에게 다시 예언하여야 하리라 하더라

요한이 천사에게 나아가 책을 달라 하니 **'갖다 먹어버리라'** 고 했습니다. 그가 먹으니 천사가 일러 준 말대로 입에는 꿀같이 다나 먹은 후에 **'배에서는 쓰더라'** 고 했습니다.

성경은 하나님의 말씀을 영적 양식으로 표현합니다. 그래서 먹는다 했고, 먹을 때 입에는 꿀같이 달다 함은 듣기에는 오묘하고 즐거우나 그것을 실행하기에는 괴롭다는 의미입니다. 쓰다는 말은 말세에 나타날 심판적 내용이 참혹하다는 것을 강조합니다.

모든 백성과 나라에 **'다시 예언하여야'** 하리라는 것은 전반에 있었던 환난을 이어 후 3년 반에 있을 엄청난 사건들을 또한 예언해야 한다는 말입니다.

본 장은 계시록 예언에 삽입된 것으로 7년 대환난 기사를 예언 받는 요한으로서 전 3년 반이 지나고 후 3년 반 동안 있을 마지막 대환난 기사를 놓고 하나님의 말씀을 다시 먹고 힘을 얻으며 하늘의 음성을 특별히 체험하는 큰 은혜를 입었습니다(고후 12:4).[3]

우리는 여기서 복음 증거자는 생활 속에 이런 깊은 은혜의 체험을 남달리 받음으로써 더 큰 예언과 충성을 할 수 있다는 것을 알 것입니다. 반드시 큰 일을 위해서는 크고 위엄한 영적 체험이 따르게 마련입니다.

---

[3] 고후 12:4 '그가 낙원으로 이끌려 가서 말할 수 없는 말을 들었으니 사람이 가히 이르지 못할 말이로다'

제 11 장

두 증인

11장 주해 내용
1. 42개월, 1260일의 해석
2. 두 증인의 정체, 두 감람나무는 누구인가?
3. 두 증인의 활동과 사활

11장
두 증인

> **계 11:1-2**
>
> 또 내게 지팡이 같은 갈대를 주며 말하기를 일어나서 하나님의 성전과 제단과 그 안에서 경배하는 자들을 척량하되, 성전 밖 마당은 척량하지 말고 그냥 두라 이것을 이방인에게 주었은즉 저희가 거룩한 성을 마흔 두 달 동안 짓밟으리라

　'지팡이와 같은 갈대' 는 곧은 자로서 사용되는데, 이로써 하나님의 성전 및 경배하는 자들을 **'척량하라'** 는 것은 하나님의 백성들을 확실하게 보호 할 것이라 함이요,

　'성전 밖 마당' 은 이방인의 곳으로 불신자의 세계를 뜻합니다. 그들은 하나님이 함께 하시지 않으므로 말세에 거룩한 성, 즉 하나님의 백성을 짓밟을 사람들입니다.

　그들은 마흔 두 달(42개월, 3년 6개월, 1260일)동안 하나님의 백성을 핍박할 것입니다(계 13:5).[1]

---

1) 계 13:5 '또 짐승이 큰 말과 참람된 말하는 입을 받고 또 마흔 두달 일할 권세를 받으니라'

> **계 11:3**
> 내가 나의 두 증인에게 권세를 주리니 저희가 굵은 베옷을 입고 일천 이백 육십 일을 예언하리라

3절부터 13절까지 예언된 바는 10장에 이어지는 연속적 사건이 아니라 시기를 소급하여 전 3년 반 기간 동안 일어날 일로 보아야 합니다. 왜냐면 14절에 이는 둘 째 화라고 하므로 셋째 화, 즉 마지막 나팔 재앙으로 13장에 또 마흔 두 달간의 말세 핍박 기간이 나오므로 본 장의 내용은 전 3년 반의 기간으로 보아야 합니다.

6장에서 시작된 인 재앙의 연속적 드라마를 보고 있기 때문에 우리는 11장에서 갑자기 교회나 어떤 두 사람이 나타나서 3년 반 동안 증거하게 될 것이라 여기지 않습니다.

즉 11장을 대환난의 전반부라고 여기지 않는다는 뜻입니다. 계시록에는 앞뒤 내용을 파악하게 하거나 이어지는 예언을 돕기 위해 기록되는 보조 예언으로 소위 막간 환상이 주어졌습니다.

'**두 증인**' 이 누구인가에 대한 해석이 분분합니다. 두 증인에 대한 이해는 계시록의 예언적 사건 이해, 그 중에도 천년기설에 관련하여 매우 중요한 내용인데 해석에 있어 서로 일치를 보기에 어려운 부분입니다. 두 증인이란 말만 떼어 내면 편하게 교회라 여길 수 있습니다. 둘은 증인 수이기 때문에 그렇게 해석하는데 무리가 없지만 다음 구절을 자세하게 살펴보기로 합니다.

'**일천 이백 육십 일**', 유대인의 한 달은 30일로 계산하기에 앞서 42개월과 같은 기간이 됩니다. 즉 두 증인은 3년 6개월 간 증거할 것이라는 말입니다. 그 두 증인의 옷은 '**굵은 베옷**' 이니, 이것은 회개를 상징하여 천하에 회개를 외치는 증인입니다. 이 둘의 모습을 보면 보통 증인이 아닙니다.

> 계 11:4-6
>
> 이는 이 땅의 주 앞에 섰는 두 감람나무와 두 촛대니, 만일 누구든지 저희를 해하고자 한즉 저희 입에서 불이 나서 그 원수를 소멸할찌니 누구든지 해하려 하면 반드시 이와 같이 죽임을 당하리라, 저희가 권세를 가지고 하늘을 닫아 그 예언을 하는 날 동안 비오지 못하게 하고 또 권세를 가지고 물을 변하여 피되게 하고 아무 때든지 원하는 대로 여러 가지 재앙으로 땅을 치리로다

(1) **'두 증인'** 은 **'두 감람나무'** 라 했습니다. 감람나무는 올리브 나무인데 기름을 내어 등잔불을 밝히는데 사용합니다. 이는 하나님의 빛-복음을 증거하는 자로 비유합니다. 주의 복음을 전하는 성도는 세상의 빛입니다(마 5:14).[2]

(2) **'두 촛대'** 라 했는데 유대인의 성전 안에는 일곱 가지를 몸통 하나로 지닌 등잔이 있었는데 여기 두 촛대는 조금 다릅니다. 즉 신약적 해석이 요구되니 둘은 증인수로 하나님을 증거하는 자들로 해석됩니다. 당시에 초를 사용하지 않았으므로 촛대는 등잔으로 바로 번역해야 합니다.

(3) 누구든지 저희를 해하려 하면 **'입에서 불이 나서'** 원수를 소멸하는데 무슨 불인가? 말씀의 권능이며 그들의 말에는 사람을 즉사 시킬 만한 능력이 있다는 뜻입니다. 예수님도 땅에 불을 던지러 왔다고 하셨습니다. 전도와 성령을 말씀하신 것입니다(눅 12:49).[3]

(4) 예언을 한즉 **'예언하는 날 동안'** 비가 오지 않게 하는 권세가 있습니다(약 5:17).[4]

---

2) 마 5:14 '너희는 세상의 빛이라 산 위에 있는 동네가 숨기우지 못할 것이요'
3) 눅 12:49 '내가 불을 땅에 던지러 왔노니 이 불이 이미 붙었으면 내가 무엇을 원하리요'
4) 약 5:17 '엘리야는 우리와 성정이 같은 사람이로되 저가 비 오지 않기를 간절히 기도한즉 삼년 육개월 동안 땅에 비가 아니 오고'

(5) **'물이 변하여 피되게'** 하는 능력을 가졌습니다. 모세가 애굽에서 행한 이적과 같을 것입니다(출 7:20).[5]

(6) **'아무 때든지'** 여러 능력과 재앙으로 세상을 놀라게 할 것입니다. 순간적으로 나타나는 이적이 아니라 객관적으로 언제든지 능력을 발휘하는 증거자임을 뜻합니다.

위에서 본 바 두 증인의 행위에서 문득 모세와 엘리야를 떠올립니다.

출 7:20 '모세와 아론이 여호와의 명하신 대로 행하여 바로와 그 신하의 목전에서 지팡이를 들어 하수를 치니 그 물이 다 피로 변하고'

왕상 17:1 '길르앗에 우거하는 자중에 디셉 사람 엘리야가 아합에게 고하되 나의 섬기는 이스라엘 하나님 여호와의 사심을 가리켜 맹세하노니 내 말이 없으면 수년동안 우로가 있지 아니하리라 하니라'

그런데 모세와 엘리야는 여기 두 증인과는 전혀 무관합니다. 모세는 분명히 죽었습니다. 또한 엘리야는 회리바람을 타고 하늘로 갔고 에녹도 하나님이 데리고 가셨습니다(유 1:9, 신 34:7, 왕하 2:11, 창 5:24, 히 11:5).[6]

---

5) 출 7:20 '모세와 아론이 여호와의 명하신대로 행하여 바로와 그 신하의 목전에서 지팡이를 들어 하수를 치니 그 물이 다 피로 변하고'

6) 유 1:9 '천사장 미가엘이 모세의 시체에 대하여 마귀와 다투어 변론할 때에 감히 훼방하는 판결을 쓰지 못하고 다만 말하되 주께서 너를 꾸짖으시기를 원하노라 하였거늘'
신 34:7 모세의 죽을 때 나이 일백이십 세나 그 눈이 흐리지 아니하였고 기력이 쇠하지 아니하였더라'
왕하 2:11 '두 사람이 행하며 말하더니 홀연히 불수레와 불말들이 두 사람을 격하고 엘리야가 회리바람을 타고 승천하더라 여러 해석자들이 이 두 증인을 에녹, 모세, 엘리야 등을 선택하지만 그들이 말세에 예수의 증인으로 나타날 것에 대한 암시가 성경에 전혀 없습니다. 또는 교회나 신구약 성경 또는 복음 자체라고도 해석하나 이 두 증인의 행위로 보아서 온 교회가 그런 능력을 발휘한다고 할 수 없으니 특수한 은사는 보편적인 것이 아니기 때문입니다.

그리고 이 두 사람이 교회가 될 수 없는 것은 이들은 대환난기 중간에 죽습니다. 13장에는 후 3년 반의 역사가 계속되고 있으므로 여기 11장은 삽입장으로 대환난의 전 3년 반 기간 동안 있을 일이기 때문에 두 증인은 교회 중에 나타날 두 사람이어야 합니다.

위대한 하나님의 두 증인으로 능력을 행하다가 대환난 중간기, 즉 대환난 전 3년 반이 지날 무렵에 순교할 것입니다. 특히 **'두 증인'**에는 정관사 '그'(토이스, τοῖς)가 있기 때문에 평범한 모든 성도를 지칭한다고 볼 수 없습니다. 어떤 지명된 인물이나 장소에 정관사를 사용합니다.

> **계 11:7-8**
> 짐승이 저희로 더불어 전쟁을 일으켜 저희를 이기고 저희를 죽일 터인즉, 저희 시체가 큰 성 길에 있으리니 그 성은 영적으로 하면 소돔이라고도 하고 애굽이라고도 하니 곧 저희 주께서 십자가에 못 박히신 곳이니라

창 5:24 '에녹이 하나님과 동행하더니 하나님이 그를 데려 가시므로 세상에 있지 아니하였더라'
히 11:5 '믿음으로 에녹은 죽음을 보지 않고 옮기웠으니 하나님이 저를 옮기심으로 다시 보이지 아니하니라 저는 옮기우기 전에 하나님을 기쁘시게 하는 자라 하는 증거를 받았느니라'

대환난의 전 3년 반이 다할 때 두 증인은 **'무저갱으로부터 올라오는 짐승'** 으로 부터 죽임을 당합니다. 이 짐승은 13장에서 밝혀주는 적그리스도를 말합니다(계 13:1).[7]

짐승이 이 두 증인과 전쟁을 한다는 표현으로 미루어 교회가 아니라 두 사람입니다. 짐승인 적그리스도도 대단한 존재며 두 증인도 보통 사람을 초월한 전도자입니다. 따라서 이 양자간의 싸움은 전쟁이란 용어로 표현하기에 적합할 것입니다. 싸우는 그 방법은 모르지만 좌우간 전쟁을 방불케 하는 사건으로 치를 것입니다.

두 증인의 시체는 **'주께서 십자가에 못 박히신 곳'**, 즉 예루살렘입니다. 큰 성은 계시록상 타락한 바벨론성을 말하고 여기 두 증인의 시체가 버려질 무렵 그 예루살렘은 이미 적그리스도의 영역으로 종교와 도덕이 타락할 본거지가 될 것입니다. 그래서 영적으로는 소돔이라고도 하고 애굽이라고도 하는 곳이라 했습니다.

> **계 11:9-10**
> 백성들과 족속과 방언과 나라 중에서 사람들이 그 시체를 사흘 반 동안을 목도하며 무덤에 장사하지 못하게 하리로다. 이 두 선지자가 땅에 거하는 자들을 괴롭게 한 고로 땅에 거하는 자들이 저희의 죽음을 즐거워하고 기뻐하여 서로 예물을 보내리라 하더라

모든 세인들이 **'그 시체를 사흘 반 동안'** 보게 되고 예루살렘 거리에 버려진 채 장사하지 않았습니다. 두 선지자는 종교적으로 하나님을 믿지 않는 땅의 사람들에게 심판을 선언하고 놀라운 권세와 능력으로 그들을 제압했던 관계로 **'괴롭게 한'** 자들이라고 표현합

---

7) 계 13:1 '내가 보니 바다에서 한 짐승이 나오는데 뿔이 열이요 머리가 일곱이라 그 뿔에는 열 면류관이 있고 그 머리들에는 참람한 이름들이 있더라'

니다.

두 증인이 죽자 무서우리 만치 능력을 보이던 그 증인의 시체를 보고 모두들 즐거워했습니다. 그리고 짐승을 따르는 무리들은 기뻐서 서로 예물을 보냅니다. 두 증인이 회개를 외치고 하나님의 권세로 땅에 능력을 행할 때 회개하고 돌이켜야 할 터인데 도리어 배척하고 죽임으로 이제 저들은 구원의 지도자를 버리고 기뻐하고 있습니다.

> **계 11:11-12**
> 삼일 반 후에 하나님께로부터 생기가 저희 속에 들어가매 저희 발로 일어서니 구경하는 자들이 크게 두려워하더라, 하늘로부터 큰 음성이 있어 이리로 올라오라 함을 저희가 듣고 구름을 타고 하늘로 올라가니 저희 원수들도 구경하더라

악인들은 두 증인의 죽음을 보고 기뻐하였으나 곧장 3일 반이 지나자 두 증인의 시체 속에 하나님의 **'생기'**가 들어가므로 일어서게 됩니다. 시체를 구경하러 온 자들이 크게 두려워했습니다. 또한 하늘로부터 큰 음성이 나서 두 증인을 부르시매 둘이 하늘로 올라가게 되었습니다.

많은 사람들이 보는 가운데서 공개적으로 예수님처럼 **'구름을 타고'** 승천을 했습니다. 물론 신자들도 볼 수 있을 것입니다. 이 두 증인의 사건은 믿는 자에게 말세의 큰 환난을 이기게 하는 본보기로서의 증거였습니다. 나를 믿는 자는 죽어도 살겠고... 라고 하신 말씀을 목격하는 것입니다(요 11:25).[8]

---

[8] 요 11:25 '예수께서 가라사대 나는 부활이요 생명이니 나를 믿는 자는 죽어도 살겠고'

> **계 11:13**
> 그 시에 큰 지진이 나서 성 십분의 일이 무너지고 지진에 죽은 사람이 칠천이라 그 남은 자들이 두려워하여 영광을 하늘의 하나님께 돌리더라

두 증인이 승천할 시에 큰 지진이 나서 성 1/10이 무너졌고 지진에 죽은 사람이 7천이라 했습니다. 1/10은 하나님의 것을 뜻합니다(창 28:22, 레 27:32).[9]

하나님의 형벌로 무너짐이 엄청나다 함이요, 7천은(7×1,000) 많은 수로서 하나님의 심판으로 족히 헤아릴 수 없을 만큼 수많은 인명이 죽는다는 뜻입니다. 그 인명의 피해를 보고 과연 하나님이 심판하신 일인 줄을 알게 될 것입니다.

이것을 본 그 자들이 하나님께 두려움으로 영광을 일순간이나마 돌리지 않을 수 없을 것입니다. 물론 하나님을 믿는 마음의 태도가 아닌 두려움 자체입니다.

> **계 11:14-15**
> 둘째 화는 지나갔으나 보라 세째 화가 속히 이르는도다, 일곱째 천사가 나팔을 불매 하늘에 큰 음성들이 나서 가로되 세상 나라가 우리 주와 그 그리스도의 나라가 되어 그가 세세토록 왕노릇 하시리로다 하니

위의 상황까지는 둘째 화였습니다(첫째 화는 다섯째 나팔재앙, 9:1-11, 둘째 화는 여섯째 나팔재앙, 9:13-). 이제 일곱째 천사의 나팔, 즉 마지막 나팔 재앙이 예고됩니다. 둘째 화를 이어 나타날 징조

---

9) 창 28:22 '내가 기둥으로 세운 이 돌이 하나님의 전이 될 것이요 하나님께서 내게 주신 모든 것에서 십분 일을 내가 반드시 하나님께 드리겠나이다 하였더라'
레 27:32 '소나 양의 십분 일은 막대기 아래로 통과하는 것의 열째마다 여호와의 거룩한 것이 되리니'

입니다. 나팔을 불 때 **'하늘에서 큰 음성들이'** 납니다. 이는 천사들의 소리가 아니라 그리스도의 영광을 기다리는 성도들의 음성으로 봅니다(찬송 내용으로 보아).

'세상 나라가 우리 주와 그 그리스도의 나라가 된다' 함은 그리스도께서 재림하시게 되었다는 뜻입니다. 세상 나라가 그리스도의 나라가 됨은 주께서 재림하셔서 이루실 나라입니다(마 19:28).[10]

이 마지막 나팔재앙을 끝으로 세계의 역사가 마무리되고 주께서 오셔서 새 나라를 건설하시게 될 것입니다.

'그가 세세토록 왕노릇' 하심은 주께서 재림하시게 되면 그때로부터 영원한 왕으로 군림하신다는 뜻입니다. 현재 영적으로는 이미 주께서 역사를 주관하시고 계시지만 그 날에는 완성된 나라를 통하여 영원한 왕으로 군림하시게 될 것입니다.

계 11:16-18

하나님 앞에 자기 보좌에 앉은 이십 사 장로들이 엎드려 얼굴을 대고 하나님께 경배하여,가로되 감사하옵나니 옛적에도 계셨고 시방도 계신 주 하나님 곧 전능하신 이여 친히 큰 권능을 잡으시고 왕노릇하시도다, 이방들이 분노하매 주의 진노가 임하여 죽은 자를 심판하시며 종 선지자들과 성도들과 또 무론대소하고 주의 이름을 경외하는 자들에게 상도들과 또 무론대소하고 주의 이름을 경외하는 자들에게 상 주시며 또 땅을 망하게 하는 자들을 멸망시키실 때로소이다 하더라

'이십 사 장로들' 은 신구약 하나님 백성을 대표하는 천상교회 장로들입니다(12지파+12사도). 하나님의 크신 권능을 찬양하고 감사하며, 이제 비로소 세상 마지막이 되어 먼저 죽은 자들로 다시 일으

---

10) 마 19:28 '예수께서 가라사대 내가 진실로 너희에게 이르노니 세상이 새롭게 되어 인자가 자기 영광의 보좌에 앉을 때에 나를 좇는 너희도 열 두 보좌에 앉아 이스라엘 열 두 지파를 심판하리라'

켜 대심판―지옥을 보내기 위해 불신자들을 심판하시게 될 것과 성도들에게는 상을 받게 하실 소위 백보좌 심판을(20:12-) 예고하는 것입니다. 완전한 나라가 도래하게 되면 성도들에게 주실 영원한 상급이 있습니다. 그 날은 최종적인 백보좌 심판 날에 주어질 것입니다(계 20:12).[11]

> **계 11:19**
> 이에 하늘에 있는 하나님의 성전이 열리니 성전 안에 하나님의 언약궤가 보이며 또 번개와 음성들과 뇌성과 지진과 큰 우박이 있더라

 '**하나님의 성전이 열리니**' 이는 하나님 나라가 성도에게 완연히 보이는 시기며 불신자에게 마지막 심판이 내려지는 것입니다. 우리가 기도할 때, "하늘 문을 여시고…"라고 하며 간절히 기도합니다. 이는 하나님의 임재를 앙망하는 뜻에서 나오는 말이며 하나님이 통치하시기를 염원해서 하는 기도입니다. 이제 마지막 나팔재앙으로 말미암아 하나님의 성전이 열리니 이는 주께서 곧 세상을 다스리실 것을 예고하는 환상입니다.

 하나님의 '**언약궤**'가 보이는 것은 하나님의 약속이 성취됨을 의미합니다. 구약에 지성소의 언약궤 위에 임재하신 하나님을 떠올립니다. 하나님이 세상(사단, 적그리스도)의 힘을 제압하시고 이제 자기 백성들을 함께 하사 통치하시게 됨을 예고하는 것입니다.

---

11) 계 20:12 '또 내가 보니 죽은 자들이 무론 대소하고 그 보좌 앞에 섰는데 책들이 펴 있고 또 다른 책이 펴졌으니 곧 생명책이라 죽은 자들이 자기 행위를 따라 책들에 기록된 대로 심판을 받으니'

제 12 장

여인과 용의 실패

12장 주해 내용
1. 여자는 누구인가? 계시록에 나오는 여자들
2. 하늘에서 미가엘과 마귀의 전쟁
3. 여자의 피신과 하나님의 기적
4. 그 여자의 남은 자손이 받을 환난

12장
여인과 용의 실패

> **계 12:1**
>
> 하늘에 큰 이적이 보이니 해를 입은 한 여자가 있는데 그 발 아래는 달이 있고 그 머리에는 열두 별의 면류관을 썼더라

'해를 입은 여자'는 이어지는 내용 전문(全文)으로 보아 이스라엘 민족이자 유대교회입니다. 해를 입은 것은 하나님의 영광을 입었다는 뜻입니다(시 19:1-6).[1]

'여자'는 하나님의 백성 곧 이스라엘이나 교회를 뜻하는데 여기서는 뒤에 나오는(남자:예수 그리스도, 교회) 내용으로 보아(12:5) 교회일 수는 없고 시대 순으로 이스라엘 민족이며 유대교회이고 또한 직접으로 그 여자는 마리아입니다.

많은 사람들이 여자를 교회로 읽는데, 그렇게 되면 교회가 아이

---

1) 시 19:1-6 '하늘이 하나님의 영광을 선포하고 궁창이 그 손으로 하신 일을 나타내는도다 날은 날에게 말하고 밤은 밤에게 지식을 전하니 언어가 없고 들리는 소리도 없으나 그 소리가 온 땅에 통하고 그 말씀이 세계 끝까지 이르도다 하나님이 해를 위하여 하늘에 장막을 베푸셨도다 해는 그 방에서 나오는 신랑과 같고 그 길을 달리기 기뻐하는 장사 같아서 하늘 이 끝에서 나와서 하늘 저 끝까지 운행함이여 그 온기에서 피하여 숨은 자 없도다'

(예수)를 낳는 역순의 결과가 초래되므로 부당합니다. 보호까지 받는 여자라고 해서 흔히 아는 상징으로 하나님의 보호 속에 존속하는 교회를 뜻한다고 볼 수 없습니다. 예수님이 교회(여자)를 낳았다라고 읽을 수는 있어도 교회가 예수를 낳을 수야 없지 않습니까?

'발 아래 달' 은 영광스런 모습이자 아내를 상징합니다(창 37:8-9).[2] 그녀는 그리스도를 낳게 되므로 하나님의 영광스러운 여자임을 뜻합니다. **'열두 별'** 은 12지파 곧 구약의 백성, 그 조직수를 뜻합니다. **'면류관'** 은 승리, 영광을 상징합니다.

다음 13장에서 세계 교회의 핍박이 시작되는데 본 장에서는 이렇게 영광스런 이스라엘처럼 기독교회도 하나님의 은혜로 승리하여 영광스럽게 될 것을 암시해 줍니다. 먼저 말세에 적극적인 하나님의 구원의 역사가 이스라엘을 통하여 나타날 것입니다. 하나님의 가시적 백성으로서 구원이 시작된 이스라엘은 세상 끝 날에 하나님의 은총으로 보호받게 될 것입니다.

계 12:2
이 여자가 아이를 배어 해산하게 되매 아파서 애써 부르짖더라

'아이' 를 직역하면 예수 그리스도를 뜻합니다(5). 즉 유대교, 이스라엘이 메시아를 갈망하는 모습입니다. 그리고 해산할 때 아파하는 것은 그리스도의 탄생에 수난이 따름을 뜻합니다.

---

2) 창 37:8-9 '그 형들이 그에게 이르되 네가 참으로 우리의 왕이 되겠느냐 참으로 우리를 다스리게 되겠느냐 하고 그 꿈과 그 말을 인하여 그를 더욱 미워하더니 요셉이 다시 꿈을 꾸고 그 형들에게 고하여 가로되 내가 또 꿈을 꾼즉 해와 달과 열한 별이 내게 절하더이다 하니라'

> **계 12:3-4**
>
> 하늘에 또 다른 이적이 보이니 보라 한 큰 붉은 용이 있어 머리가 일곱이요 뿔이 열이라 그 여러 머리에 일곱 면류관이 있는데, 그 꼬리가 하늘 별 삼분의 일을 끌어다가 땅에 던지더라 용이 해산하려는 여자 앞에서 그가 해산하면 그 아이를 삼키고자 하더니

 '**한 큰 붉은 용**'은 사단입니다(9). 붉은 색은 파괴, 살기의 표상입니다. 13장에서도 표현되고 있는데, 적그리스도를 상징합니다. 본절은 역사적으로 예수님을 죽이려고 계획하던 헤롯을 말하며 그 헤롯의 정신은 결국 사단의 역할이었다는 것을 말해줍니다.

 '**하늘 별 삼분의 일**'을 땅에 던지더라고 함은 천사 3군단에서 1개 군단이 사단과 함께 타락하여 이 땅을 지배하게 된 것을 말합니다(엡 2:2, 엡 6:12).[3]

 '**면류관**'(디아데마타, $\delta\iota\alpha\delta\acute{\eta}\mu\alpha\tau\alpha$)의 어의(語意)는 주관한다는 뜻이고 일곱 면류관은 일곱 나라가 주관한다는 말이니 그간 애굽, 앗수르, 바벨론, 메데·파사, 헬라, 로마 그리고 마지막 7번째의 나라는 대환난 때 일어날 적기독국의 통합국일 것입니다. 본문은 세상에 나타날(13장) 적그리스도의 나라를 뜻하고 있습니다.

 '**꼬리**'는 거짓을 상징합니다. 사단은 거짓말쟁이입니다. 원죄를 짓게 할 때도 거짓말을 했습니다(사 9:15, 요 8:44, 딤후 3:13, 골 2:8).[4]

---

[3] 엡 2:2 '그 때에 너희가 그 가운데서 행하여 이 세상 풍속을 좇고 공중의 권세 잡은 자를 따랐으니 곧 지금 불순종의 아들들 가운데서 역사하는 영이라'
엡 6:12 '우리의 씨름은 혈과 육에 대한 것이 아니요 정사와 권세와 이 어두움의 세상 주관자들과 하늘에 있는 악의 영들에게 대함이라'
[4] 사 9:15 '머리는 곧 장로와 존귀한 자요 꼬리는 곧 거짓말을 가르치는 선지자라'
요 8:44 '너희는 너희 아비 마귀에게서 났으니 너희 아비의 욕심을 너희도 행하고자 하느니라 저는 처음부터 살인한 자요 진리가 그 속에 없으므로 진리에 서지 못하고 거짓을 말할 때마다 제 것으로 말하나니 이는 저가 거짓말쟁이요 거짓의 아비가 되

'하늘 별 $\frac{1}{3}$'을 땅에 던지더라고 했는데, 여기의 별은 내용상 천사들을 상징하며 별 $\frac{1}{3}$은 가장 아름다웠다가 타락한 큰 별, 사단의 휘하에 있던 천사들로 사단이 떨어질 때 같이 타락한 별들, 즉 귀신들입니다. 이들은 사단의 명령 하에 교회를 핍박하고 인생들을 타락시켜 오고 있습니다(단 8:10, 욥 38:7).[5]

그 용이 해산하려는 여자의 **'아이를 삼키고자'** 했다함은 예수 그리스도 출생 시 헤롯왕으로부터 죽임을 당할 위험의 역사를 소급하여 말해 주는 것입니다. 왜냐하면 유대인의 마지막 때 역사를 예언하기 위해서 예수 그리스도의 초림과 그 후 역사의 맥을 대략 기술할 필요가 있기 때문입니다.

> **계 12:5-6**
> 여자가 아들을 낳으니 이는 장차 철장으로 만국을 다스릴 남자라 그 아이를 하나님 앞과 그 보좌 앞으로 올려가더라, 그 여자가 광야로 도망하매 거기서 일천 이백 육십 일 동안 저를 양육하기 위하여 하나님의 예비하신 곳이 있더라

여자(마리아)가 아이를 낳았는데 이는 **'철장으로 만국을 다스릴 자'** 라 하였으니 예수 그리스도를 뜻합니다. 때문에 여자가 교회라는 직역은 옳지 않습니다. 교회가 예수를 낳았다라고 읽어야 하므로 문

었음이니라'
세상은 거짓된 사단의 지배 아래 살기 때문에, 속임수가 만연하게 되는 것입니다.
딤후 3:13 '악한 사람들과 속이는 자들은 더욱 악하여져서 속이기도 하고 속기도 하나니'
골 2:8 '누가 철학과 헛된 속임수로 너희를 노략할까 주의하라 이것이 사람의 유전과 세상의 초등 학문을 좇음이요 그리스도를 좇음이 아니니라'
5) 단 8:10 '그것이 하늘 군대에 미칠만큼 커져서 그 군대와 별 중에 몇을 땅에 떨어뜨리고 그것을 짓밟고'
욥 38:7 '그 때에 새벽 별들이 함께 노래하며 하나님의 아들들이 다 기쁘게 소리하였었느니라'

맥 상 여자는 교회가 될 수 없습니다(계 2:27, 계 19:15).[6]

'**여자가 아들을 낳으니**', 이는 여자가 만 왕의 왕이신 예수 그리스도를 낳았다는 뜻이요, 그 아이는 하나님 앞과 보좌 앞으로 올려 갔다 했으니 예수께서 승천하셨다는 뜻입니다.

마지막으로, 대환난기 후반부 1260일(3년 반)간 유대교는 적그리스도국의 핍박을 받아 하나님의 예비하신 곳으로 피신 받게 될 것을 예언했습니다. 그 내용은 13절부터 좀더 소상히 기록됩니다(사 26:20-21).[7]

계 12:7-8

하늘에 전쟁이 있으니 미가엘과 그의 사자들이 용으로 더불어 싸울 쌔 용과 그의 사자들도 싸우나, 이기지 못하여 다시 하늘에서 저희의 있을 곳을 얻지 못한지라

여기 '**하늘**'은 영적 하늘입니다(우라노스, οὐρανός, heaven). 그러니 전쟁도 영적입니다. 미가엘은 가브리엘과 더불어 천사장인데 하나님의 전쟁을 맡아 수고하는 천사입니다. 그리고 그를 돕는 용사들로서의 천사들이 많이 있습니다.

'**용**'(드라콘, δράκων)은 사단이며 사단과 그 부하들 그리고 가브리엘과 그 천사들이 대결전을 치르게 됐습니다. 그 결과 큰 용은 패배하여 세속을 지배하던 자기 위치에서 있을 수 없었습니다. 즉

---

6) 계 2:27 '그가 철장을 가지고 저희를 다스려 질그릇 깨뜨리는 것과 같이 하리라 나도 내 아버지께 받은 것이 그러하니라'
계 19:15 '그의 입에서 이한 검이 나오니 그것으로 만국을 치겠고 친히 저희를 철장으로 다스리며 또 친히 하나님 곧 전능하신 이의 맹렬한 진노의 포도주 틀을 밟겠고'
7) 사 26:20-21 '내 백성아 갈지어다 네 밀실에 들어가서 네 문을 닫고 분노가 지나기까지 잠깐 숨을지어다 보라 여호와께서 그 처소에서 나오사 땅의 거민의 죄악을 벌하실 것이라 땅이 그 위에 잦았던 피를 드러내고 그 살해당한 자를 다시는 가리우지 아니하리라'

공중 세력은 무너졌다는 것입니다(엡 2:2).[8]

> **계 12:9**
> 큰 용이 내어쫓기니 옛 뱀 곧 마귀라고도 하고 사단이라고도 하는 온 천하를 꾀는 자라 땅으로 내어쫓기니 그의 사자들도 저와 함께 내어쫓기니라

'**큰 용**', 사단은 하늘에서 내어 쫓겨났습니다. 사단은 영적으로 공중 권세 잡은 자로서(엡 2:2) 지금까지 성도의 기도가 하나님께 오르지 못하게 막거나 성도들의 영적 세계를 유혹하고 혼란케 했던 놈입니다. 다니엘이 기도할 때 사단이 3주간이나 기도의 응답을 막고 있었습니다(단 10:13).[9] 여기 바사국, 바사왕들은 영적으로 사단의 영역을 뜻합니다.

큰 용은 '**옛 뱀 곧 마귀라고도 하고 사단**' 이라 한즉, 창세기 3장에 뱀 속에서 하와를 유혹하여 범죄케 하던 그 뱀, 곧 사단입니다. 그 놈은 온 천하를 꾀는 자라 했습니다. 이제 땅으로 내어쫓기니 하늘은 청소되었으나 이제부터 직접으로 지상교회 교인들의 핍박이 가혹될 것이 예상됩니다.

> **계 12:10-11**
> 내가 또 들으니 하늘에 큰 음성이 있어 가로되 이제 우리 하나님의 구원과 능력과 나라와 또 그의 그리스도의 권세가 이루었으니 우리 형제들을 참소하던 자 곧 우리 하나님 앞에서 밤낮 참소하던 자가 쫓겨났고, 또 여러 형제가 어린 양의 피와 자기의 증거하는 말을 인하여 저를 이기었으니 그들은 죽기까지 자기 생명을 아끼지 아니하였도다

---

8) 엡 2:2 '그 때에 너희가 그 가운데서 행하여 이 세상 풍속을 좇고 공중의 권세 잡은 자를 따랐으니 곧 지금 불순종의 아들들 가운데서 역사하는 영이라'
9) 단 10:13 '그런데 바사국 군이 이십 일일 동안 나를 막았으므로 내가 거기 바사국 왕들과 함께 머물러 있더니 군장 중 하나 미가엘이 와서 나를 도와주므로'

이제 하늘이 청소되니 하늘에서 찬양이 있습니다.

지금까지 하나님의 백성들을 괴롭히고 구원을 가로막는 일 그리고 그리스도의 증인들을 죽이기까지 한(11) 이 **'참소하던 자'**, 사단이 땅에 떨어져 내려갔으므로 찬양이 있습니다. 그러나 이 놈이 땅에 내려갔으므로 땅에 있는 성도들은 더한층 괴로울 것입니다.

> **계 12:12**
> 그러므로 하늘과 그 가운데 거하는 자들은 즐거워하라 그러나 땅과 바다는 화있을찐저 이는 마귀가 자기의 때가 얼마 못된 줄을 알므로 크게 분 내어 너희에게 내려갔음이라 하더라

하늘에 속해 있는 천상 성도에게는 즐거운 일이나 **'땅과 바다'**, 즉 교회(종교계)와 세상(바다)에는 화가 있을 것이라, 이는 마귀가 자기의 활동할 때가 얼마 못되므로 땅에 직접 내려왔으며 또한 크게 분을 내며 왔기 때문입니다.

'자기의 때', 사단이 성도를 괴롭히고 세속을 죄악으로 유도할 때 (카이로스, καιρός)로 그가 괴롭힐 영적인 때가 다되어 가는 줄 알았습니다. 마 8:29에 예수를 만난 귀신들이 자기들의 마지막 때가 되기 전에 예수께서 그들을 괴롭힐까봐 외칩니다('... 때가 이르기 전에 우리를 괴롭게 하려고 여기 오셨나이까 하더니').

그들은 멸망의 때를 알고 있습니다. 평생을 소매치기로 살아온 한 노인의 인터뷰가 있었습니다. 그는 말하기를 언젠가는 잡히게 될 것이라는 예감을 잊지 않았다고 했습니다. 잡힐 것을 예상하면서 죄를 짓고 살아왔다고 했습니다. 귀신들도 그들의 비참한 말로를 압니다.

> **계 12:13-14**
> 용이 자기가 땅으로 내어쫓긴 것을 보고 남자를 낳은 여자를 핍박하는지라, 그 여자가 큰 독수리의 두 날개를 받아 광야 자기 곳으로 날아가 거기서 그 뱀의 낯을 피하여 한 때와 두 때와 반 때를 양육 받으매

용이 **'여자를 핍박'** 함은 적그리스도가 말세에 유대교를 핍박할 것을 뜻합니다. 남자(예수), 즉 기독교를 낳은 유대교(마리아, 유대인)를 핍박할 것입니다.

그런데 그 여자, 유대인은 **'큰 독수리의 두 날개'** 를 받아 광야 어느 곳으로 피신 받아 갑니다. 큰 독수리의 두 날개, 이는 하나님의 도우심으로 재빠르고 안전하게 피신 받을 것을 상징하는데 아마도 지금의 비행기로 이동함을 뜻하지 않나 봅니다.

이것은 기적같이 옮겨지게 될 것을 의미입니다. 그리고 피신한 **'광야 자기 곳'** 은 평범한 곳이 아니라 6절에 이른 바대로 하나님이 예비하신 곳입니다. 원서에는 정관사가 있어(톤 포톤, $τὸν\ τόπον$) '그 광야' 로서 어느 지정된 장소로 간주됩니다. 그 곳에서 1260일, 즉 대환난의 후 3년 반 동안 하나님의 은혜로 피신 생활을 하게 될 것입니다.

> **계 12:15-16**
> 여자의 뒤에서 뱀이 그 입으로 물을 강같이 토하여 여자를 물에 떠내려 가게 하려 하되, 땅이 여자를 도와 그 입을 벌려 용의 입에서 토한 강물을 삼키니

뱀, 사단이 그 여자에게 **'물을 강같이 토하였다'** 함은 피신 받는 유대인을 향해 적그리스도의 군대가 광야 그 곳을 진격하는 것을 뜻합니다. 그러나 홍해의 기적같이 땅이 그 환난을 삼켜 버리므로 하

나님이 시작하신 구원은 사단이 막을 수 없음을 보여줍니다.

> **계 12:17**
> 용이 여자에게 분노하여 돌아가서 그 여자의 남은 자손 곧 하나님의 계명을 지키며 예수의 증거를 가진 자들로 더불어 싸우려고 바다 모래 위에 섰더라

용은 유대인을 놓치고 결국 그 **'여자의 남은 자손'** 곧 유대인으로서 개종한 기독교인으로, 하나님의 계명을 지키며(유대교적) 예수의 증거를 가진 자(기독교적)들로 더불어 싸우려고 **'바다 모래 위에 섰더라'** 고 했습니다.

이제 유대교인은 그 광야로 피신 갔고 남은 유대인으로서의 기독교인과 천하 만국 성도를 괴롭히려고 세속의 정치 권력 위에 섰더라는 것입니다. 바다는 세상, 모래는 모든 세상 사람들을 상징합니다.

이리하여 계시록 13장에서부터는 유대교인의 환난 기사는 없어지고 세계 만국 기독 성도의 핍박받는 마지막 대환난 기사가 기록되고 있습니다. 하나님의 천사로 또한 기적의 힘으로 결국은 승리케 하신다는 하나님의 구원을 12장에서 보여주셨으므로 기독 성도들도 낙심치 말고 신앙으로 승리하라는 것을 교훈하고 있습니다.

제 13 장

두 짐승
(적그리스도와 거짓선지자)

13장 주해 내용
1. 두 짐승의 정체
2. 대환난의 기간과 적그리스도의 핍박
3. 종말의 종교적 통합과 21세기의 다원화
4. 666의 실체와 성도의 환난

13장
두 짐승(적그리스도와 거짓선지자)

> **계 13:1**
> 내가 보니 바다에서 한 짐승이 나오는데 뿔이 열이요 머리가 일곱이라 그 뿔에는 열 면류관이 있고 그 머리들에는 참람한 이름들이 있더라

본 장에는 두 '**짐승**' (드리온, θηρίον)이 나옵니다. 하나는 바다에서 올라오니 세속의 왕이요 또 하나는 땅에서 올라오니 종교계의 거짓 선지자로서 세속의 왕 적그리스도를 위한 종교계의 유명 인사입니다. 적그리스도는 정치적으로 세계를 지배하고 소위 교회 사회에서 나타날 거짓 선지자는 적그리스도를 위하여 세계 종교를 주도할 인물일 것입니다.

적그리스도인 사람이 짐승으로 보임은 용의 영역(靈力)을 입은 자이기 때문입니다. 바다에서 나온 짐승은 뿔이 열이고 머리가 일곱이니 앞서 12:3에 나타난 그 용의 세력입니다. 적기독국으로서 세상을 통치할 힘 센 연합국입니다.

열 뿔의 '**면류관**'은 승리와 주관의 영광 표시이며 10은 세속의 완전수로 세상의 큰 힘이 모두 뭉쳐진 7개 정상을 둔 연합국이라는 말입니다. 그 간에 세상을 주름 잡았던 나라들이 애굽, 앗수르, 바벨론, 메데·파사, 헬라, 로마였으며 말세에 나타날 힘있는 연합국으로 소

위 로마국 같은 나라가 재흥 될 것입니다.

그 머리들에는 '**참람한**', 교만하고 분수에 넘치는 형용의 이름들이 있더라고 했습니다.

> **계 13:2**
> 내가 본 짐승은 표범과 비슷하고 그 발은 곰의 발 같고 그 입은 사자의 입 같은데 용이 자기의 능력과 보좌와 큰 권세를 그에게 주었더라

그 '**짐승**'은 표범 같으니 헬라처럼 재빨리 정복하는 나라요, 그 발이 곰 같으니 메데·파사처럼 막대한 군대로 세계를 짓밟을 것이며, 그 입은 사자의 입 같으니 바벨론처럼 천하를 삼킬 만한 권세를 사단이 그 짐승에게 주었다고 했습니다.

> **계 13:3-4**
> 그의 머리 하나가 상하여 죽게 된 것 같더니 그 죽게 되었던 상처가 나으매 온 땅이 이상히 여겨 짐승을 따르고, 용이 짐승에게 권세를 주므로 용에게 경배하며 짐승에게 경배하여 가로되 누가 이 짐승과 같으뇨 누가 능히 이로 더불어 싸우리요 하더라

그의 일곱 '**머리**' 중 하나가 죽게 되었다가 다시 회복하는 일은 아마 그 중 대표되는 왕이 암살을 당하든지 했다가 구사일생으로 살게 됐을 때 그 일로 인해 인기가 세계적으로 치솟게 되고 분명 죽을 사람인데 살게 된 것은 꼭 메시아 같은 의미를 던지게 될 것입니다. 사단인 용이 그 적그리스도에게 능력을 입혀 주므로 살아났고 또한 종교계가 놀라 그를 신봉하고 경배하게 되는 것입니다.

> **계 13:5**
> 또 짐승이 큰 말과 참람된 말하는 입을 받고 또 마흔 두달 일할 권세를 받으니라

짐승은 용으로부터 **'큰 말과 참람된 말'** 을 받으니 이는 교만과 하나님께 하지 못할 망령된 말을 한다는 것입니다. 공개적으로 모독하는 말로 T.V나 어디서든 시사화 될 것입니다. 또한 42개월 간 일할 권세도 받는데 이는 천하 만국 성도를 핍박하려는 악한 능력입니다. 세상은 그의 거친 말투와 거만한 용기에 박수를 보내며 메시아나 되는 것처럼 흥분하게 될 것입니다.

> **계 13:6-7**
>
> 짐승이 입을 벌려 하나님을 향하여 훼방하되 그의 이름과 그의 장막 곧 하늘에 거하는 자들을 훼방하더라, 또 권세를 받아 성도들과 싸워 이기게 되고 각 족속과 백성과 방언과 나라를 다스리는 권세를 받으니

적그리스도인 짐승이 하나님과 하늘의 백성을 훼방하고 지상의 성도들을 핍박하며 **'각 족속과 백성과 나라를'** 다스리게 됩니다. 이때는 세상이 약 3년 반정도 남았을 무렵이며 마귀의 활동이 얼마 남지 않은 때입니다.

여기서 **'성도들과 싸워 이기게'** 됨은 육신의 승리이지 영적 승리는 아닙니다. 성도는 죽음을 받을지라도 그리스도께 대한 믿음은 저버리지 않고 반드시 이기게 됩니다. 반드시 이길 수 있도록 주께서 도우실 것입니다(단 7:21, 요 17:15).[1]

> **계 13:8-10**
>
> 죽임을 당한 어린 양의 생명책에 창세 이후로 녹명되지 못하고 이 땅에 사는 자들은 다 짐승에게 경배하리라, 누구든지 귀가 있거든 들을찌어다, 사로잡는 자는 사로잡힐 것이요 칼에 죽이는 자는 자기도 마땅히 칼에 죽으리니 성도들의 인내와 믿음이 여기 있느니라

---

1) 단 7:21 '내가 본즉 이 뿔이 성도들로 더불어 싸워 이기었더니'
   요 17:15 '내가 비옵는 것은 저희를 세상에서 데려가시기를 위함이 아니요 오직 악에 빠지지 않게 보전하시기를 위함이니이다'

그 짐승의 세력이 너무나 무서워 하나님의 택하신 백성이 아니라면 천하 모든 사람들은 그 짐승, 적그리스도를 경배하게 됩니다. 이렇게 중대한 시험의 때이니 정신을 차리고 잘 들을 것을 명하여 귀 있는 자는 '들을 찌어다'라고 경고했습니다.

'사로잡힐 자'는 '사로잡는 자'에게 잡혀 갈 것이고 칼(총?)로 죽게 될 자는 그렇게 순교하라는 말입니다. 성도들은 이 무서운 때에도 신앙을 지킵니다. 아무리 무서운 핍박이 와도 주께서 신앙심을 주시면 죽음도 불사하고 끝까지 인내하는 신앙이 있습니다. 말세의 핍박이 심하면 주께서 주시는 신앙심도 더욱 커지게 되니 염려를 버리도록 합시다. 환난보다 하나님의 능력이 크시니 우리는 하나님의 위로를 믿어야 할 것입니다(시 59:16, 시 147:5).[2]

> **계 13:11-12**
>
> 내가 보매 또 다른 짐승이 땅에서 올라오니 새끼 양 같이 두 뿔이 있고 용처럼 말하더라, 저가 먼저 나온 짐승의 모든 권세를 그 앞에서 행하고 땅과 땅에 거하는 자들로 처음 짐승에게 경배하게 하니 곧 죽게 되었던 상처가 나은 자니라

두 번째 나타난 짐승은 땅에서 올라오니 곧 종교계의 거물(巨物)입니다. 두 뿔 달린 '새끼 양' 같은 짐승으로 용처럼 사단처럼 말한다고 했습니다.

이 짐승은 먼저 나온 짐승, 곧 사단의 능력을 한 몸에 받은 적그리스도로부터 능력을 입었습니다. 권세를 받아 세인들로 하여금 적그리스도를 경배케 했습니다. 따라서 사단과 적그리스도 그리고 종교

---

2) 시 59:16 '나는 주의 힘을 노래하며 아침에 주의 인자하심을 높이 부르오리니 주는 나의 산성이시며 나의 환난 날에 피난처심이니이다'
  시 147:5 '우리 주는 광대하시며 능력이 많으시며 그 지혜가 무궁하시도다'

적 지도자인 이 배교자와 합세하여 마부, 마자, 마영의 3단체로 세상을 정치 단일과 종교 단일화로 이끌게 될 것입니다.

> **계 13:13-14**
>
> 큰 이적을 행하되 심지어 사람들 앞에서 불이 하늘로부터 땅에 내려오게 하고, 짐승 앞에서 받은 바 이적을 행함으로 땅에 거하는 자들을 미혹하며 땅에 거하는 자들에게 이르기를 칼에 상하였다가 살아난 짐승을 위하여 우상을 만들라 하더라

'**큰(많은) 이적**'을 행하는 종교 지도자인데 그는 심지어 하늘로부터 불을 땅에 내려지게 하는 이적을 보일 것입니다. 적그리스도는 이미 용의 권세, 능력으로 채워져 있으므로 적그리스도는 이 종교적 지도자에게 능력을 줄 수 있었고 이 자는 여러 가지로 이적을 행함으로 땅에 있는 많은 종교인과 세인들을 미혹하여 결국 적그리스도를 경배케 하고 그를 위해 우상을 만들게 하였습니다. 능력과 이적은 본래 하나님의 것인데 간혹 마귀도 그런 것을 보여줍니다. 애굽의 박사들이 그랬습니다(출 7:12).[3]

그런데 가장 심각한 것은 주 예수의 이름만으로 이적을 발휘할 때 우리는 대개 하나님의 능력으로 보기가 쉬우나 성경에는 꼭 그렇지는 않다고 가르칩니다. 여러 능력과 귀신을 쫓아내기까지 한 선지자라도 하나님의 말씀을 벗어나면 버림받게 될 것을 말씀해 주셨습니다(마 7:22-27).[4] 특히 말세가 되면 거짓 선지자가 많아지고 그들의

---

3) 출 7:12 '각 사람이 지팡이를 던지매 뱀이 되었으나 아론의 지팡이가 그들의 지팡이를 삼키니라'
4) 마 7:22-27 '그 날에 많은 사람이 나더러 이르되 주여 주여 우리가 주의 이름으로 선지자 노릇하며 주의 이름으로 귀신을 쫓아내며 주의 이름으로 많은 권능을 행치 아니하였나이까 하리니 그 때에 내가 저희에게 밝히 말하되 내가 너희를 도무지 알지 못하니 불법을 행하는 자들아 내게서 떠나가라 하리라 ...'

특성은 이적주의라는 점을 예고하셨으며 악하고 음란한 세대가 표적을 구하게 된다 하셨습니다(마 16:4, 마 24:24).[5] 그러므로 하나님의 이적은 있으되 말세론적으로 볼 때 이적주의를 지향하거나 그런 것을 큰 신앙으로 가르친다면 성경적으로 대단히 위험하다는 것을 깨달아야 합니다.

> **계 13:15**
> 저가 권세를 받아 그 짐승의 우상에게 생기를 주어 그 짐승의 우상으로 말하게 하고 또 짐승의 우상에게 경배하지 아니하는 자는 몇이든지 다 죽이게 하더라

이 종교 지도자인 거짓 선지자는 적그리스도의 형상을 닮은 우상을 만들어 생기를 주어 **'우상으로 말하게'** 하는 놀라운 일을 벌일 것입니다. 그리고 우상에게 모두 경배케 하며 그에게 경배하지 않는 자는 모두 죽이는 상황까지 이릅니다. 그러나 이 때에도 성도들은 믿음을 저버리지 않고 순교를 당하게 될 것입니다.

> **계 13:16-17**
> 저가 모든 자 곧 작은 자나 큰 자나 부자나 빈궁한 자나 자유한 자나 종들로 그 오른손에나 이마에 표를 받게 하고 누구든지 이 표를 가진 자 외에는 매매를 못하게 하니 이 표는 곧 짐승의 이름이나 그 이름의 수라

이제 종교 통일을 이룩한 즉시 경제 통일을 이루게 됩니다. 방법은 적그리스도의 이름이나 그 이름을 숫자화한 수(數)를 오른 손이

---

[5] 마 16:4 '악하고 음란한 세대가 표적을 구하나 요나의 표적 밖에는 보여 줄 표적이 없느니라 하시고 저희를 떠나가시다'
마 24:24 '거짓 그리스도들과 거짓 선지자들이 일어나 큰 표적과 기사를 보이어 할 수만 있으면 택하신 자들도 미혹하게 하리라'

나 이마에 받도록 합니다. 결국 각 국의 화폐 단위는 통일되는데 짐승의 이름으로 획일화하며 동서 남녀 노소 빈부를 막론하고 다 받게 합니다.

'오른 손이나 이마에' 라고 신분증이나 어떤 매개물이 아님을 강조하며 분명히 몸에 그 표를 받게 됨을 시사합니다. 지금의 바코드(줄무늬 모양의 막대 부호, 만국 상품부호;UPC)는 얼마든지 몸에 문신하기가 쉬울 것입니다.

이 표를 받지 않으면 매매를 못하니 어쩔 수 없이 세인들은 받게 될 것이나 성도들은 받지 않아야 하므로 생활에 상당한 어려움이 따를 것입니다. 그러나 생활의 어려움을 피하기 위해 그 짐승표를 받을 수는 없습니다. 이 표는 지옥행 티켓입니다(계 14:11). [6]

> **계 13:18**
> 지혜가 여기 있으니 총명 있는 자는 그 짐승의 수를 세어 보라 그 수는 사람의 수니 육백 육십 육이니라

이 짐승의 이름을 숫자화 하면 '666'이 된다고 합니다. 그러니 짐승인 적그리스도는 이름자를 숫자화 할 수 있는 나라의 사람이어야 할 것입니다. 히브리어, 헬라어, 라틴어 등은 숫자화 하여 사용했었고 지금도 가능합니다.

이래서 13장은 적그리스도가 세상을 정치적으로 통일하고 종교적으로 경제적으로 모두 통일하여 군림하며 성도를 대대적으로 핍박하는 시대, 즉 후 3년 반의 시기로 대 환난기입니다.

---

6) 계 14:11 '그 고난의 연기가 세세토록 올라가리로다 짐승과 그의 우상에게 경배하고 그 이름의 표를 받는 자는 누구든지 밤낮 쉼을 얻지 못하리라 하더라'

적그리스도의 표냐 아니면 예수냐 그래서 순교냐 라고 하는 끔직한 상황에서 우리는 과연 어떻게 살아 존재하고 주께서 오실 때까지 어떻게 살 수 있을까가 궁금할 뿐입니다. 그래서 어떤 이는 이쯤에서 공중으로 휴거되어 남은 최악의 핍박 시기는 피할 수 있을 것으로 추정, 일명 중간 휴거설을 발표, 따라서 앞서 (계12:) 피신간 그 여인은 교회라 추산합니다.

그러나 그 여자를 교회라면 교회가 아이(예수 그리스도)를 낳았다라고 읽어야 하고 역사적으로 앞뒤가 바뀌어진 시대 순의 오착을 범하니 잘못 해석하는 것입니다.

본 장의 내용은 하루에 일어날 일이 아니라 3년 반 기간에 벌어지는 사건들의 압축입니다. 그리고 다음 14, 15장에서 구원받을 자들의 천상 모습과 16-18장에서 세속의 권세와 영광이 무너지는 심판을 보며 먼저 위로 받기를 원합니다.

양의 피로써 구원 얻은 이스라엘도 보호하시거든 하물며 그리스도의 피로 구속받은 기독 성도들을 버리시겠습니까? 죽어도 다시 살게 되는 하나님의 구원이 있을 것입니다(요 10:29, 히 9:13-14).[7]

---

7) 요 10:29 '저희를 주신 내 아버지는 만유보다 크시매 아무도 아버지 손에서 빼앗을 수 없느니라'
히 9:13-14 '염소와 황소의 피와 및 암송아지의 재로 부정한 자에게 뿌려 그 육체를 정결케 하여 거룩케 하거든 하물며 영원하신 성령으로 말미암아 흠 없는 자기를 하나님께 드린 그리스도의 피가 어찌 너희 양심으로 죽은 행실에서 깨끗하게 하고 살아 계신 하나님을 섬기지 못하겠느뇨'

제 14 장

천사의 전도와 두 가지 추수

14장 주해 내용
1. 7장과 14장의 144,000인은 동일한 사람인가?
2. 계시록에 나오는 예수님처럼 보이는 천사들
3. 두 가지 추수의 대상

14장
천사의 전도와 두 가지 추수

> **계 14:1**
> 또 내가 보니 어린 양이 시온산에 섰고 그와 함께 십사만 사천이 섰는데 그 이마에 어린 양의 이름과 그 아버지의 이름을 쓴 것이 있도다

 '어린 양' 은 예수님, **'시온산'** 은 예루살렘의 서남쪽에 있는 산으로 이곳에 다윗 성이 있던 곳인데 여기서는 3절을 보아 천국을 뜻합니다. 특별히 시온산으로 표현한 것은 시온이 '봉우리' 라는 뜻으로 13:1의 바다에 비해 영광의 자리, 하나님이 계신 곳으로 그 뜻을 내포하고 있습니다.

 '144,000인' 은 숫자대로가 아닌 구원 얻은 백성들입니다(144,000=12×12×1,000). 혹 어떤 해석자는 7장의 144,000인들의 휴거한 모습으로 보나 7장의 사람들은 **'하나님의 인'** 을 맞았고 여기는 어린양과 그 아버지의 이름이 쓰여져 있으므로 다릅니다.

 즉 예수 믿은 유대인(그 아버지의 이름)과 뭇 이방 기독 신자(어린양) 모두를 가리키며 특히 먼저 죽은 성도들의 부활 승리를 뜻합니다(4절, 처음 익은 열매). 왜냐면 13절 이후에 살아 있는 성도들을 추수하는 내용이 따로 나오기 때문입니다.

> **계 14:2-3**
>
> 내가 하늘에서 나는 소리를 들으니 많은 물소리도 같고 큰 뇌성도 같은데 내게 들리는 소리는 거문고 타는 자들의 그 거문고 타는 것 같더라, 저희가 보좌와 네 생물과 장로들 앞에서 새 노래를 부르니 땅에서 구속함을 얻은 십 사만 사천 인밖에는 능히 이 노래를 배울 자가 없더라

'하늘에서 나는 소리' 는 신령하여 많은 물소리 같았습니다(1:15). 그들의 노래 소리는 거문고 타는 소리 같았는데 이는 아름다운 소리요 구원받은 자의 소리입니다. 그런데 그 소리가 구원의 영광을 감사하여 찬양하는데 큰 뇌성처럼 웅장하고 위엄까지 했습니다.

그들(144,000)은 하나님 앞에서 **'새 노래를 부르니'** 이는 하늘의 노래요 구원의 노래입니다. 이들이 부르는 노래는 7:10-12에 있는 기독 성도들의 노래입니다.

7장에 보면 유대인 144,000인도 나오는데, 이는 구원 얻은 유대교 신자이고 그들은 24장로 앞에서 찬송하거나 땅에서 구속받았다는 표현은 하지 않습니다. 그 뒤에 기독 성도들의 구원은 본 장에 나온 144,000인과 같이 노래합니다.

> **계 14:4-5**
>
> 이 사람들은 여자로 더불어 더럽히지 아니하고 정절이 있는 자라 어린 양이 어디로 인도하든지 따라가는 자며 사람가운데서 구속을 받아 처음 익은 열매로 하나님과 어린 양에게 속한 자들이니, 그 입에 거짓말이 없고 흠이 없는 자들이더라

여기 144,000인들은 더럽히지 않은 정절이 있는 자라, 즉 신앙으로 거룩하여 처녀같이 깨끗한 심령으로 그리스도를 따른 자들이라는 말입니다. 어린 양, 예수님이 **'어디로 인도하든지'**, 어떤 상황에 서든지 주께서 하신 말씀대로 따라 가는 자들입니다. 그 666의 핍박

과 유혹에 물들지 않고 말씀주의로 오직 그리스도만을 따르는 자입니다.

구속받은 사람이며 특히 '**처음 익은 열매**'라 한즉, 먼저 주를 믿고 죽은 자들로서 하나님과 어린 양에게 속한 유대인으로서 개종한 기독교인과 이방 기독 신자들로 보입니다. 그들의 입에는 거짓말이 없으니 평범한 사생활에 실수 같은 거짓말이 아니라 신앙적 진실성에 거짓이 없었다는 말입니다.

'**거짓**'은 마귀의 본성입니다(요 8:44).[1]

마귀의 시대인 그 말세에 이들은 거짓의 아비인 마귀, 짐승의 유혹을 받지 않으며 시대에 동류 되지 않고 진리에 충실했다는 것입니다. 흠이 없다 함도 절대적으로 죄가 없다는 말이 아니라 하나님의 은혜 가운데 회개와 성실한 신앙으로 의롭다 칭함을 받아 하나님 앞에서 사상이 온전한 상태라는 말입니다.

어느 때든지 사람이 어찌 행위에 완전한 자가 있겠습니까? 단지 그리스도의 사람으로 믿음에 신실했다는 것입니다. 기독교인의 윤리는 도덕성에도 유념해야 하지만 성경 사상에 더욱 충실해야 합니다.

계 14:6-7

또 보니 다른 천사가 공중에 날아가는데 땅에 거하는 자들 곧 여러 나라와 족속과 방언과 백성에게 전할 영원한 복음을 가졌더라, 그가 큰 음성으로 가로되 하나님을 두려워하며 그에게 영광을 돌리라 이는 그의 심판하실 시간이 이르렀음이니 하늘과 땅과 바다와 물들의 근원을 만드신 이를 경배하라 하더라

---

[1] 요 8:44 '너희는 너희 아비 마귀에게서 났으니 너희 아비의 욕심을 너희도 행하고자 하느니라 저는 처음부터 살인한 자요 진리가 그 속에 없으므로 진리에 서지 못하고 거짓을 말할 때마다 제 것으로 말하나니 이는 저가 거짓말쟁이요 거짓의 아비가 되었음이니라'

'다른 천사가 공중에' 라고 했는데, 앞서 공중에 보인 천사는 12장의 미가엘이었고 여기는 다른 천사로 복음을 맡은 천사 가브리엘인 듯 합니다(눅 1:19).[2]

이 천사가 공중을 날아가며 마지막 전도를 합니다. **'영원한 복음'**은 변치 않는 하나님의 약속을 의미하고 특히 복음이 변질되고 신앙이 식어진 말세에 변치 않으신 주의 약속 그대로 심판하게 된다는 것을 예고합니다.

'하나님을 두려워하며 그에게 영광을 돌리라' 고 외침은 복음 전하는 내용으로는 특이한데, 종말에 사람을 두려워하여 짐승인 적그리스도를 따른 사람들에게 사람을 지으시고 심판하시는 하나님을 두려워하라는 말입니다. 또한 사람에게 영광을 돌리고 있는 그 말세에 하나님께 영광을 돌리라는 것입니다.

믿을 것이 복음이나 종말에는 믿음의 복음을 대하는 자세에 엄중함이 서려 있습니다. 같은 기회라도 끝 부분은 그 전보다 초조하고 위험스런 긴장을 받을 수밖에 없습니다. 곧 불로써 심판할 그 시간이 다 됐으니 창조주께 속히 경배할 것을 선포했습니다. 오늘날 사람들이 하나님을 두려워하지 않습니다. 이것이 말세의 징표이기도 합니다.

> **계 14:6**
> 또 다른 천사 곧 둘째가 그 뒤를 따라 말하되 무너졌도다 무너졌도다 큰 성 바벨론이여 모든 나라를 그 음행으로 인하여 진노의 포도주로 먹이던 자로다 하더라

---

[2] 눅 1:19 '천사가 대답하여 가로되 나는 하나님 앞에 섰는 가브리엘이라 이 좋은 소식을 전하여 네게 말하라고 보내심을 입었노라'

그 천사를 뒤 이어 이르시기를 바벨론, 즉 적그리스도의 성이며 그를 경배하는 뭇 세속의 도시가 파괴됨을 예고합니다. 특히 바벨론 성 곧 적그리스도의 보좌인 예루살렘성이 무너짐을 예고합니다. 이 때는 이미 예루살렘 성에 적그리스도가 군림하고 있었습니다(살후 2:4).[3]

계 14:9-12

또 다른 천사 곧 세째가 그 뒤를 따라 큰 음성으로 가로되 만일 누구든지 짐승과 그의 우상에게 경배하고 이마에 나 손에 표를 받으면, 그도 하나님의 진노의 포도 주를 마시리니 그 진노의 잔에 섞인 것이 없이 부은 포도주라 거룩한 천사들 앞과 어린 양 앞에서 불과 유황으로 고난을 받으리니, 그 고난의 연기가 세세토록 올라 가리로다 짐승과 그의 우상에게 경배하고 그 이름의 표를 받는 자는 누구든지 밤낮 쉼을 얻지 못하리라 하더라, 성도들의 인내가 여기 있나니 저희는 하나님의 계명과 예수 믿음을 지키는 자니라

그 뒤를 이은 천사가 이르기를 짐승인 적그리스도와 그의 우상을 경배하고 666의 표를 받은 자는 **'하나님의 진노의 포도주'**, 즉 심판을 받으리라 했으며, **'거룩한 천사들'** 은 심판 날 하나님 앞 심판석에 앉아 함께 지켜 볼 4생물로 보입니다(막 8:38).[4]

'어린 양' 은 예수 그리스도, 그의 앞에서 **'불과 유황'** 으로 고난을 받음은 곧 불심판에 들게 됨을 뜻합니다. 물론 지옥의 고난일 수도 있으나 이는 불심판을 받는다는 뜻입니다.

또한 그 고난은 세세토록 갈 것이니 우상을 경배하고 그 표를 받은 자는 **'밤낮 쉼을 얻지 못하리니'** 죽기 전에도 적그리스도의 감시

---

3) 살후 2:4 '저는 대적하는 자라 범사에 일컫는 하나님이나 숭배함을 받는 자위에 뛰어 나 자존하여 하나님 성전에 앉아 자기를 보여 하나님이라 하느니라'
4) 막 8:38 '누구든지 이 음란하고 죄 많은 세대에서 나와 내 말을 부끄러워하면 인자도 아버지의 영광으로 거룩한 천사들과 함께 올 때에 그 사람을 부끄러워하리라'

속에 불안과 괴로움으로 살았고 사후에도 영원토록 고난을 받는다는 예고입니다. 성도는 말세에 짐승을 경배치도 그 표를 받지도 않는 믿음이 있을 것이며 하나님의 계명 중 가장 중요한 다른 신과 우상을 경배치 않을 것이며 오직 주만 믿음으로 적그리스도의 사상에 승리할 것입니다.

> **계 14:13**
> 또 내가 들으니 하늘에서 음성이 나서 가로되 기록하라 지금 이후로 주 안에서 죽는 자들은 복이 있도다 하시매 성령이 가라사대 그러하다 저희 수고를 그치고 쉬리니 이는 저희의 행한 일이 따름이라 하시더라

본 절에서 '**주 안에서 죽은 자**' 들은 특히 말세에 믿음을 지키고 죽은 자들은 순교자들을 말합니다. 그들은 복되며 상급이 있음을 말해주고 있습니다. 물론 대환난기가 아니라도 봉사하다가 죽은 모든 성도에게 상급이 있지만 말세에 고난과 핍박 중에 순교될 자들을 위로하여 구원과 상급을 약속하신 말씀으로 봅니다.

> **계 14:14-16**
> 또 내가 보니 흰 구름이 있고 구름 위에 사람의 아들과 같은 이가 앉았는데 그 머리에는 금 면류관이 있고 그 손에는 이한 낫을 가졌더라, 또 다른 천사가 성전으로부터 나와 구름 위에 앉은 이를 향하여 큰 음성으로 외쳐 가로되 네 낫을 휘둘러 거두라 거둘 때가 이르러 땅에 곡식이 다 익었음이로다 하니, 구름 위에 앉으신 이가 낫을 땅에 휘두르매 곡식이 거두어지니라

본 내용은 곡식 추수로 산 성도들을 한꺼번에 부활 변화시키사 구원해 주시는 내용입니다. 많은 사람들이 흰 구름 위에 앉은 '**사람의 아들 같은 천사**' 를 예수님으로 오인하나 내용을 자세히 살피면 그는 예수님이 아니라 추수하는 천사입니다. 예수님께서 심판을 추수에

비유하신 내용을 살펴 볼 필요가 있습니다.

마 3:12 '손에 키를 들고 자기의 타작 마당을 정하게 하사 알곡은 모아 곡간에 들이고 쭉정이는 꺼지지 않는 불에 태우시리라'

마 13:38-39 '밭은 세상이요 좋은 씨는 천국의 아들들이요 가라지는 악한 자의아들들이요 가라지를 심은 원수는 마귀요 추수 때는 세상 끝이요 **추숫군은 천사들이니**'

마 13:41 '인자가 그 천사들을 보내리니 저희가 그 나라에서 모든 넘어지게 하는 것과 또 불법을 행하는 자들을 거두어 내어'

마 24:31 '저가 큰 나팔 소리와 함께 천사들을 보내리니 저희가 그 택하신 자들을 하늘 이 끝에서 저 끝까지 사방에서 모으리라'

위 구절들을 보면서 우리는 본 계시록 14장의 내용, 특히 공중을 날으며 외치는 천사와 여기 곡식 추수를 하는 천사는 예수님이 아니라 추숫군이라 불리는 천사임을 알게 됩니다. 간략히 정리하면,

(1) 이 천사는 금 면류관을 썼는데, 예수님이 쓰신 면류관은 헬라어 원어로 디아데마타($\delta\iota\alpha\delta\eta\mu\alpha\tau\alpha$), 즉 영광, 존귀, 주권자의 표, 왕관의 뜻이며 여기 천사의 면류관은 스테파누스($\sigma\tau\epsilon\phi\acute{\alpha}\nu o \upsilon s$)로 승리의 월계관입니다. 따라서 싸워 이긴 자로 12장의 하늘의 전투에서 이긴 미가엘이 아닌가 합니다.

(2) 분명히 추숫군은 천사라고 하셨으며(마 13:39,40)

(3) 이 천사는 낫을 가졌으나 성경상 예수님은 말씀의 칼을 가지셨습니다(계 1:16).[5]

---

5) 계 1:16 '그 오른손에 일곱 별이 있고 그 입에서 좌우에 날선 검이 나오고 그 얼굴은 해가 힘있게 비취는 것 같더라'

제14장 천사의 전도와 두 가지 추수   243

(4) 본문의 천사가 예수님이라면 어떤 천사가 예수님께 곡식을 거두라! 고 명령을 할 수 있겠느냐 하는 것입니다(15, **'낫을 휘둘러 거두라!'**).

(5) 10:1에서도 혹 자가 예수님의 공중 재림으로 보듯 본 절도 비슷한 모양이므로 예수라 해석하면 예수님의 재림이 몇 번씩이나 나타나게 됩니다. 그러나 재림하실 예수님은 19장에서 분명하게 설명되고 있습니다.

'이(利)한 낫' 은 곡식 거두는 예리한 낫인데 구원을 확실하게 해 주신다는 하나님의 의지입니다.

> **계 14:17-20**
>
> 또 다른 천사가 하늘에 있는 성전에서 나오는데 또한 이한 낫을 가졌더라, 또 불을 다스리는 다른 천사가 제단으로부터 나와 이한 낫 가진 자를 향하여 큰 음성으로 불러 가로되 네 이한 낫을 휘둘러 땅의 포도송이를 거두라 그 포도가 익었느니라 하더라, 천사가 낫을 땅에 휘둘러 땅의 포도를 거두어 하나님의 진노의 큰 포도주 틀에 던지매, 성 밖에서 그 틀이 밟히니 틀에서 피가 나서 말굴레까지 닿았고 일천 육백 스다디온에 퍼졌더라

또 다른 천사가 등장, 성전에서 나오는데 역시 심판적인 예리한 날을 가진 이한(옥쉬스, ὀξύς, 예리한) 낫을 들고 있었습니다. 또 불을 가진 다른 천사가 이 낫을 든 자로 명령하는데 여기서 불은 심판을 상징합니다.

'포도송이를 거두라' 명한데, 대개 포도는 성도를 상징합니다(아 2:15).[6] 여기에는 심판 받을 죄인들을 상징합니다. 뱀이 사단으로 혹은 지혜로 상징되듯이 내용 따라 상징하는 바가 다를 수 있습니다

---

6) 아 2:15 '우리를 위하여 여우 곧 포도원을 허는 작은 여우를 잡으라 우리의 포도원에 꽃이 피었음이니라' (요15:)

(계 12:9, 마 10:16, 창3:).[7]

천사가 그 익은 포도를 거두어 하나님의 진노의 '**큰 포도주 틀**'에 던짐은 하나님의 심판대로 보냈다는 말입니다. 포도주 틀에서 짜여진 포도즙은 피로 변하니 형벌의 모습입니다. 그 피가 말굴레까지 닿음은 엄청나게 많은 량의 피가 흐르는 것인데 무서운 형벌의 결과이며,

'**성 밖**'은 예루살렘 밖, 즉 구원받은 백성의 영역 밖에서 1600스타디온으로 퍼져 나갔다 했는데, 스타디온은 로마자로 606척이고, 1600은 숫자적 의미로 보이고 풀어보면 4×10×4×10으로 4는 동서남북이고, 4×10으로 10은 세속의 만수이니 세상에 하나님의 진노가 가득하였다라는 뜻으로 해석될 수 있습니다.

이리하여 두 가지의 추수로 먼저는 성도의 구원 추수와 나중은 불신자의 심판 추수입니다. 하늘로서 유황불 심판이 있기 바로 직전에 성도를 휴거시키는 소망의 장면입니다.

그리고 15장은 부활 승천한 상태의 환상입니다(고전 15장도 부활장). 불심판은 성도가 받을 리가 없습니다. 다음 16-18장은 세상 불심판으로 짧은 기간에 있을 일입니다.

---

[7] 계 12:9 '큰 용이 내어쫓기니 옛 뱀 곧 마귀라고도 하고 사단이라고도 하는 온 천하를 꾀는 자라 땅으로 내어쫓기니 그의 사자들도 저와 함께 내어쫓기니라'
마 10:16 '보라 내가 너희를 보냄이 양을 이리 가운데 보냄과 같도다 그러므로 너희는 뱀 같이 지혜롭고 비둘기 같이 순결하라'

제 15 장

모든 성도의 구원

15장 주해 내용
1. 모세와 어린양의 노래 차이점은 무엇인가?
2. 이기도 벗어난 자는 각각 누구인가?
3. 신구약 백성들의 구원 합창

15장
모든 성도의 구원

계 15:1

또 하늘에 크고 이상한 다른 이적을 보매 일곱 천사가 일곱 재앙을 가졌으니 곧 마지막 재앙이라 하나님의 진노가 이것으로 마치리로다

추수 환상에 이어 이번에도 크고 이상한 **'다른 이적'**이 보이는데 천사 7명이 일곱 재앙을 가지고 있었으며 그것은 마지막 재앙이었습니다. 16-18장에 나오는 대접 재앙으로 대접에 무엇(진노)을 담아 쏟으면 금방 쏟아지는 것을 상기하여 대접 재앙이라 표현했습니다. 마지막 나팔 재앙인 이 일곱 대접 재앙으로 하나님의 진노는 끝납니다.

계 15:2-4

또 내가 보니 불이 섞인 유리 바다 같은 것이 있고 짐승과 그의 우상과 그의 이름의 수를 이기고 벗어난 자들이 유리 바다 가에 서서 하나님의 거문고를 가지고, 하나님의 종 모세의 노래, 어린 양의 노래를 불러 가로되 주 하나님 곧 전능하신 이시여 하시는 일이 크고 기이하시도다 만국의 왕이시여 주의 길이 의롭고 참되시도다, 주여 누가 주의 이름을 두려워하지 아니하며 영화롭게 하지 아니하오리이까 오직 주만 거룩하시니이다 주의 의로우신 일이 나타났으매 만국이 와서 주께 경배하리이다 하더라

'불이 섞인 유리 바다', 불은 심판이요 바다는 세상, 그러니 대환

난의 세상을 지나온 자들만이 하나님의 나라에 들어간다는 뜻입니다. 세상 끝 날에 구원받은 자들이 두 무리로 나타납니다.

적그리스도의 핍박을 **'이긴 자'**(환난을 통과, 순교)와 그 환난을 **'벗어난 자'** 들입니다. 벗어난 자는 환난과 무관하며 대환난 밖으로 나갔던 자입니다.

벗어난다는 헬라어 에크(*ϵκ*)의 뜻은 '밖으로' 입니다. 따라서 전자는 환난 중에 핍박받은 성도이고 후자는 광야 어느 곳에 보호받은 하나님의 백성 유대인입니다. 유대인은 육신의 구원을 기대하다가 메시아 예수를 십자가에 못 박는 우를 범하여 지금까지 엄청난 형벌을 받아 왔습니다.

말세에는 계시록 12장을 통해 유대인으로서 개종한 기독교인이 있음을 보여 주셨습니다. 지금 기독교로 개종한 유대인들이 많다고 합니다. 정통 유대인은 하나님의 영원한 백성입니다. 아브라함 이삭 야곱은 물론 마지막엔 모두 부활시켜 한 백성이 되게 하실 것입니다. 말세에 보호받았던(계12:) 유대인은 기독교인이 받아야 할 환난을 벗어난 자들입니다.

그들은 신약적 사상과 그 믿음이 없어서 육신의 구원만 받을 수밖에 없는 구약적 백성입니다. 물론 개종한 유대인 기독교인과 뭇 이방 기독 성도들로서는 육신은 괴로움을 받으나 영으로는 싸워 승리하게 될 것입니다. 유대교인과 기독교인은 구원의 약속이 틀리고 구원받을 자로서 또한 상급이 다른데 후자에게는 하늘에서 많은 상이 있을 것입니다.

'이기고 벗어난 자' 들이 함께 구원을 받아 노래하는데 **'모세의 노래, 어린 양의 노래'** 를 불렀습니다. 모세의 노래라면 다분히 구약적인데, 출애굽기 15장에 이스라엘이 홍해를 건넌 후 부른 구원의 노래입니다. 유리 바다(환난)를 건넌 후 '모세의 노래' 는 홍해를 건넌 후 모세의 노래와 그 의미를 같이 하며 특히 고린도전서 15장도 부활장이라고 합니다.

'어린 양의 노래' 는 예수 그리스도를 중심한 노래이니 신약적이고 기독교적입니다. 이것은 환난을 통과한 이긴 성도들의 노래입니다. 찬송의 내용은 전능하심, 만국의 왕되심, 주의 의로우심, 주의 이름 두렵고 영화로우심, 주께서만 거룩하심, 만국(백성)이 주를 경배할 것임을 찬양했습니다. 출 15:과는 가사 내용이 다르나 하나님의 구원의 영광을 찬양함에는 뜻을 같이 합니다.

> **계 15:5-8**
>
> 또 이 일 후에 내가 보니 하늘에 증거 장막의 성전이 열리며 일곱 재앙을 가진 일곱 천사가 성전으로부터 나와 맑고 빛난 세마포 옷을 입고 가슴에 금띠를 띠고 네 생물 중에 하나가 세세에 계신 하나님의 진노를 가득히 담은 금대접 일곱을 그 일곱 천사에게 주니 하나님의 영광과 능력을 접 일곱을 그 일곱 천사에게 주니, 하나님의 영광과 능력을 인하여 성전에 연기가 차게 되매 일곱 천사의 일곱 재앙이 마치기까지는 성전에 능히 들어갈 자가 없더라

'하늘에 증거 장막의 성전이 열리' 니 하나님의 좌소인 지성소가 열린다 함이요 마지막 심판이 이른다는 것입니다.

'맑고 빛난 세마포 옷' 은 성결을 뜻합니다. 일곱 천사들의 옷은 하나님의 깨끗하고 의로운 심판을 의미합니다.

'가슴에 금띠' 는 제사장의 옷인데 이는 존귀함을 상징합니다. 네 생물 중 하나가 하나님의 진노를 가득히 담은 대접을 그 일곱 천사에게 주었습니다. 그 일곱 **'금대접'** 재앙, 즉 말세의 불심판이 끝이 나야 하나님의 성전에 들어가게 된다고 했습니다.

하나님의 성소가 요한의 눈에 보여도 모든 세상의 죄악을 다 심판

한 후에야 깨끗한즉 이제 그 곳으로 발걸음을 재촉할 수 있다는 것입니다. 하나님의 성전, 하나님의 나라는 오직 거룩한 곳입니다. 거룩한 자들만이 들어갈 터이니 회개하고 깨끗하여 거룩해져서 하나님의 그 위엄하고 영광스런 곳에 입성 할 수 있을 것입니다.

제 16 장

일곱 대접 재앙

16장 주해 내용
1. 일곱 나팔의 일곱 대접 재앙
2. 바벨론성은 왜 멸망할 수 밖에 없었나?
3. 천재지변과 만물의 마지막

16장
일곱 대접 재앙

> **계 16:1-2**
> 또 내가 들으니 성전에서 큰 음성이 나서 일곱 천사에게 말하되 너희는 가서 하나님의 진노의 일곱 대접을 땅에 쏟으라 하더라, 첫째가 가서 그 대접을 땅에 쏟으매 악하고 독한 헌데가 짐승의 표를 받은 사람들과 그 우상에게 경배하는 자들에게 나더라

'성전에서 큰 음성' 이 난다 하는 표현은 하나님이 마지막 심판을 좀더 확실히 행하시고자 하는 의도로 천사의 음성이라 하지 않고 성전에서 나는 큰 음성, 즉 하나님의 음성인 듯 합니다.

첫째 대접 재앙은 적그리스도의 표 받은 자와 그의 우상에게 경배한 자들에게 독한 헌데가 나는 저주입니다. 역사에 우상을 섬기는 나라는 항상 저주를 받았습니다. 굿을 자주 하는 집안은 망하는 것을 보게 됩니다. 과학 시대일지라도 마귀의 유혹에 빠져 우상을 섬기는 인생은 멸망을 받게 됩니다. 적그리스도의 표를 받고 잘 살아보려다가 하나님의 저주를 받게 됩니다.

> **계 16:3**
> 둘째가 그 대접을 바다에 쏟으매 바다가 곧 죽은 자의 피같이 되니 바다 가운데 모든 생물이 죽더라

두 번째 대접 재앙은 바다가 '**죽은 자의 피같이**' 되어 바다 모든 생물이 죽게 됩니다. 초기에는 바다 $\frac{1}{3}$ 만이 피가 되고 바다의 생물도 $\frac{1}{3}$ 이 죽었지만 이제는 완전히 죽음의 바다가 됩니다(계 8:8).[1]

> **계 16:4-7**
>
> 세째가 그 대접을 강과 물 근원에 쏟으매 피가 되더라, 내가 들으니 물을 차지한 천사가 가로되 전에도 계셨고 시방도 계신 거룩하신 이여 이렇게 심판하시니 의로우시도다, 저희가 성도들과 선지자들의 피를 흘렸으므로 저희로 피를 마시게 하신 것이 합당하니이다 하더라, 또 내가 들으니 제단이 말하기를 그러하다 주 하나님 곧 전능하신 이시여 심판하시는 것이 참되시고 의로우시도다 하더라

세 번째 대접 재앙은 '**강과 물 근원이 피**'가 됩니다. 지금도 물이 오염되어 식수난이 있지만 말세에 식수는 전혀 마실 수 없도록 저주 받는데, 애굽에 있었던 저주와 같을 것입니다(출7:19).[2]

이렇게 되었을 때 세상은 하나님을 더욱 원망하게되나 천사와 제단, 천상의 성도는 하나님의 심판이 의로우시다고 말합니다. 순교의 피를 흘리게 하고 갖은 핍박을 한 자들에게 마지막으로 벌하심은 당연지사입니다. 진정으로 십자가의 도를 따라 살던 성도는 주님의 판단을 미루어 모든 것을 인내하고 소망 중에 살다가 주께서 오시는 날 심판해 주심에 찬송 할 뿐입니다.

---

1) 계 8:8 '둘째 천사가 나팔을 부니 불붙는 큰 산과 같은 것이 바다에 던지우매 바다의 삼분의 일이 피가 되고'
2) 출 7:19 '여호와께서 또 모세에게 이르시되 아론에게 명하기를 네 지팡이를 잡고 네 팔을 애굽의 물들과 하수들과 운하와 못과 모든 호수 위에 펴라 하라 그것들이 피가 되리니 애굽 온 땅에와 나무 그릇에와 돌 그릇에 모두 피가 있으리라'

> **계 16:8-9**
>
> 네째가 그 대접을 해에 쏟으매 해가 권세를 받아 불로 사람들을 태우니, 사람들이 크게 태움에 태워진지라 이 재앙들을 행하는 권세를 가지신 하나님의 이름을 훼방하며 또 회개하여 영광을 주께 돌리지 아니하더라

네 번째 대접 재앙은 태양이 **'사람을 태우게'** 되는 재앙입니다. 지금 오존층이 날로 찢어져 크게 되어 지구에 직접으로 쪼이는 햇볕으로 수목이 타고 땅도 타는 예가 일어나고 있습니다. 그런데 이 때의 태양은 하나님의 지시에 따라 오존층과 관계없이 사람들을 태워 죽게 하는 심판이 있을 것입니다. 그래도 회개치 않는 세인들입니다.

하나님의 이름을 **'훼방'** 하는 자들은 마귀가 주는 의지로 대항하여 마침내 멸망 받을 정신의 소유자입니다. 성도를 핍박하는 것과 하나님의 이름을 훼방하는 것은 그 죄질이 다릅니다. 전자는 회개할 기회가 있지만 하나님의 이름을 직접으로 훼방하는 자는 사단적 의지로 좀처럼 회개할 수 없는 자입니다. 적그리스도의 정신입니다.[3]

> **계 16:10-11**
>
> 또 다섯째가 그 대접을 짐승의 보좌에 쏟으니 그 나라가 곧 어두워지며 사람들이 아파서 자기 혀를 깨물고, 아픈 것과 종기로 인하여 하늘의 하나님을 훼방하고 저희 행위를 회개치 아니하더라

다섯 번째의 대접 재앙은 특별히 짐승의 보좌(예루살렘;바벨론성)가 **'어두워지며'** 사람들은 아프고 **'종기'** 가 나지만 그로 인해 도

---

3) 계 13:6 '짐승이 입을 벌려 하나님을 향하여 훼방하되 그의 이름과 그의 장막 곧 하늘에 거하는 자들을 훼방하더라'
마귀는 회개의 의지가 없습니다.

리어 하나님을 훼방하게 됩니다. 구약시대 애굽에서도 이러한 재앙이 있었습니다.[4]

앞서 여러 가지 재앙들로 인해 온 몸이 쑤시고 아픈 중에 몸에 종기가 나서 고통은 심화되었습니다. 그러면 회개해야 하는데 도리어 하나님을 원망하고 훼방합니다.

> **계 16:12**
> 또 여섯째가 그 대접을 큰 강 유브라데에 쏟으매 강물이 말라서 동방에서 오는 왕들의 길이 예비되더라

여섯 번째 재앙은 유브라데의 **'강물이 말라서'** 전쟁 준비가 됩니다. 대환난기 전반에 세계 대전이 있었던 곳이며 이 곳은 역사상 큰 전쟁이 많았던 곳입니다. 유브라데강은 인류 최초 문명의 발상지이기도 합니다. 말세에 하나님의 군대와 세속의 모든 군대가 모여 이 곳에서 대 결전을 하게 될 것입니다. 동방의 군대에 대한 여러 해석이 있으나 하나님을 대적하는 세상의 군대들입니다.

> **계 16:13-14**
> 또 내가 보매 개구리 같은 세 더러운 영이 용의 입과 짐승의 입과 거짓 선지자의 입에서 나오니, 저희는 귀신의 영이라 이적을 행하여 온 천하 임금들에게 가서 하나님 곧 전능하신 이의 큰 날에 전쟁을 위하여 그들을 모으더라

'개구리' 는 소란하고 무질서한 소리로 시끄러울 뿐입니다. 그처

---

4) 출 10:21-23 '여호와께서 모세에게 이르시되 하늘을 향하여 네 손을 들어서 애굽 땅 위에 흑암이 있게 하라 곧 더듬을 만한 흑암이리라 모세가 하늘을 향하여 손을 들매 캄캄한 흑암이 삼일 동안 애굽 온 땅에 있어서 그 동안은 사람 사람이 서로 볼 수 없으며 자기 처소에서 일어나는 자가 없으되 이스라엘 자손의 거하는 곳에는 광명이 있었더라'

럼 용과 적그리스도인 짐승 그리고 거짓 선지자의 입에서 귀신의 영들이 나와 이적을 행하여 온 천하 임금에게 가서 유혹하여 전쟁을 도모하게 된다는 것입니다. 하나님이 애굽에 재앙으로 사용하신 개구리는 부정한 동물이요 또한 성경에서 귀신은 더러운 영이라 자주 표현하고 있습니다.

'온 천하 임금들', 물론 이미 정치 통일로 적그리스도는 세계적 왕이지만 분봉 왕 제도로 각 나라 지도자(임금, 대통령)는 따로 있습니다. 거짓선지자는 적그리스도를 돕는 세계적인 종교 지도자입니다(두 뿔 가진 새끼 양, 거짓 선지자).[5]

> **계 16:15-16**
> 보라 내가 도적같이 오리니 누구든지 깨어 자기 옷을 지켜 벌거벗고 다니지 아니하며 자기의 부끄러움을 보이지 아니하는 자가 복이 있도다, 세 영이 히브리 음으로 아마겟돈이라 하는 곳으로 왕들을 모으더라

'도적같이' 오신다 함은 불신자들의 잠자는 영혼에게 오신다 함이요, 빛의 자녀인 하나님의 백성에게 도적같이 오신다는 형용은 성경적이지 못합니다. 도적같이 오심은 죄 중에 있는 자가 받을 재림의 상황입니다(살전 5:4).[6]

'자기 옷을 지켜 벌거벗고 다니지 아니' 하는 것은 자기의 죄를 회개하여 믿음으로 죄를 다 가리운 상태로 믿음으로 의(義)로운 옷을 입은 상태입니다. 마부(사단), 마자(적그리스도), 마영(거짓 선지자)의

---

5) 계 13:11 '내가 보매 또 다른 짐승이 땅에서 올라오니 새끼 양 같이 두 뿔이 있고 용처럼 말하더라'
6) 살전 5:4 '형제들아 너희는 어두움에 있지 아니하매 그 날이 도적같이 너희에게 임하지 못하리니'

이 세 영이 아마겟돈(메깃도 산;팔레스틴)으로 세상 **'왕들'**을 모이게 합니다. 결국 하나님을 마지막으로 대적하려는 최후 통첩입니다.

> **계 16:17-21**
>
> 일곱째가 그 대접을 공기 가운데 쏟으매 큰 음성이 성전에서 보좌로부터 나서 가로되 되었다 하니, 번개와 음성들과 뇌성이 있고 또 지진이 있어 어찌 큰지 사람이 땅에 있어 옴으로 이같이 큰 지진이 없었더라, 큰 성이 세 갈래로 갈라지고 만국의 성들도 무너지니 큰 성 바벨론이 하나님 앞에 기억하신 바 되어 그의 맹렬한 진노의 포도주 잔을 받으매, 각 섬도 없어지고 산악도 간데 없더라, 또 중수가 한 달란트나 되는 큰 우박이 하늘로부터 사람들에게 내리매 사람들이 그 박재로 인하여 하나님을 훼방하니 그 재앙이 심히 큼이러라

일곱 번째 대접 재앙은 공기에다 부으니 이는 하늘이 떠나가는 마지막 불심판인데 성전의 보좌에서 큰 음성으로 **'되었다'** 했습니다(벧후 3:10).[7]

'되었다'는 원문 게고넨($\gamma\acute{\varepsilon}\gamma o\nu\varepsilon\nu$), 즉 다 되었다는 완료 상태입니다. 이는 모든 역사는 끝나게 되었다는 뜻입니다.

'번개와 음성들과 뇌성'은 하나님의 능력 표시이며 역사에 전무후무한 큰 지진으로 큰 성이 3 갈래로 갈라지는데 이는 바벨론 곧 예루살렘이 무너집니다. 하나님의 맹렬하신 **'진노의 포도주'**, 즉 심판으로 각 섬들이 없어지고 산악도 온데 간데 없어집니다. 그리고 무게가 한 달란트, 약 41kg나 되는 **'큰 우박'**도 사람들에게 떨어져 사람들이 그 박재로 죽습니다. 그 때에도 사람들은 회개치 않고 역시 하나님을 도리어 훼방합니다.

---

7) 벧후 3:10 '그러나 주의 날이 도적 같이 오리니 그 날에는 하늘이 큰 소리로 떠나가고 체질이 뜨거운 불에 풀어지고 땅과 그 중에 있는 모든 일이 드러나리로다'

제 17 장

음녀의 심판

17장 주해 내용
1. 큰 음녀의 정체와 멸망
2. 짐승인 적그리스도와 음녀의 정치적 관계
3. 세계 단일화 정부와 종교의 통합 운영
4. 인본주의의 최후

17장
음녀의 심판

계 17:1-2
또 일곱 대접을 가진 일곱 천사 중 하나가 와서 내게 말하여 가로되 이리 오라 많은 물 위에 앉은 큰 음녀의 받을 심판을 네게 보이리라 땅의 임금들도 그로 더불어 음행하였고 땅에 거하는 자들도 그 음행의 포도주에 취하였다 하고

'많은 물 위에 앉은 음녀', 먼저 15절로 보아 물은 많은 백성입니다. 큰 음녀는 계시록의 내용을 보아 세계 종교 통일 체제입니다(WCC ?). 바른 기독교 단체가 아니라 범종교 체제로서 하나님의 진리를 오히려 대적하는 통합종교단체입니다. 모든 종교인과 그 지도자 그리고 세속의 군왕들이 그 음녀와 교통하여 사상의 더럽힘을 받아 진리의 하나님을 대적하였으므로 하나님의 저주를 받게 될 것입니다.

'음행의 포도주' 역시 심판 받을 죄를 말합니다. 여기 포도주는 범죄하는 양심이요 그 술은 죄에 비유되고 있습니다. 타락한 사상의 가치관과 타락한 종교양심입니다.

계 17:3-5
곧 성령으로 나를 데리고 광야로 가니라 내가 보니 여자가 붉은빛 짐승을 탔는데 그 짐승의 몸에 참람된 이름들이 가득하고 일곱 머리와 열 뿔이 있으며, 그 여자는 자주빛과 붉은빛 옷을 입고 금과 보석과 진주로 꾸미고 손에 금잔을 가졌는데 가증한 물건과 그의 음행의 더러운 것들이 가득하더라, 그 이마에 이름이 기록되었으니 비밀이라, 큰 바벨론이라, 땅의 음녀들과 가증한 것들의 어미라 하였더라

사도 요한은 성령에 이끌리어 광야로 나가게 되었습니다. 그곳에서 그 음녀를 보게 되는데 이곳은 세속의 도시입니다. 황량한 광야 같은 세속을 강조하려고 하는 환상입니다. 그 여자는 붉은 빛 짐승을 탔는데 이 짐승의 모습은 12:3, 13:1의 그 용의 모습이요 짐승, 곧 적그리스도의 모습입니다.[1]

'붉은빛 짐승' (용)을 탔다 함은 적그리스도의 권력과 세력을 힘입었다는 말입니다. 그녀의 옷은 화려한 색깔이고 금 보석으로 호화로우며 손에는 금잔으로 온갖 유혹의 수단을 가졌다는 의미입니다.

'이마에 이름' 이 있으니 비밀, 즉 속임이요 음흉함이요, **'큰 바벨론'** 은 세속의 성이며 더럽고 하나님을 배도하는 모든 이의 어미라고 했습니다.

우리는 카톨릭의 교황의 모습을 보면서 음녀와 흡사한 느낌을 받습니다. 교황이 쓰는 그 이마의 어두상에는 '그리스도의 대리자'라 하고 쓰여져 있으며(숫자화 하면 666이 됩니다) 성당의 우람함 그리고 천주교에서 쓰는 금잔 등은 퍽이나 이 음녀의 모습과 어울립니다.

계 17:6-8

또 내가 보매 이 여자가 성도들의 피와 예수의 증인들의 피에 취한지라 내가 그 여자를 보고 기이히 여기고 크게 기이히 여기니, 천사가 가로되 왜 기이히 여기느냐 내가 여자와 그의 탄 바 일곱 머리와 열 뿔 가진 짐승의 비밀을 네게 이르리라, 네가 본 짐승은 전에 있었다가 시방 없으나 장차 무저갱으로부터 올라와 멸망으로 들어갈 자니 땅에 거하는 자들로서 창세 이후로 생명책에 녹명되지 못한 자들이 이전에 있었다가 시방 없으나 장차 나올 짐승을 보고 기이히 여기리라

---

1) 계 12:3 '하늘에 또 다른 이적이 보이니 보라 한 큰 붉은 용이 있어 머리가 일곱이요 뿔이 열이라 그 여러 머리에 일곱 면류관이 있는데'
  계 13:1 '내가 보니 바다에서 한 짐승이 나오는데 뿔이 열이요 머리가 일곱이라 그 뿔에는 열 면류관이 있고 그 머리들에는 참람된 이름들이 있더라'

이 여자는 특히 '**예수의 증인들**', 기독교인을 핍박하고 순교케 했습니다. 말세에 모든 종교가 통일되고 바른 기독 신자를 핍박하게 되는데 이 여자의 본거지가 9절 이하로 보아 로마인 듯 합니다.

사도 요한이 기이하게 여기는 이 여자를 천사가 상세히 설명해 주는데, 먼저 '**일곱 머리와 열 뿔 가진 짐승**'을 설명합니다. 장차 나올 짐승으로 세인들이 모두 기이히 여기고 따를 짐승, 곧 적그리스도입니다(계 13:8).[2] 이 여자가 적그리스도의 권세를 힘입고 세계 종교를 통합하여 세속적인 영화를 누리게 될 것을 뜻합니다. 정치와 종교가 분리, 정교분리가 되지 않고는 제대로 종교의 위치가 확보되지 않습니다.

초대교회 시대에도 이스라엘의 종교 지도자들이 정치에 아부하며 권세를 등에 업고 부패하여 결과적으로 나라도 잃어버리는 결과를 초래했습니다. 중세기에도 종교와 정치가 구분되지 않고 세속화되다가 타락했습니다. 종교인들이 타락하면 사회의 정신은 두말할 것 없이 부패하고 마는 것입니다. 지금도 소위 정치적 목사와 지도자들은 세속주의적 방법으로 교회의 거룩한 정신을 잃게 합니다. 아주 무서운 이단적 사상입니다. 목사의 정치성과 정치적인 교회 사상은 다릅니다.

계 17:9-10

지혜 있는 뜻이 여기 있으니 그 일곱 머리는 여자가 앉은 일곱 산이요, 또 일곱 왕이라 다섯은 망하였고 하나는 있고 다른 이는 아직 이르지 아니하였으나 이르면 반드시 잠간동안 계속하리라

---

[2] 계 13:8 '죽임을 당한 어린 양의 생명책에 창세 이후로 녹명되지 못하고 이 땅에 사는 자들은 다 짐승에게 경배하리라'

일곱 머리는 여자가 앉은 일곱 산이라 했는데 당시 일곱 산은 로마에 있는 일곱 산입니다. 이는 하나님을 대적한 일곱 나라들을 상징합니다. 일곱 왕 중 **다섯은 망하였고 하나는 있고** 라는 구절은 그때 요한이 처한 시대를 두고 말세의 교훈을 주시는데 당시 로마의 황제에 적용시키면 다섯은 여러 왕들이 있어서 누군지 몰라도 요한 당시의 '**하나는 있고**' 의 그 왕은 도미시안 황제였습니다. 또 이것을 역사 전체로 보아 하나님을 대적한 나라로 볼 때 애굽, 앗수르, 바벨론, 메데·파사, 헬라로 다섯 나라요 요한 당시의 로마는 여섯 번째가 됩니다.

> **계 17:11-13**
> 전에 있었다가 시방 없어진 짐승은 여덟째 왕이니 일곱 중에 속한 자라 저가 멸망으로 들어가리라, 네가 보던 열 뿔은 열 왕이니 아직 나라를 얻지 못하였으나 다만 짐승으로 더불어 임금처럼 권세를 일시 동안 받으리라, 저희가 한 뜻을 가지고 자기의 능력과 권세를 짐승에게 주더라

'**전에 있었다가 시방 없어진 짐승**' 은 네로같은 그 이상의 폭군으로 하나님을 훼방하는 자인데 그가 일곱 머리에 속하여 전체의 대표된 8번째 왕이라는 말입니다. 10개 나라 7왕 중에서 또한 전체대표로 제 8번째 왕인데 그가 적그리스도입니다. 세속의 만수인 10개 나라가 형성되면 적그리스도로 더불어 세계 속의 임금들로 군림하고 모든 권세를 10개국의 대표인 적그리스도에게 주므로 적그리스도의 세력은 세계 전체를 주도하게 됩니다.

> **계 17:14**
> 저희가 어린 양으로 더불어 싸우려니와 어린 양은 만주의 주시요 만왕의 왕이시므로 저희를 이기실 터이요 또 그와 함께 있는 자들 곧 부르심을 입고 빼내심을 얻고 진실한자들은 이기리로다

적그리스도의 군대가 예수 그리스도를 상대로 싸우지만 패배하게 될 것입니다. 성도들, 특히 진실한 자들이 이길 것이라 했는데 이는 거짓된 마귀적 세속 권세에 신앙 사상으로 승리한다는 뜻입니다. 주께서 강림하실 때에 주의 곁에서 적그리스도의 도전을 능히 이기게 될 것입니다. **'진실한 자들'** 이 이긴다 하심은 진리 가운데서 오직 주 예수로 승리하는 자입니다.

> **계 17:15-16**
> 또 천사가 내게 말하되 네가 본 바 음녀의 앉은 물은 백성과 무리와 열국과 방언들이니라, 네가 본 바 이 열 뿔과 짐승이 음녀를 미워하여 망하게 하고 벌거벗게 하고 그 살을 먹고 불로 아주 사르리라

'음녀의 앉은 물', 이 음녀는 많은 백성 위에 군림하여 있었는데 적그리스도의 군대가 여러 가지로 그리스도께 패배하고 보니 세계 종교 단일 체제도 도리어 원망스러울 따름인즉 적기독국과 적그리스도는 음녀를 미워하여 망하게 합니다. 그래서 세상은 속이고 속는다 했던가요?[3]

사단은 속이는 자이기 때문에 굿 자주 하는 집안은 대개 망하게 되는 것을 보게 됩니다. 사단은 인생으로 하여금 멸망케 합니다. 그는 죽음의 신이기 때문에 그를 의지하여 혹 혜택을 입었다 하여도 결국은 손해가 되고 함께 멸망하게 됩니다(요 8:44, 히 3:14).[4]

---

3) 딤후 3:13 '악한 사람들과 속이는 자들은 더욱 악하여져서 속이기도 하고 속기도 하나니'
4) 요 8:44 '너희는 너희 아비 마귀에게서 났으니 너희 아비의 욕심을 너희도 행하고자 하느니라 저는 처음부터 살인한 자요 진리가 그 속에 없으므로 진리에 서지 못하고 거짓을 말할 때마다 제 것으로 말하나니 이는 저가 거짓말쟁이요 거짓의 아비가 되었음이라'
히 2:14 '자녀들은 혈육에 함께 속하였으매 그도 또한 한 모양으로 혈육에 함께 속하심은 사망으로 말미암아 사망의 세력을 잡은 자 곧 마귀를 없이 하시며'

적그리스도의 사단적 능력과 세력을 하나님은 허용하시고 결국 그들이 심판 받게 하십니다. 죄를 작용케 하시는 것이 아니라 타락과 그로 인해 버림받을 대상에 대해 하나님이 **'자기 뜻대로'** 허용하시므로 하나님의 백성을 괴롭게 하겠지만 결국은 그들이 패배하게 하십니다.

그것은 마치 바로의 마음을 악하게 하신 후 이스라엘이 스스로의 능력으로 탈출 할 수 없게 하시고 오직 믿음으로 승리하게 하셔서 하나님 권능의 역사를 보게 하심과 같은 맥락입니다(롬9:15-18).[5]

모든 권세는 위로부터 왔으며 악한 자도 선의 상대역으로 하나님의 거룩하신 뜻 안에서 감당할 예정된 자입니다. 그러므로 아무리 악한 자가 없기를 소원하여도 악한 자는 세상 어느 시대나 존재합니다.

하나님의 역사를 이루시기 위해 악한 자들이 상대역을 맡은 것이라 볼 것입니다. 그런 악한 마음을 가진 자는 도리어 하나님을 대적하는 것이 옳다고 주장합니다. 이것이 인간의 자아 의식의 한계입니다(롬13:1).[6]

> **계 17:17-18**
> 하나님이 자기 뜻대로 할 마음을 저희에게 주사 한 뜻을 이루게 하시고 저희 나라를 그 짐승에게 주게 하시되 하나님 말씀이 응하기까지 하심이니라, 또 내가 본 바 여자는 땅의 임금들을 다스리는 큰 성이라 하더라

---

5) 롬 9:15-18 '모세에게 이르시되 내가 긍휼히 여길 자를 긍휼히 여기고 불쌍히 여길 자를 불쌍히 여기리라 하셨으니 그런즉 원하는 자로 말미암음도 아니요 달음박질하는 자로 말미암음도 아니요 오직 긍휼히 여기시는 하나님으로 말미암음이니라 성경이 바로에게 이르시되 내가 이 일을 위하여 너를 세웠으니 곧 너로 말미암아 내 능력을 보이고 내 이름이 온 땅에 전파되게 하려 함이로라 하셨으니 그런즉 하나님께서 하고자 하시는 자를 긍휼히 여기시고 하고자 하시는 자를 강퍅케 하시느니라'

6) 롬 13:1 '각 사람은 위에 있는 권세들에게 굴복하라 권세는 하나님께로 나지 않음이 없나니 모든 권세는 다 하나님의 정하신 바라'

그리고 이 여자는 땅의 임금들을 다스리는 '큰 성'이라 했는데 여기 땅의 임금을 다스리는 것은 적그리스도처럼 정치적(바다;13:1) 세력으로 지배한다는 것이 아니라 종교적(땅)인 세력을 의미합니다.

제 18 장

바벨론의 멸망

18장 주해 내용
1. 성경에서 바벨론이 의미하는 세속주의
2. 바벨론성의 멸망
3. 세계의 무역과 과학주의 멸망

18장
음녀의 심판

계 18:1-3

이 일 후에 다른 천사가 하늘에서 내려오는 것을 보니 큰 권세를 가졌는데 그의 영광으로 땅이 환하여지더라. 힘센 음성으로 외쳐 가로되 무너졌도다 무너졌도다 큰 성 바벨론이여 귀신의 처소와 각종 더러운 영의 모이는 곳과 각종 더럽고 가증한 새의 모이는 곳이 되었도다. 그 음행의 진노의 포도주를 인하여 만국이 무너졌으며 또 땅의 왕들이 그로 더불어 음행 하였으며 땅의 상고들도 그 사치의 세력을 인하여 치부하였도다 하더라

또 일곱 천사 중 다른 한 천사가 큰 권세를 가지고 하늘로서 오니 땅이 환하였습니다. 힘있는 소리로 적그리스도의 보좌인(예루살렘) 바벨론이 무너짐을 예고합니다(시137:8).[1]

결국 그 귀신의 영을 발산하던 곳이요 온갖 **'더러운 영'** 들이 모이던 그 곳이 무너집니다. **'가증한 새'** 는 사단의 영으로 악령을 말합니다. 비유된 새는 광야에 있는 들까마귀 정도로 보면 되겠습니다(막 4:3, 15).[2]

하나님을 배도한 그 영적 음행의 죄로 심판 받아 무너졌습니다.

---

1) 시 137:8 '여자 같은 멸망할 바벨론아 네가 우리에게 행한대로 네게 갚는 자가 유복하리로다'
2) 막 4:3 '들어라 씨를 뿌리는 자가 뿌리러 나가서'
   막 4:15 '말씀이 길 가에 뿌리웠다는 것은 이들이니 곧 말씀을 들었을 때에 사단이 즉시 와서 저희에게 뿌리운 말씀을 빼앗는 것이요'

모든 세속의 왕들이 그 적그리스도 성(예루살렘)과 결탁하여 사상적으로 하나님 앞에 온갖 것으로 더럽혔으며 모든 상인들도 바벨론의 독재적 사치로 인해 넘치는 부를 함께 누렸던 것입니다.

> **계 18:4-5**
> 또 내가 들으니 하늘로서 다른 음성이 나서 가로되 내 백성아, 거기서 나와 그의 죄에 참예하지 말고 그의 받을 재앙들을 받지 말라, 그 죄는 하늘에 사무쳤으며 하나님은 그의 불의한 일을 기억하신지라

'내 백성' 은 대환난 중에 있는 살아 있는 백성을 말하며 13장에서 대환난 후반부에서 성도들이 모두 순교한 것이 아니라는 점을 말해 줍니다. 물론 성도가 세상 끝에 내려지는 유황불 심판 중에 있다 함이 아니라 이와 같이 무너지는 바벨론의 종말을 예고하시면서 말세 성도들에게 그 죄악에 물들지 말고 그 부패한 사상에서 분리되어 **'나오라'** 는 것입니다.

노아 때는 죄악이 땅에만 관영했으나 말세에는 하늘에까지 사무치게 되었습니다(창6:5, 계18:5).[3]

천상천하가 죄악으로 가득 차니 불로써 하늘과 땅을 태울 것입니다. 하늘에 죄악은 여러 공해와 언제 어디에 떨어질지 모르는 수많은 공중의 위성들도 문제입니다.

'죄가 하늘에까지' 사무쳤다 함은 죄악의 정도를 나타내는 말입니다. 말세의 죄악은 온 세상에 충만하여 하늘과 땅이 저주를 받게 된다는 것입니다.

---

3) 창 6:5 '여호와께서 사람의 죄악이 세상에 관영함과 그 마음의 생각의 모든 계획이 항상 악할 뿐임을 보시고'
계 18:5 '그 죄는 하늘에 사무쳤으며 하나님은 그의 불의한 일을 기억하신지라'

> **계 18:6-7**
>
> 그가 준 그대로 그에게 주고 그의 행위대로 갑절을 갚아주고 그의 섞은 잔에도 갑절이나 섞어 그에게 주라, 그가 어떻게 자기를 영화롭게 하였으며 사치하였든지 그만큼 고난과 애통으로 갚아 주라 그가 마음에 말하기를 나는 여황으로 앉은 자요 과부가 아니라 결단코 애통을 당하지 아니하리라 하니

바벨론의 적그리스도가 성도에게 괴롭힌 모든 죄악에 갑절의 형벌을 가하신다 했습니다. 적그리스도의 영화로운 생활과 사치에 대한 형벌로 '**고난과 애통**'으로 갚으십니다. 가혹한 형벌일 것입니다.

적그리스도는 스스로 '**여황**'이라, 과부같이 외롭지 않다는 고백은 거짓말입니다. 그는 애통을 당하게 되고 외로운 상태의 극치에 달할 것입니다.

세상은 언제나 평화를 외치고 있으나 사실은 평강이 없는 역사입니다. 땅에서의 평강, 그것은 사단의 거짓말에 불과합니다. 세상은 언제나 하나님이 없이 즐겁고 만족한 듯 거짓말을 합니다. 그러나 옛이나 지금이나 미래에도 세상은 언제나 외롭고 쓸쓸하게 인생을 사는 곳입니다.

> **계 18:8**
>
> 그러므로 하루 동안에 그 재앙들이 이르리니 곧 사망과 애통과 흉년이라 그가 또한 불에 살라지리니 그를 심판하신 주 하나님은 강하신 자이심이니라

적그리스도국의 영광이 영원할 것처럼 지내 왔으나 하나님의 심판이 이르니 '**하루 동안**'에 사망과 애통과 흉년이 들었습니다. 그의 풍요에 대한 형벌입니다.

하루 동안에 들이닥친 이 재앙을 다른 말로는 번개같이, 덫과 같이, 해산날같이, 그물같이, 도끼같이 일시간에 재앙으로 망케 된다

는 것입니다(마24:27, 살전5:3, 마13:47, 마3:10, 계18:17, 눅21:34, 히 9:27).[4]

> **계 18:9-10**
> 그와 함께 음행하고 사치하던 땅의 왕들이 그 불붙는 연기를 보고 위하여 울고 가슴을 치며 그 고난을 무서워하여멀리 서서 가로되 화 있도다 화 있도다 큰 성, 견고한 성 바벨론이여 일시간에 네 심판이 이르렀다 하리로다

그 동안 바벨론과 연합하고 사치하며 교류하고 따르던 모든 나라 왕들과 종교계 지도자들까지 하나님의 심판에 불타는 바벨론을 보며 울고 가슴을 칩니다. 무서운 고난을 받고 그들은 가까이서 볼 수 없었고 멀리 서서 화 있도다, 화 있도다 하며 그 큰 바벨론성이 무너짐에 망연자실합니다.

'화 있도다' 란 말은 일찍 예수님께서 교만한 고라신과 베세다 지역 및 가버나움을 책망하실 때 이르신 말씀인데 말세에 심판 받는 세상이 이 말을 뱉습니다. 이 말의 뜻은 상여를 메고 가면서 죽은 자

---

4) 마 24:27 '번개가 동편에서 나서 서편까지 번쩍임 같이 인자의 임함도 그러하리라'
살전 5:3 '저희가 평안하다, 안전하다 할 그 때에 잉태된 여자에게 해산 고통이 이름과 같이 멸망이 홀연히 저희에게 이르리니 결단코 피하지 못하리라',
마 13:47 '또 천국은 마치 바다에 치고 각종 물고기를 모는 그물과 같으니'
마 3:10 '이미 도끼가 나무 뿌리에 놓였으니 좋은 열매 맺지 아니하는 나무마다 찍혀 불에 던지우리라'
계 18:17 '그러한 부가 일시간에 망하였도다 각 선장과 각처를 다니는 선객들과 선인들과 바다에서 일하는 자들이 멀리 서서'
세상은 하나님의 심판을 기억하지 않고 죄를 범합니다. 지옥의 심판이 있음을 기억한다면 이렇게 세상이 어지럽지 않을 것이나 망각하기 때문에 죄 짓는 일에 용감할 뿐입니다. 그러나 사필귀정으로 죄에 대한 형벌은 반드시 있을 것입니다.
눅 21:34 '너희는 스스로 조심하라 그렇지 않으면 방탕함과 술취함과 생활의 염려로 마음이 둔하여지고 뜻밖에 그 날이 덫과 같이 너희에게 임하리라'
히 9:27 '한 번 죽는 것은 사람에게 정하신 것이요 그 후에는 심판이 있으니'

를 위하여 목놓아 울며 슬퍼하는 완전한 절망의 상태를 뜻합니다.

> **계 18:11-13**
> 땅의 상고들이 그를 위하여 울고 애통하는 것은 다시 그 상품을 사는 자가 없음이라, 그 상품은 금과 은과 보석과 진주와 세마포와 자주 옷감과 비단과 붉은 옷감이요 각종 향목과 각종 상아 기명이요 값진 나무와 진유와 철과 옥석으로 만든 각종 기명이요, 계피와 향료와 향과 향유와 유향과 포도주와 감람유와 고운 밀가루와 밀과 소와 양과 말과 수레와 종들과 사람의 영혼들이라

상인들의 애통인데 그들은 적그리스도국에 갖은 상품 무역으로 부를 누리던 자들로 이제 망하게 되어 애통합니다.

그 동안 거래한 상품들은 일곱 가지로 대별됩니다.

첫째는 금, 은, 보석, 진주입니다. 이 상품은 처음부터 세상 끝날까지 사람들이 애호하는 상품들입니다.

둘째는 의류로 비싼 세마포와 자주옷감(왕실의 색깔)과 비단과 붉은 옷감(연회용)이며,

셋째는 가구와 장식품으로 향목(물 들일 수 있는 나무로 비싼 가격), 상아 기명(살림 그릇), 값진 나무, 진유(놋쇠), 철, 옥석(대리석)이며,

넷째는 향류로 계피, 향료, 향(분향에 쓰임), 향유(몰약, 방부제), 유향(나무 진, 술, 몸에도 사용)이며,

다섯째는 식료품으로 포도주, 감람유(등잔에 사용), 밀가루이며,

여섯째는 가축류로 소, 양, 말과 수레였습니다.

그리고 마지막 상품은 노예류인데 종들과 사람의 영혼을 뜻합니다. 노예는 단순히 육체 노동을 위해 사고 팔렸지만 사람의 영혼이라 표현할 때 이는 정신적으로 상품화 할 만큼 인간을 매도했다는 깊은 뜻이 있습니다. 권력과 부로 자존심과 인간의 그 존귀성 마저

매도하는 일이 얼마든지 있습니다. 오늘날 소위 서비스 업종에 많은 여성들이 실재 매도되고 있습니다.

> **계 18:14-20**
> 바벨론아 네 영혼의 탐하던 과실이 네게서 떠났으며 맛 있는 것들과 빛난 것들이 다 없어졌으니 사람들이 결코 이것들을 다시 보지 못하리로다. 바벨론을 인하여 치부한 이 상품의 상고들이 그 고난을 무서워하여 멀리 서서 울고 애통하여, 가로되 화 있도다 화 있도다 큰 성이여 세마포와 자주와 붉은 옷을 입고 금과 보석과 진주로 꾸민 것인데, 그러한 부가 일시간에 망하였도다 각 선장과 각처를 다니는 선객들과 선인들과 바다에서 일하는 자들이 멀리 서서, 그 불붙는 연기를 보고 외쳐 가로되 이 큰 성과 같은 성이 어디 있느뇨 하며, 티끌을 자기 머리에 뿌리고 울고 애통하여 외쳐 가로되 화 있도다 화 있도다 이 큰 성이여 바다에서 배 부리는 모든 자들이 너의 보배로운 상품을 인하여 치부하였더니 일시간에 망하였도다, 하늘과 성도들과 사도들과 선지자들아 그를 인하여 즐거워하라 하나님이 너희를 신원하시는 심판을 그에게 하셨음이라 하더라

바벨론에 맛있는 음식과 빛나는 물건들이 다 없어지고 이젠 영원히 볼 수도 없게 됐습니다. 바벨론에 무역하던 상인들은 멀리 서서 애통할 뿐 더 이상 희망이 없습니다. 금, 은, 보석으로 꾸몄던 바벨론의 무너짐을 애통하며 '**일시간에**' (17) 망하게 된 바벨론을 보며 좌절하고 말았습니다.

그 날도 상품 교역을 위해 오던 중이었든지 16절에 바다에서 멀리 보이는 바벨론 성을 바라보고 선장과 선객들이 머리에 티끌을 날리며 통곡하니 후회가 막심하다는 것을 볼 수 있습니다.

결국엔 세상 세력이 이처럼 처참히 불타고 무너지니 하늘과 성도들은 기뻐하라 했습니다. 아니 언제라도 그럴 줄 알고 고난을 도리어 기뻐 할 줄 알며 세속의 부와 권세로 치부하는 이들을 부러워 할 것이 아니라는 점을 기억 할 것입니다.

> 계 18:21-22
>
> 이에 한 힘센 천사가 큰 맷돌 같은 돌을 들어 바다에 던져 가로되 큰 성 바벨론이 이같이 몹시 떨어져 결코 다시 보이지 아니하리로다, 또 거문고 타는 자와 풍류하는 자와 퉁소 부는 자와 나팔 부는 자들의 소리가 결코 다시 네 가운데서 들리지 아니하고 물론 어떠한 세공업자든지 결코 다시 네 가운데서 보이지 아니하고 또 맷돌 소리가 결코 다시 네 가운데서 들리지 아니하고

'**힘센 천사**'가 큰 맷돌 같은 돌로 바다에 던지니 이는 다시는 떠오르지 못한다는 의미로 세속적 바벨론의 종국을 뜻합니다.

거문고 타는 자, '**풍류하는 자**' (음악가), 퉁소 부는 자, 나팔 부는 자들은 이제 더 이상 없을 것이라 함은 세상 희락이 끝이 난다는 말입니다.

'**세공업자**'는 모든 기계 공업들이 끝나고, '**맷돌**'은 곡식을 빻아 음식을 만드는 도구이니 그 소리가 들리지 않음은 바벨론의 풍요한 식사 문화 생활들이 끝났다는 말입니다. 경제 위기라는 이 말세의 시기에도 처처에 음식점은 빼곡히 들어 서 있습니다. 얼마나 과식, 과욕을 하는지 모릅니다(렘51:63,64).[5]

> 계 18:23-24
>
> 등불 빛이 결코 다시 네 가운데서 비취지 아니하고 신랑과 신부의 음성이 결코 다시 네 가운데서 들리지 아니하리로다 너의 상고들은 땅의 왕들이라 네 복술을 인하여 만국이 미혹되었도다, 선지자들과 성도들과 및 땅 위에서 죽임을 당한 모든 자의 피가 이 성중에서 보였느니라 하더라

'**등불 빛**'은 밤을 밝힐 뿐 아니라 요즘의 현란한 조명으로도 간주

---

5) 렘 51:63-64 '너는 이 책 읽기를 다한 후에 책에 돌을 매어 유브라데 하수 속에 던지며 말하기를 바벨론이 나의 재앙내림을 인하여 이같이 침륜하고 다시 일어나지 못하리니 그들이 쇠패하리라 하라 하니라 예레미야의 말이 이에 마치니라'

됩니다. '**신랑과 신부의 음성**' 이 없어짐은 결혼이 더 이상 없다는 것이며 또한 음란한 남녀 교제들의 환락도 끝난다는 말입니다. 돈 있는 '**상고**' 들은 왕족같이 세속을 살았고 세속적으로 타락하도록 모든 나라와 국민을 속였습니다.

물질만능주의, 쾌락주의로 부유층에서 평범하고 건전하게 사는 민중을 현혹하는 현대는 바로 복술에 걸린 상태입니다. 그들은 참 신앙과 진실함을 거슬려 성도를 핍박하고 피를 흘리게 하여 그 대가의 형벌을 받았던 것입니다.

대개의 경우 물질의 풍요와 정치 권력은 진리와 정직을 파괴하기 쉽고 인간 본성의 교만과 부패를 유혹하는 복술의 기질을 발휘합니다. 바벨론과 로마가 그랬고 건전한 왕들도 때로는 부와 권세 때문에 타락한 예를 성경에서 그리고 세속 역사에서 얼마든지 보게 됩니다.

제 19 장

예수 그리스도의 재림

19장 주해 내용
1. 예수 그리스도의 재림을 환영하는 찬송
2. 재림하시는 예수 그리스도의 자태
3. 심판의 도구
4. 적그리스도의 최후

19장
예수 그리스도의 재림

> **계 19:1-2**
> 이 일 후에 내가 들으니 하늘에 허다한 무리의 큰 음성 같은 것이 있어 가로되 할렐루야 구원과 영광과 능력이 우리 하나님께 있도다, 그의 심판은 참되고 의로운지라 음행으로 땅을 더럽게 한 큰 음녀를 심판하사 자기 종들의 피를 그의 손에 갚으셨도다 하고

첫 번째 찬양(할렐루야)이 나오는데, 하늘에서의 찬송으로 특히 순교자들을 위로하면서 하나님의 의로운 심판을 찬양하는 천사들의 노래로 보입니다. **'자기 종들의 피를 그의 손에 갚으셨도다'** 라는 표현에서 볼 수 있습니다.

> **계 19:3-5**
> 두 번째 가로되 할렐루야 하더니 그 연기가 세세토록 올라 가더라, 또 이십 사 장로와 네 생물이 엎드려 보좌에 앉으신 하나님께 경배하여 가로되 아멘 할렐루야 하니 보좌에서 음성이 나서 가로되 하나님의 종들 곧 그를 경외하는 너희들아 무론대소하고 다 우리 하나님께 찬송하라

두 번째 할렐루야 하니 **'그 연기가 세세토록 올라가더라'** 했습니다. 이는 바벨론의 영원한 멸망이자 의로운 하나님의 심판을 뜻합니

다. 24장로와 4생물들이 엎드려 하나님께 경배하고(장로들은 경배가 주 업무, 5:14) 앞선 찬양에 아멘 할렐루야로 응답하니 보좌에서 음성이 나왔습니다. 여기 **'하나님의 종들'** 은 하나님을 경외하는 모든 신구약 성도들입니다.

우리 **'하나님께 찬양하라'** 고 했는데 이는 24장로나 4생물은 경배하고 있으니 그들의 음성이 아닙니다. 여기 하나님께 찬송하라 말하는 보좌의 음성은 확정하기 어려우나 찬양을 주도하는 거룩한 천사가 있을 것입니다. 계시록에는 각기 맡은 바대로 봉사하는 여러 천사들이 등장합니다.

계 19:6-8

또 내가 들으니 허다한 무리의 음성도 같고 많은 물소리도 같고 큰 뇌성도 같아서 가로되 할렐루야 주 우리 하나님 곧 전능하신 이가 통치하시도다, 우리가 즐거워하고 크게 기뻐하여 그에게 영광을 돌리세 어린 양의 혼인 기약이 이르렀고 그 아내가 예비하였으니, 그에게 허락하사 빛나고 깨끗한 세마포를 입게 하셨은즉 이 세마포는 성도들의 옳은 행실이로다 하더라

순교자들의 영혼의 소리에 응답하여 모든 만국 성도들의 노래입니다. 얼마나 많은 성도들의 소리인지 큰 뇌성과도 같았습니다.

그 내용은 **'주 우리 하나님'**, 즉 적그리스도의 주권적 세계가 무너지고 이제 바야흐로 우리 하나님이 주관하시는 시대를 일컫고 즐겁고 기뻐하며 또한 영광을 돌리라고 노래합니다.

'어린 양의 혼인 기약이 이르렀고' 는 예수 그리스도와 성도가 만나는 때가 이르렀다는 말입니다.

'그 아내' 는 신부된 교회를 뜻하며, 신랑을 맞이할 **'빛나고 깨끗한 세마포 옷'** 은 믿음으로 입은 의(義)의 옷입니다. 이는 성도들이

믿음의 정절로 하나님께 인정받는 마음의 옷입니다.

주를 맞이하려면 이 옷을 입어야 하는데, 마22:11-14에 잔칫집(천국)에 초청 받아 많은 자가 왔으되 예복 입지 않은 자는 바깥 어두운데, 즉 지옥으로 보낸다는 내용이 있습니다. 그 예복이 곧 믿음의 옷을 뜻합니다.[1]

> **계 19:9-10**
> 천사가 내게 말하기를 기록하라 어린 양의 혼인 잔치에 청함을 입은 자들이 복이 있도다 하고 또 내게 말하되 이것은 하나님의 참되신 말씀이라 하기로,내가 그 발 앞에 엎드려 경배하려 하니 그가 나더러 말하기를 나는 너와 및 예수의 증거를 받은 네 형제들과 같이 된 종이니 삼가 그리하지말고 오직 하나님께 경배하라 예수의 증거는 대언의 영이라 하더라

천사가 이 모든 심판관으로 성도들의 승리에 대해 기록할 것을 명합니다. 이 천사는 처음부터 계시를 전달한 그 천사로(1:1) 가브리엘일 것입니다.

'어린 양의 혼인 잔치' 는 성도들이 부활하여 주를 영접하는 것을 뜻합니다. 이 내용들 앞에서 사도 요한은 감동이 격한 나머지 천사에게 경배하려 했습니다(계 22:8).[2]

이 때 천사는 자신의 신분이 우리와 같이 주를 섬기는 종이라 하며 오직 하나님께만 경배할 것을 다짐합니다. 말세에 세상 사람들은 하나님 대신 여러 우상을 섬기며 그 끝날에는 권세와 능력으로 지배

---

1) 마 22:11-14 '임금이 손을 보러 들어올새 거기서 예복을 입지 않은 한 사람을 보고 가로되 친구여 어찌하여 예복을 입지 않고 여기 들어왔느냐 하니 저가 유구무언이어늘 임금이 사환들에게 말하되 그 수족을 결박하여 바깥 어두움에 내어 던지라 거기서 슬피 울며 이를 갊이 있으리라 하니라 청함을 받은 자는 많되 택함을 입은 자는 적으니라'
2) 계 22:8 '이것들을 보고 들은 자는 나 요한이니 내가 듣고 볼 때에 이 일을 내게 보이던 천사의 발 앞에 경배하려고 엎드렸더니'

하는 그 짐승을 섬기게 됩니다. 성령에 충만한 요한이 천사를 경배하려한 실수마저도 하지 않도록 오직 주 하나님께만 경배하고 다만 그를 섬길 것을 경고합니다.

'예수의 증거는 대언의 영', 예수님이 주신 말씀을 천사들이 대언하였으므로 천사에게 그 말씀의 권세와 영광이 있음이 아니라는 말입니다.

> **계 19:11**
> 또 내가 하늘이 열린 것을 보니 보라 백마와 탄 자가 있으니 그 이름은 충신과 진실이라 그가 공의로 심판하며 싸우더라

지금까지는 하늘 문이 열리고 성전도 열리었으나 이제는 하늘 자체가 열려 예수 그리스도의 재림의 광경이 실제화 됩니다.

'백마 탄 자' 인데 6장에도 나왔으나 그는 적그리스도였습니다. 여기 백마 탄 자는 **'충신과 진실'** 이란 이름을 가졌으니 하나님께 온전히 바쳐지고 참된 메시아이며 진리이시니 곧 예수 그리스도이십니다(사65:16, 요14:16).[3]

이렇게 계시록에서 여러 가지 비유가 나오지만 본 장의 백마 탄 자는 예수 그리스도로 밝히 알아차릴 수 있게 했습니다. 본 19장은 다른 곳(19장 이전)에 비교하여 볼 때 재림하시는 예수님에 대하여 아주 쉽게 기술된 것을 알 수 있습니다.

많은 사람들이 예수님의 재림을 계시록 19장 이전으로 추산하나

---

3) 사 65:16 '이러므로 땅에서 자기를 위하여 복을 구하는 자는 진리의 하나님을 향하여 복을 구할 것이요 땅에서 맹세하는 자는 진리의 하나님으로 맹세하리니 이는 이전 환난이 잊혀졌고 내 눈 앞에 숨겨졌음이니라'
요 14:6 '예수께서 가라사대 내가 곧 길이요 진리요 생명이니 나로 말미암지 않고는 아버지께로 올 자가 없느니라'

본 계시록 전체를 보아서 여기, 19장에 비로소 강림하시는 것이 대체로 쉬운 표현으로 되어 있어서 내용이 다른 곳보다 뚜렷하게 대조되고 있습니다. 복음서나 성경 다른 곳에서 일컫는 용례의 단어들로 본 장의 백마 탄 자는 예수님이신 것을 충분히 깨닫게 해주고 있습니다. 예수 그리스도께서는 성도들과 함께 지상에 강림하시며 세속의 모든 적그리스도 군대와 싸우실 것입니다. 공의의 심판 주로 오시며 승리하실 것입니다.

> **계 19:12-13**
>
> 그 눈이 불꽃 같고 그 머리에 많은 면류관이 있고 또 이름 쓴 것이 하나가 있으니 자기 밖에 아는 자가 없고, 또 그가 피 뿌린 옷을 입었는데 그 이름은 하나님의 말씀이라 칭하더라

재림하시는 예수 그리스도는 이제 심판주로 오시므로 '**그 눈이 불꽃**' 같다고 형용합니다. 즉 무서운 모습입니다. 그리고 분명하게 판단하실 주의 지혜이자 마음의 표시입니다.

'**머리에 많은 면류관**' 이 있으니 6:1,2의 백마 탄 자, 적그리스도와 다릅니다. 주님은 많은 면류관을 쓰시므로 만 왕의 왕 되심과 만유의 주로 그 영광을 뜻합니다. 이 면류관의 원문은 6:2의 적그리스도가 쓴 월계관인 스테파누스($\sigma\tau\epsilon\phi\acute{a}\nu o\upsilon\varsigma$)가 아니라 왕관을 뜻하는 디아데마타($\delta\iota a\delta\acute{\eta}\mu a\tau a$)입니다.

그리고 이름이 새겨져 있는데 아무도 그 새 이름을 알 수 없고 오직 주께서만 아시는 이름이라 했습니다. 마치 신인(神人) 양성을 가지시되 하나님의 아들로서 사람이시며 또한 하나님과 같으신 예수 그리스도께 대한 적당한 그 분 실존에 알맞은 이름을 형용하기가 어려운 것을 뜻합니다.

주께서 **'피 뿌린 옷'**을 입으셨는데 그 이름은 하나님의 말씀이라 했으니 의로우신 하나님 말씀대로 심판하시는 주라는 뜻입니다. 충신과 진실로 하나님을 순종하여 십자가에서 죽으사 희생하신 그 보혈의 옷이 보이는데 이는 하나님께 드려진 그리스도의 영광이요 능력을 말합니다.

혹 어떤 이는 사 63:3을 연관하여 원수들의 피에 젖은 승리자의 옷을 뜻한다고 하나 말씀의 칼로 심판하실 자는 선혈이 낭자한 옷가지로써 진정한 승리의 모습을 나타내려 하시지는 않을 것으로 봅니다.[4]

만왕의 왕으로 재림하시는 만주의 주(主)라는 정도에서 그러합니다. 주의 양손과 양 발의 못자국은 우리의 가슴을 울리는 영원한 상징이자 영광이 되듯이 그리스도의 보혈은 모든 승리의 근거입니다.

> **계 19:14-16**
> 하늘에 있는 군대들이 희고 깨끗한 세마포를 입고 백마를 타고 그를 따르더라, 그의 입에서 이한 검이 나오니 그것으로 만국을 치겠고 친히 저희를 철장으로 다스리며 또 친히 하나님 곧 전능하신 이의 맹렬한 진노의 포도주 틀을 밟겠고, 그 옷과 그 다리에 이름 쓴 것이 있으니 만왕의 왕이요 만주의 주라 하였더라

하늘의 **'군대'**는 성도들입니다. 왜냐하면 희고 깨끗한 세마포를 입었으니 성도의 것이지 천사의 것이 아니요, 또한 백마를 타니 승리자요 이긴 자가 타는 말입니다. 천사가 환난에 이길 일은 없습니다.

---

4) 사 63:3 '만민 중에 나와 함께 한 자가 없이 내가 홀로 포도즙 틀을 밟았는데 내가 노함을 인하여 무리를 밟았고 분함을 인하여 짓밟았으므로 그들의 선혈이 내 옷에 뛰어 내 의복을 다 더럽혔음이니'

주의 입에서 계1:16대로(말씀의) 검이 나오고 세상을 철장으로 다스리니 절대적 권세라, 하나님의 심판을 대신 행하니 맹렬한 진노의 포도주 틀을 밟는다 했습니다.[5]

주의 **'옷과 다리'** 에 쓰인 이름도 만 왕의 왕 만주의 주라 함은 앞서 적그리스도의 영광을 대조하여 표현합니다.

> **계 19:17-18**
> 또 내가 보니 한 천사가 해에 서서 공중에 나는 모든 새를 향하여 큰 음성으로 외쳐 가로되 와서 하나님의 큰 잔치에 모여, 왕들의 고기와 장군들의 고기와 장사들의 고기와 말들과 그 탄 자들의 고기와 자유한 자들이나 종들이나 무론 대소하고 모든 자의 고기를 먹으라 하더라

'해에 서서', 영광스러움을 뜻하고 높은 곳에서 어떤 천사가 공중에 날고 있는 새들을 향해 예수 그리스도 앞에서 죽은 모든 시체들을 먹으라고 외칩니다.

팔레스틴에는 악종 검은 독수리가 많이 번식해 있습니다. 앞서 바다의 생물이 다 죽고 물도 마시지 못하며 나무도 불탔으나 이 새들은 살아 있었습니다. 무척 배고픈 중에 생존한 새들일 것입니다. 아마 그것들이 그 시체들을 먹게 될 것으로 봅니다.

> **계 19:19-21**
> 또 내가 보매 그 짐승과 땅의 임금들과 그 군대들이 모여 그 말 탄 자와 그의 군대로 더불어 전쟁을 일으키다가, 짐승이 잡히고 그 앞에서 이적을 행하던 거짓 선지자도 함께 잡혔으니 이는 짐승의 표를 받고 그의 우상에게 경배하던 자들을 이적으로 미혹하던 자라 이 둘이 산 채로 유황불 붙는 못에 던지우고, 그 나머지는 말 탄 자의 입으로 나오는 검에 죽으매 모든 새가 그 고기로 배불리우더라

---

5) 계 14:19-20 '천사가 낫을 땅에 휘둘러 땅의 포도를 거두어 하나님의 진노의 큰 포도주 틀에 던지매 성 밖에서 그 틀이 밟히니 틀에서 피가 나서 말굴레까지 닿았고 일천 육백 스다디온에 퍼졌더라'

최종적으로 적그리스도의 군대가 하늘로부터 강림하시는 그리스도의 군대를 향해 전쟁을 일으켰으나 패합니다.

결국 짐승인 적그리스도는 잡히게 되고 그의 오른 팔이던 **'거짓 선지자'** (두 뿔 가진 짐승)도 함께 잡힙니다. 이 둘을 산채로 유황불 붙는 곳에 던집니다. 산채로 던진다 함은 무서운 형벌이며 **'유황불 붙는 못'** 은 지옥의 그곳입니다.

따라서 육신을 갖고 어떤 느낌으로 지옥이 불못에 던져 지는가가 의문입니다. 먼저 적그리스도와 거짓 선지자는 육신이 있는 사람이기에 지옥에 가려면 일단 영으로 먼저 가야하고 마지막 심판 때(백보좌 심판)는 모든 불신자들과 같이 육신이 다시 살아 부활하되 저주받기 위함이요, 그러나 영원히 죽지 못하는 몸으로 지옥 형벌을 받습니다.

그러므로 요한이 본 이 환상, 산채로 유황불 붙는 못에 던짐은 맹렬한 심판을 강조한 것같습니다. 그리고 그 외 모든 적그리스도의 군대와 미혹된 자들은 그리스도의 말씀의 검으로 죽임을 받습니다.

제 20 장

천년 왕국

20장 주해 내용
1. 마귀가 갇힌 후 천년 왕국의 시작
2. 첫째 부활의 신학적 의미
3. 백보좌의 심판

20장
천년 왕국

> **계 20:1-3**
>
> 또 내가 보매 천사가 무저갱 열쇠와 큰 쇠사슬을 그 손에 가지고 하늘로서 내려와서, 용을 잡으니 곧 옛 뱀이요 마귀요 사단이라 잡아 일천 년 동안 결박하여, 무저갱에 던져 잠그고 그 위에 인봉하여 천년이 차도록 다시는 만국을 미혹하지 못하게 하였다가 그 후에는 반드시 잠간 놓이리라

여기 '**천사**'는 9:1의 그 천사인 듯 합니다. 사단의 거처지인 무저갱에다 용을 잡아 결박하여 그 곳에 넣어 잠그고 천년이 차도록 하였습니다. 그 후 잠간 놓이다가 영원한 형벌의 지옥으로 보내어 질 것입니다. 천년왕국에 대한 해석은 10절 후에 그리고 특주에서 밝혀 보기로 합니다(계 20:10).[1]

'**옛뱀**'은 창세기 3장에서 태초에 하와를 유혹한 그 뱀으로 마귀(魔鬼)는 사람을 유혹한다 하여 이름지어졌고 하나님을 대적하는 뜻에서 히브리어로 사단입니다(용=사단=마귀).

---

[1] 계 20:10 '또 저희를 미혹하는 마귀가 불과 유황 못에 던지우니 거기는 그 짐승과 거짓 선지자도 있어 세세토록 밤낮 괴로움을 받으리라'

계 20:4
또 내가 보좌들을 보니 거기 앉은 자들이 있어 심판하는 권세를 받았더라 또 내가 보니 예수의 증거와 하나님의 말씀을 인하여 목 베임을 받은 자의 영혼들과 또 짐승과 그의 우상에게 경배하지도 아니하고 이마와 손에 그의 표를 받지도 아니한 자들이 살아서 그리스도로 더불어 천년 동안 왕노릇하니

요한이 '**보좌들**'을 보았다 하고 이제 천상 교회의 24장로라 하지 않음은 모든 성도들이 구원받아 하나님의 나라와 교회를 이루었기 때문입니다. 다만 여기 '**보좌에 앉은 자들**'은 곧 이어 나오는 순교자들과 일반 모든 성도들과 구별해 줘야 합니다. 보통 평신도라고 해석하기 쉽지만 이들은 보좌에 앉은 자들로서 심판 권세가 주어졌습니다.

물론 적그리스도의 유혹을 이기고 승리한 자며 그리스도와 함께 아버지 보좌에 함께 하여주기로 약속하셨습니다(계 3:21).[2]

그런데 함께 보좌에 앉는 것과 심판 권세까지 주어지는 것은 다소 다를 수 있습니다. 적어도 성경 근거로 보아서 12제자로 보아주는 것이 옳다고 봅니다.

마 19:28 '예수께서 가라사대 내가 진실로 너희에게 이르노니 세상이 새롭게 되어 인자가 자기 영광의 보좌에 앉을 때에 나를 좇는 너희도 열 두 보좌에 앉아 이스라엘 열 두 지파를 심판하리라' 고 하셨습니다. 그리고 계시록 본절에도 뒤에 성도가 따로 나타나 보이기 때문입니다. 또한 21:14에 새 예루살렘성의 12기초석에 12사도의 이름이 기록되었다는 말씀은 12사도의 영광스러움을 강조합니다.

물론 교회를 상징하는 인물들이지만 12사도와 모든 주의 백성인

---

2) 계 3:21 '이기는 그에게는 내가 내 보좌에 함께 앉게 하여 주기를 내가 이기고 아버지 보좌에 함께 앉은 것과 같이 하리라'

이들이 살아서 **'천년 동안 왕노릇'** 한다고 했습니다. 이 천년을 영해하여 하루라든지 교회시대 등으로 해석하는 것은 이어지는 말씀으로 보아 적절치 못함을 알 수 있습니다.

> **계 20:5-6**
>
> 그 나머지 죽은 자들은 그 천년이 차기까지 살지 못하더라) 이는 첫째 부활이라, 이 첫째 부활에 참여하는 자들은 복이 있고 거룩하도다 둘째 사망이 그들을 다스리는 권세가 없고 도리어 그들이 하나님과 그리스도의 제사장이 되어 천년 동안 그리스도로 더불어 왕노릇 하리라

'그 나머지 죽은 자' 들은 누구입니까? 천년이 다 차기까지 살아나지 못할 자들로 1000년이 찬 후에 구원이 없고 마지막 심판 뿐인즉 불신자들을 뜻합니다. 하나님의 성도들은 주께서 성경대로 재림하실 때 새로운 몸으로 일어날 것입니다. 물론 죽은 자(성도)들이 먼저 일어나고 즉시 산 자(성도)도 부활 변화할 것입니다(고전 15:51, 52).[3]

이 부활을 **'첫째 부활'** 이라 했습니다. 왜냐면 부활이 두 번 있기 때문입니다. 첫째 부활은 성도며, 둘째 부활은 천년(왕국)이 찬 후 불신자들이 입을 부활입니다(계 20:13,14).[4]

이 첫째 부활에 참예한 성도들은 복되고 거룩하니 하나님의 은혜로 하나님의 선택을 받아 구별된 백성으로 **'둘째 사망'**, 즉 유황 불

---

[3] 고전 15:51-52 '보라 내가 너희에게 비밀을 말하노니 우리가 다 잠잘 것이 아니요 마지막 나팔에 순식간에 홀연히 다 변화하리니 나팔 소리가 나매 죽은 자들이 썩지 아니할 것으로 다시 살고 우리도 변화하리라'

[4] 계 20:13-14 '바다가 그 가운데서 죽은 자들을 내어 주고 또 사망과 음부도 그 가운데서 죽은 자들을 내어 주매 각 사람이 자기의 행위대로 심판을 받고 사망과 음부도 불못에 던지우니 이것은 둘째 사망 곧 불못이라'

못의 지옥이 다스릴 수 없으며 도리어 하나님과 그리스도의 제사장이 되어 천년간 왕노릇 한다고 했습니다. 영적 승리요 영육 완전한 승리자가 되었다는 것입니다.

> **계 20:7-10**
>
> 천년이 차매 사단이 그 옥에서 놓여, 나와서 땅의 사방 백성 곧 곡과 마곡을 미혹하고 모아 싸움을 붙이리니 그 수가 바다 모래 같으리라, 저희가 지면에 널리 펴져 성도들의 진과 사랑하시는 성을 두르매 하늘에서 불이 내려와 저희를 소멸하고, 또 저희를 미혹하는 마귀가 불과 유황 못에 던지우니 거기는 그 짐승과 거짓 선지자도 있어 세세토록 밤낮 괴로움을 받으리라

'**천년이 차매**' 라고 한즉 어떤 기한이 이르렀음을 뜻합니다. 본 장 3절에서 묶어 두었던 사단이 다시 땅으로 나와서 그 때에 살아 있는 뭇 세상의 불신자인 백성들을 미혹하고 성도의 군대와 싸우게 합니다(창10:2).[5]

그런데 하늘에서 '**불이 내려와**' 저들을 소멸해 버리고 마귀는 최후로 잡혀 먼저 가 있는 짐승(적그리스도)과 거짓 선지자의 그 곳, 유황 불 못으로 던져져 세세토록 밤낮 괴로움을 받게 된다고 했습니다. 그리고 이제 소위 천년왕국이 끝나고 성도의 영생과 상급이 있을 것이며 또한 불신자를 부활시켜 지옥 영벌로 보내는 영원한 심판 장면이 나옵니다.

천년 왕국에 관하여 신학자들은 견해를 달리 합니다(고전 15:20, 행 26:23, 골 1:18).[6] 여기서 본 계시록 20:1-10의 천년 왕국을 이해하

---

5) 창 10:2 '야벳의 아들은 고멜과 마곡과 마대와 야완과 두발과 메섹과 디라스요'
겔 38:2 '인자야 너는 마곡 땅에 있는 곡 곧 로스와 메섹과 두발 왕에게로 얼굴을 향하고 그를 쳐서 예언하여'

는데 도움을 받습니다. 그리고 분명하게 합니다. 부활의 순서상 첫째는 예수 그리스도이십니다. 물론 2000년 전 사건입니다.

이제 일반 사람의 부활은 그리스도께서 하늘로서 강림하실 때, 고전 15:51,52에 이른 바대로 죽은 자들 중에서 성도가 먼저 부활하고 그 때 살아있는 성도들도 즉시로 부활 변화하여 공중으로 올라가 주를 영접하여 땅으로 내려 올 것인데 이것을 일명 '그리스도께 붙은 자' 라 표현한 것입니다. 이는 첫째 부활을 입은 모든 성도를 말합니다. 그리스도께서 강림하실 때 불신자가 부활한다는 말은 다른 곳에서도 발견할 수 없습니다.

고전 15:23-26 '그러나 각각 자기 차례대로 되리니 먼저는 첫 열매인 그리스도요 다음에는 그리스도 강림하실 때에 그에게 붙은 자요 그 후에는 나중이니 저가 모든 정사와 모든 권세와 능력을 멸하시고 나라를 아버지 하나님께 바칠 때라 저가 모든 원수를 그 발아래 둘 때까지 불가불 왕노릇 하시리니 맨 나중에 멸망 받을 원수는 사망이니라',

부활 순서상 '그 후에는 나중이니' 라고 하여 아주 뒤에 또 한 차례 부활이 있음을 말하는데 본 계시록에는 '나라를(성도들) 하나님께 바치는 때', 즉 모든 세상 권세(마귀의 세력)를 마무리 한 후에 있을 불신자의 부활을 말씀하고 있습니다.

여기 고린도전서 15장에서, **'그 후에는 나중이니'** 에서 '그 후에'

---

6) 고전 15:20 '그러나 이제 그리스도께서 죽은 자 가운데서 다시 살아 잠 자는 자들의 첫 열매가 되셨도다'
행 26:23 '곧 그리스도가 고난을 받으실 것과 죽은 자 가운데서 먼저 다시 살아나사 이스라엘과 이방인들에게 빛을 선전하시리라 함이니이다 하니라'
골 1:18 '그는 몸인 교회의 머리라 그가 근본이요 죽은 자들 가운데서 먼저 나신 자니 이는 친히 만물의 으뜸이 되려 하심이요'

의 원문은, 에이타 토 텔로스(εἶτα τὸ τέλος), '그 성취가 다 끝난 후' 라는 뜻입니다. 분명한 기간을 의미하고 있습니다.

> **계 20:11**
> 또 내가 크고 흰 보좌와 그 위에 앉으신 자를 보니 땅과 하늘이 그 앞에서 피하여 간 데 없더라

'**흰 보좌**'에 앉으신 분은 예수 그리스도로 보는 자도 있습니다(요 5:22, 고후 5:10).[7]

본 계시록 상 예수께서 재림하시면서 승리자로 오셨고 만 왕의 왕으로 오셨습니다. 계시록에 보좌에 앉으신 분으로 묘사되기는 주로 성부 하나님이셨으며(4:2-21:5) 영생과 영벌로 확정함도 성부의 권한으로 봄이 바른 이해입니다. 모든 역사의 시작과 끝 그리고 영원한 역사의 주인이시기 때문입니다.

갑자기 '**땅과 하늘**'이 온 데 간 데 없어집니다. 세상을 새롭게 하셔서 1000년 간 살았던 이 지구도 이제는 모두 버리게 되고 영원한 하나님의 나라로 우리를 데리고 갈 때가 온 것입니다.

그래서 천년 왕국 때 이 새롭게 하였던 지구를 신혼 여행지로 본다면 영원한 천국은 신혼방이 될 것입니다(마 19:28).[8]

---

7) 요 5:22 '아버지께서 아무도 심판하지 아니하시고 심판을 다 아들에게 맡기셨으니'
고후 5:10 '이는 우리가 다 반드시 그리스도의 심판대 앞에 드러나 각각 선악간에 그 몸으로 행한 것을 따라 받으려 함이라'
8) 마19:28 '예수께서 가라사대 내가 진실로 너희에게 이르노니 세상이 새롭게 되어 인자가 자기 영광의 보좌에 앉을 때에 나를 좇는 너희도 열 두 보좌에 앉아 이스라엘 열 두 지파를 심판하리라'

> 계 20:12-15
>
> 또 내가 보니 죽은 자들이 무론대소하고 그 보좌 앞에 섰는데 책들이 펴 있고 또 다른 책이 펴졌으니 곧 생명책이라 죽은 자들이 자기 행위를 따라 책들에 기록된 대로 심판을 받으니, 바다가 그 가운데서 죽은 자들을 내어주고 또 사망과 음부도 그 가운데서 죽은 자들을 내어주매 각 사람이 자기의 행위대로 심판을 받고, 사망과 음부도 불못에 던지우니 이것은 둘째 사망 곧 불못이라, 누구든지 생명책에 기록되지 못한 자는 불못에 던지우더라

'**모든 죽은 자들**'(불신자)이 행위 심판(둘째 사망)을 받기 위해 섰고 보좌 앞에 책 두 권이 있으니 어떤 '**책들**'(복수)과 생명책(단수)이 있습니다. 이 '책들'은 불신자들의 심판 내용들로 가득 찬 그들 행위의 사적입니다.

'**생명책**'은 성도의 이름이 기록된 책입니다. 불신자는 생각이 복잡하고(책들;복수형) 신자는 믿음으로 단순함을 생각케 합니다(생명책;단수형). 이성주의는 매우 의견이 많아서 복잡하나 진리를 믿음으로 사는 자에게는 삶의 철학이 단순하다는 뜻입니다.

'**바다**'가 이방 세속의 세상이라면 사망과 음부는 불신 영혼이 갇힌 옛 마귀의 처소로서 그 곳에서 영혼이 나오게 되어 부활을 받아 심판 받게 되는 것입니다. 세상 음부는 마귀의 영역이었는데 이곳 그 자체가 유황 불못에 던져지니 둘째 사망, 곧 영원한 형벌의 지옥입니다.

'**생명책에 기록되지 못한 자**'는 그리스도를 믿지 못하고 짐승을 따르게 되어 결국 지옥 불못에 던져집니다. 우리가 하나님의 자녀로서 생명책에 기록되었다는 자체에 감사할 것입니다(눅 10:20).[9]

---

9) 눅 10:20 '그러나 귀신들이 너희에게 항복하는 것으로 기뻐하지 말고 너희 이름이 하늘에 기록된 것으로 기뻐하라 하시니라'

특 주/ 4. 사단론

1. 사단의 출처

사단은 어디서 생겨났습니까? 엡 1:4에 '창세 전에' 그리스도 안에서 우리를 구원 얻도록 택하셨다는 말씀을 미루어 보아 창 1:1 이전에 인생이 죄(사단;마귀,魔鬼) 가운데서 구원받아야 할 문제가 있었고 죄의 정체는 창세(창 1:1) 이전부터 존재했다는 말씀으로 유추 해석이 됩니다.

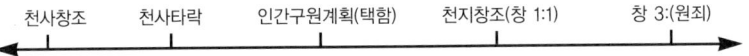

성경에 천사를 지으신 시기는 나타나지 않으나 지으셨다는 기록은 있습니다.

골 1:16 '만물이 그에게 창조되되 하늘과 땅에서 보이는 것들과 보이지 않는 것들과 혹은 보좌들이나 주관들이나 정사들이나 권세들이나 만물이 다 그로 말미암고 그를 위하여 창조되었고'.

하나님이 천사를 세 군단으로 지으시고 그 중 천사장을 셋 두셨는데, 그 중 둘의 이름은 성경에 나타나고 그 하나는 교만하다가 하나님 보좌에서 떨어져 공중으로 내려와 사단(마귀)으로 인간 세상을 주도하게 되었음을 찾아 볼 수 있습니다.

성경에 기록된 천사장들의 이름은,

1) **가브리엘**

이는 소식을 전하는 자로 지상의 체신부 장관 같은 직분을 수행하는 천사장입니다.

단 8:16 '내가 들은즉 을래 강 두 언덕 사이에서 사람의 목소리가 있어 외쳐 이르되 가브리엘아 이 이상을 이 사람에게 깨닫게 하라 하더니',

눅 1:19 '천사가 대답하여 가로되 나는 하나님 앞에 섰는 가브리엘이라 이 좋은 소식을 전하여 네게 말하라고 보내심을 입었노라',

계 14:16 '구름 위에 앉으신 이가 낫을 땅에 휘두르매 곡식이 거두어지니라'.

2) **미가엘**

마귀와 싸우고 하나님의 백성을 대적하는 자들과 싸우는 군대장관으로 지상의 국방부장관 격입니다.

단 10:13 '그런데 바사국 군이 이십 일일 동안 나를 막았으므로 내가 거기 바사국 왕들과 함께 머물러 있더니 군장 중 하나 미가엘이 와서 나를 도와주므로',

유 1:7-9 '소돔과 고모라와 그 이웃 도시들도 저희와 같은 모양으로 간음을 행하며 다른 색을 따라 가다가 영원한 불의 형벌을 받음으로 거울이 되었느니라 그러한데 꿈꾸는 이 사람들도 그와 같이 육체를 더럽히며 권위를 업신여기며 영광을 훼방하는도다 천사장 미가엘이 모세의 시체에 대하여 마귀와 다투어 변론할 때에 감히 훼방하는 판결을 쓰지 못하고 다만 말하되 주께서 너를 꾸짖으시기를 원

하노라 하였거늘',

계 12:7 '하늘에 전쟁이 있으니 미가엘과 그의 사자들이 용으로 더불어 싸울째 용과 그의 사자들도 싸우나'.

3) 사단

성경의 근거는 겔 28:13-17인데 이는 다른 이름으로 나타나지 않습니다. 루시퍼(Lucifer;KJV)라는 말은 원어성경에 없습니다.

사 14:12 '너 아침의 아들 계명성이여 어찌 그리 하늘에서 떨어졌으며 너 열국을 엎은 자여 어찌 그리 땅에 찍혔는고',

겔 28:13-17 '네가 옛적에 하나님의 동산 에덴에 있어서 ... 네가 아름다우므로 마음이 교만하였으며 네가 영화로우므로 네 지혜를 더럽혔음이여 내가 너를 땅에 던져 열왕 앞에 두어 그들의 구경거리가 되게 하였도다',

엡 2:2 '그 때에 너희가 그 가운데서 행하여 이 세상 풍속을 좇고 공중의 권세 잡은 자를 따랐으니 곧 지금 불순종의 아들들 가운데서 역사하는 영이라',

엡 6:12 '우리의 씨름은 혈과 육에 대한 것이 아니요 정사와 권세와 이 어두움의 세상 주관자들과 하늘에 있는 악의 영들에게 대함이라'.

사단은 단수로 표기되어 있으며 한 놈입니다. 따라서 마귀들이란 표현은 쓸 수 없습니다. 여러 사람들이 마귀들이라는 복수형태 단어를 사용하는데 어떤 명목으로도 사용이 불가합니다. 찬송가에도 마귀들이라는 신학적 오해와 잘못된 표현도 있는데, 마귀들을 마귀로 고쳐 불러야 옳습니다.

그 아래 부하 격인 귀신들은 복수형으로 기록되어 있습니다. 히브리어로 사단(שָׂטָן)은 '대적자' 라는 뜻이니 하나님께 대적한다는 뜻

이요 마귀(魔鬼)라 할 때에는 인간에 대하여 유혹(誘惑)하는 자라는 뜻이고 귀신들, 악귀들, 악령들 등은 그 부하들의 이름입니다.

2. 사단의 약력

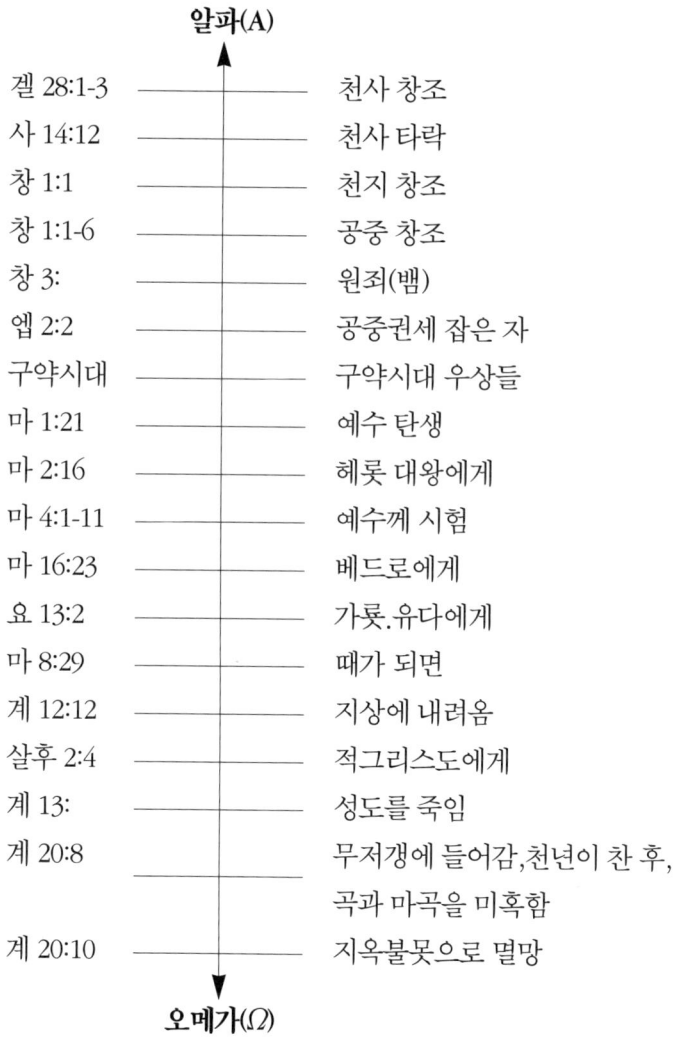

겔 28:1-3	천사 창조
사 14:12	천사 타락
창 1:1	천지 창조
창 1:1-6	공중 창조
창 3:	원죄(뱀)
엡 2:2	공중권세 잡은 자
구약시대	구약시대 우상들
마 1:21	예수 탄생
마 2:16	헤롯 대왕에게
마 4:1-11	예수께 시험
마 16:23	베드로에게
요 13:2	가룟.유다에게
마 8:29	때가 되면
계 12:12	지상에 내려옴
살후 2:4	적그리스도에게
계 13:	성도를 죽임
계 20:8	무저갱에 들어감, 천년이 찬 후, 곡과 마곡을 미혹함
계 20:10	지옥불못으로 멸망

알파(A) ↑
오메가(Ω) ↓

3. 사단의 별명

1. 용, 큰 용(드라콘) (계 20:2 '용을 잡으니 곧 **옛 뱀이요 마귀요 사단이라** 잡아 일천 년 동안 결박하여')

2. 온 천하를 꾀는 자(계 12:9 '큰 용이 내어쫓기니 옛 뱀 곧 마귀라고도 하고 사단이라고도 하는 **온 천하를 꾀는 자**라 땅으로 내어 쫓기니 그의 사자들도 저와 함께 내어 쫓기니라')

3. 뱀(호피스), 옛 뱀 (고후 11:3 '뱀이 그 간계로 이와를 미혹케 한 것 같이 너희 마음이 그리스도를 향하는 진실함과 깨끗함에서 떠나 부패할까 두려워하노라')

4. 마귀 (계 20:2 '용을 잡으니 곧 옛 뱀이요 마귀요 사단이라 잡아 일천 년 동안 결박하여')

5. 공중 권세 잡은 자 (엡 2:2 '그 때에 너희가 그 가운데서 행하여 이 세상 풍속을 좇고 **공중의 권세 잡은 자**를 따랐으니 곧 지금 불순종의 아들들 가운데서 역사하는 영이라')

6. 세상 신(神;god) (고후 4:4 '그 중에 **이 세상 신**이 믿지 아니하는 자들의 마음을 혼미케하여 그리스도의 영광의 복음의 광채가 비취지 못하게 함이니 그리스도는 하나님의 형상이니라')

7. 이 세상 임금 (요 14:30 '이 후에는 내가 너희와 말을 많이 하지 아니하리니 이 세상 임금이 오겠음이라 그러나 저는 내게 관계할 것이 없으니')

8. 귀신의 왕(바알;主) (마 9:34 '바리새인들은 가로되 저가 **귀신의 왕**을 빙자하여 귀신을 쫓아낸다 하더라')

9. 악귀의 머리 (막 3:22 '예루살렘에서 내려온 서기관들은 저가 바알세불을 지폈다 하며 또 **귀신의 왕**을 힘입어 귀신을 쫓아낸다

하니')

10. 벨리알(악신), 무가치함 (고후 6:15 '그리스도와 벨리알이 어찌 조화되며 믿는 자와 믿지 않는 자가 어찌 상관하며')

11. 악한 자 (엡 6:16 '모든 것 위에 믿음의 방패를 가지고 이로써 능히 **악한 자**의 모든 화전을 소멸하고')

12. 리워야단(비틀다, 꼬다) (사 27:1 '그 날에 여호와께서 그 견고하고 크고 강한 칼로 날랜 뱀 리워야단 곧 꼬불꼬불한 뱀 리워야단을 벌하시며 바다에 있는 용을 죽이시리라')

13. 살인자 (요 8:44 '너희는 너희 아비 마귀에게서 났으니 너희 아비의 욕심을 너희도 행하고자 하느니라 저는 처음부터 **살인한 자**요 진리가 그 속에 없으므로 진리에 서지 못하고 거짓을 말 할 때마다 제것으로 말하나니 이는 저가 거짓말장이요 거짓의 아비가 되었음이니라')

14. 원수 (마 13:39 '가라지를 심은 **원수는 마귀**요 추수 때는 세상 끝이요 추숫군은 천사들이니')

15. 대적자 (벧전 5:8 '근신하라 깨어라 **너희 대적 마귀**가 우는 사자 같이 두루 다니며 삼킬 자를 찾나니')

16. 세상 권세 잡은 자 (히 12:14 '모든 사람으로 더불어 화평함과 거룩함을 좇으라 이것이 없이는 아무도 주를 보지 못하리라')

17. 시험하는 자 (마 4:3 '**시험하는 자**가 예수께 나아와서 가로되 네가 만일 하나님의 아들이어든 명하여 이 돌들이 떡덩이가 되게 하라')

18. 거짓말하는 영 (왕상 22:22-23 '여호와께서 저에게 이르시되 어떻게 하겠느냐 가로되 내가 나가서 **거짓말하는 영**이 되어 그 모든 선지자의 입에 있겠나이다 여호와께서 가라사대 너는 꾀이겠

고 또 이루리라 나가서 그리하라 하셨은즉 이제 여호와께서 거
짓말하는 영을 왕의 이 모든 선지자의 입에 넣으셨고 또 여호와
께서 왕에게 대하여 화를 말씀하셨나이다')

19. 미혹의 영 (요일 4:6 '우리는 하나님께 속하였으니 하나님을 아
는 자는 우리의 말을 듣고 하나님께 속하지 아니한 자는 우리의
말을 듣지 아니하나니 진리의 영과 **미혹의 영**을 이로써 아느니
라')

20. 거짓말쟁이 (요 8:44 '너희는 너희 아비 마귀에게서 났으니 너희
아비의 욕심을 너희도 행하고자 하느니라 저는 처음부터 살인한
자요 진리가 그 속에 없으므로 진리에 서지 못하고 거짓을 말할
때마다 제 것으로 말하나니 이는 저가 **거짓말쟁이요 거짓의 아
비**가 되었음이라')

21. 속이는 자 (계 12:9 '큰 용이 내어쫓기니 옛 뱀 곧 마귀라고도 하
고 사단이라고도 하는 온 천하를 꾀는 자라 땅으로 내어쫓기니
그의 사자들도 저와 함께 내어쫓기니라')

22. 고소자 (계1 2:10 '내가 또 들으니 하늘에 큰 음성이 있어 가로되
이제 우리 하나님의 구원과 능력과 나라와 또 그의 그리스도의
권세가 이루었으니 우리 형제들을 참소하던 자 곧 우리 하나님
앞에서 밤낮 **참소하던 자**가 쫓겨났고')

결론적으로 사단은 영적으로 실재하며 악한 인격을 가진 존재로
서 사람에게 정신을 주며 기적도 주는 하나님을 흉내내는 대적자입
니다. 그의 최종 목적은 인간을 사망케 하려는 것입니다.

이 놈은 소위 사망의 신입니다. 본래는 하나님이 지으신 천사장
중에 하나였으나 그가 교만하여 하나님을 대적하다가 영광의 자리

에서 추방되었습니다.

그런데 사단은 인간이 스스로 이길 수 없는 힘있는 존재입니다. 오직 예수 그리스도의 힘으로 이길 수 있습니다. 예수를 믿음으로 마음 속에 성령을 충만히 모시고 하나님의 진리의 말씀으로 무장하여 대적할 때에 승리할 수 있습니다.

마귀는 용으로 표현되고 있으며 용은 영물(靈物)이지만 짐승과에 속하므로 이 마귀의 영을 받게 되니 적그리스도인 사람을 짐승이라 표현한 것입니다.

이 짐승의 영을 받게 될 때 그 사람이 짐승처럼 변하게 됩니다.

단 4:33 '그 동시에 이 일이 나 느부갓네살에게 응하므로 내가 사람에게 쫓겨나서 소처럼 풀을 먹으며 몸이 하늘 이슬에 젖고 머리털이 독수리 털과 같았고 손톱은 새 발톱과 같았었느니라'.

특 주/ 5. 천년기설

천년 왕국은 예수께서 재림하신 후 있을 일이며 재림설에 이어지는 내용입니다. 성경 근거는 계 20:4-6입니다.

> 계 20:4-6 '또 내가 보좌들을 보니 거기 앉은 자들이 있어 심판하는 권세를 받았더라 또 내가 보니 예수의 증거와 하나님의 말씀을 인하여 목 베임을 받은 자의 영혼들과 또 짐승과 그의 우상에게 경배하지도 아니하고 이마와 손에 그의 표를 받지도 아니한 자들이 살아서 그리스도로 더불어 천년 동안 왕노릇하니(그 나머지 죽은 자들은 그 천년이 차기까지 살지 못하더라) 이는 첫째 부활이라 이 첫째 부활에 참여하는 자들은 복이 있고 거룩하도다 둘째 사망이 그들을 다스리는 권세가 없고 도리어 그들이 하나님과 그리스도의 제사장이 되어 천년 동안 그리스도로 더불어 왕노릇 하리라'

1. 후천년설

지상의 세계가 마지막 때 1000년 간 영광스런 기독교 세계로 지낼 수 있게 되고 그 후 예수께서 재림하신다는 것입니다.

시 2:2-3 '세상의 군왕들이 나서며 관원들이 서로 꾀하여 여호와와 그 기름 받은 자를 대적하며 우리가 그 맨 것을 끊고 그 결박을 벗어버리자 하도다',

단 2:44 '이 열왕의 때에 하늘의 하나님이 한 나라를 세우시리니 이것은 영원히 망하지도 아니할 것이요 그 국권이 다른 백성에게로 돌아가지도 아니할 것이요 도리어 이 모든 나라를 쳐서 멸하고 영원히 설 것이라'.

그러나 예수께서 재림하시기 전에 대환난이 있을 것으로 예언되어져 있으며 갈수록 세상은 악할 것이라고 예언하셨습니다.

마 24:12 '불법이 성하므로 많은 사람의 사랑이 식어지리라',

눅 18:8 '내가 너희에게 이르노니 속히 그 원한을 풀어 주시리라 그러나 인자가 올 때에 세상에서 믿음을 보겠느냐 하시니라'.

잉글랜드, 웨일즈 및 스코틀랜드의 프로테스탄트 교회의 교인 수가 1920년에는 인구의 13%에서 1970년에는 8%로 쇠퇴하였으며, 1971-1981년까지 11년 동안 828개의 성공회가 비어서 헐거나 다른 용도로 바뀌었고, 1980년도 영국의 감리교, 침례교의 거의 두 배가 되는 150만에 달하는 비기독교 신도 수가 증가됐다고 합니다. 말세에 믿음의 상실을 보여주는 실례입니다. 현 한국 교회도 날이 갈수록 교인 수가 줄어들고 있습니다. 어떤 통계에 의하면 한 주간에 교회 7개가 문을 닫는다고 합니다.

이 후천년설을 주장하는 학자는 뵈트너, 하찌, 스트롱 등이 지지합니다.

2. 무천년설

숫자적인 1000년을 무한한 시간적 의미로 보는 견해입니다. 예수는 어느 날 갑자기 재림하셔서 그때부터 우리가 영원히 천국 생활로 이어질 것이라는 것입니다.

벧후3:8 '사랑하는 자들아 주께는 하루가 천년 같고 천년이 하루 같은 이 한 가지를 잊지 말라'.

그러나 예수의 재림 전에 있을 대환난의 징조는 예수께서 어느 시(時)에나 무턱대고 재림하신다는 것과는 다르게 예언되어져 있습니다.

계시록의 본문은 1000년의 기간이 구분되어 나타나 보이며 그 후 지상 생활 1000년은 완전히 없어지고 또 지구를 멸하여 버리시며 영원한 새 하늘과 새 땅으로 들어가게 하시는 것으로 기록되었습니다.

계 20:5-6 '그 나머지 죽은 자들은 그 천년이 차기까지 살지 못하더라) 이는 첫째 부활이라 이 첫째 부활에 참여하는 자들은 복이 있고 거룩하도다 둘째 사망이 그들을 다스리는 권세가 없고 도리어 그들이 하나님과 그리스도의 제사장이 되어 천년 동안 그리스도로 더불어 왕노릇 하리라'.

그러므로 1000년 간의 왕국 생활은 이 새롭게 하신 이 지상의 생활로 보입니다.

계 20:11 '또 내가 크고 흰 보좌와 그 위에 앉으신 자를 보니 땅과 하늘이 그 앞에서 피하여 간데 없더라'.

어거스틴, 칼빈, 워필드, 벌코프, 렌스키 등 대체로 보수주의에 속하는 신학자들이 지지합니다.

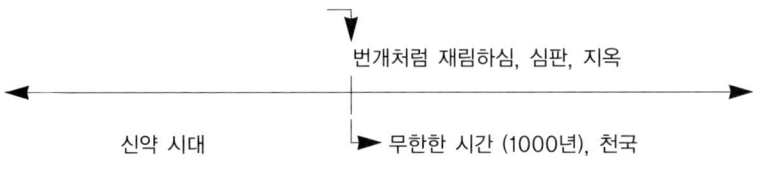

3. 시대론적 전천년설

　7년 대환난이 시작되기 직전에 교회(성도)는 공중으로 휴거 되어 (살전 4:17 '그 후에 우리 살아 남은 자도 저희와 함께 구름 속으로 끌어 올려 공중에서 주를 영접하게 하시리니 그리하여 우리가 항상 주와 함께 있으리라') 그 곳에서 대환난을 피하며 오히려 공중에서는 혼인 잔치가 열리고 대환난이 지난 후 다시 지상에 강림하여 1000년간 지상 왕국을 지낸다는 주장입니다. 그러나 근거를 찾기가 불가능하며 구원론과 성령론에도 상당한 혼란을 가져다줍니다.
　스코필드, 뿔링거, 끄레이, 이상근, 조용기 등이 지지합니다.

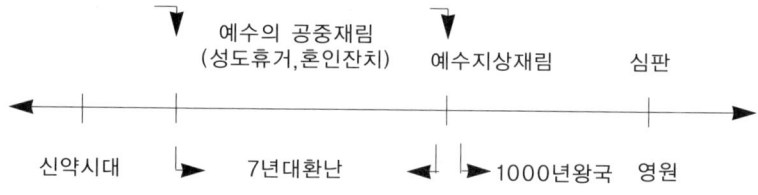

4. 역사적 전천년설

　7년 대환난을 통과한 성도들이 재림하신 예수와 함께 부활을 받은 그 몸으로 새롭게 하신 이 지구에서 천년간 살게 된다는 해석입니다(계 11:15 '일곱째 천사가 나팔을 불매 하늘에 큰 음성들이 나서 가로되 세상 나라가 우리 주와 그 그리스도의 나라가 되어 그가 세세토록 왕노릇 하시리로다 하니')

① 1000년간 왕노릇 하다가(계 20:6 '이 첫째 부활에 참여하는 자들은 복이 있고 거룩하도다 둘째 사망이 그들을 다스리는 권세가 없고 도리어 그들이 하나님과 그리스도의 제사장이 되어 천년 동안 그리스도로 더불어 왕노릇 하리라')

② 이 지상은 없어지고(계 20:11 '또 내가 크고 흰 보좌와 그 위에 앉으신 자를 보니 땅과 하늘이 그 앞에서 피하여 간데 없더라')

③ 새 하늘과 새 땅에 들어가(계 21:1 '또 내가 새 하늘과 새 땅을 보니 처음 하늘과 처음 땅이 없어졌고 바다도 다시 있지 않더라')

④ 영원히 사는 시간으로 들어간다고 주장하는 학설입니다(계 20:3-7 '무저갱에 던져 잠그고 그 위에 인봉하여 천 년이 차도록 다시는 만국을 미혹하지 못하게 하였다가 그 후에는 반드시 잠간 놓이리라 또 내가 보좌들을 보니 거기 앉은 자들이 있어 심판하는 권세를 받았더라 또 내가 보니 예수의 증거와 하나님의 말씀을 인하여 목 베임을 받은 자의 영혼들과 또 짐승과 그의 우상에게 경배하지도 아니하고 이마와 손에 그의 표를 받지도 아니한 자들이 살아서 그리스도로 더불어 천년 동안 왕노릇하니 (그 나머지 죽은 자들은 그 천년이 차기까지 살지 못하더라) 이는 첫째 부활이라 이 첫째 부활에 참여하는 자들은 복이 있고 거룩하도다 둘째 사망이 그들을 다스리는 권세가 없고 도리어 그들이 하나님과 그리스도의 제사장이 되어 천년 동안 그리스도로 더불어 왕노릇 하리라 천년이 차매 사단이 그 옥에서 놓여'). 이 학설이 가장 적합하다고 봅니다.

아브라함 카이프, 이레니우스, 저스틴, 터툴리안, 파피아스, 디오니시우스, 박형룡, 박윤선 등이 지지합니다.

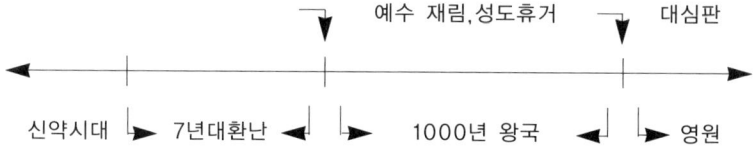

1) 역사적 전천년설이 합당한 이유

① 본문에 나타난(계 20:4-7) 1000년은 어느 기간을 말하고 있다는 것과 그 후에 지상을 없애 버리시는 구분된 역사가 표현되고 있기 때문입니다(계 20:11). 그러므로 1000년은 문자적으로 보아야 옳은 줄 압니다.

② 이 세상을 새롭게 하시며 이 세상이 그리스도의 나라가 될 것이라고 예언되어져 있습니다(계 11:15 '… 세상 나라가 우리 주와 그 그리스도의 나라가 되어 세세토록 왕노릇 하시리로다…').

③ 이 외에 천년기설은 상술한 바대로 그 주장을 따를 만한 이론이 성립되지 않거나 성경의 내증이 없다는 것입니다.

2) 역사적 전천년설에 대한 의문과 해답

① 1000이란 숫자가 벧후 3:8에서 보는 대로 하나님의 영원하신 시간이 아니냐?(무천년주의자들의 의문)

벧후 3:8 '주께는 하루가 천년같고 천년이 하루같은' 이란 표현을 베드로가 사용했습니다. 베드로가 1000이란 낱말을 사용한 이 경우는 예수 재림을 불신하는 그 성도들에게 소망을 주며 재림을 지루하게 여기는 신앙을 각성시키기 위한 표현으로 본 구절을 이해하는 것이 옳을 것입니다.

1000이란 숫자는 성경에서 '많은 것, 영원한 것'으로 영해 할 수도 있습니다. 그러나 영해하는 것도 언제나 일방적일 수는 없습니다. 예컨대 뱀은 대체로 사단, 귀신을 상징합니다(창 3:1,계 20:1). 그러나 마10:16에서는 예수께서 제자들을 보내실 때 뱀같이 지혜로워라 하셨으니 여기서는 뱀이 지혜의 상징으로 비유되었습니다.

포도나무의 경우도 포도 열매는 성도의 행실인데(요 15:5-) 이 포도가 계 14:18,19에서는 불신자를 상징하고 있습니다. 숫자에도 어떤 때에는 상징으로(마 18:22, 계 7:4, 14:3) 어떤 때는 문자대로 사용하고 있습니다(요 6:50, 2:20, 막 6:40).

② 1000년 왕국 동안 살 수 있는 자는 이미 부활을 입은 성도와 아직 죽지 않은 불신자들이 포함되는(계 20:7-9) 것은 부조화한 일로 보이지 않는가?

그러나 예수께서 부활하신 그 몸으로 40일간이나 지상에서 사셨으며(행 1:3) 그때에 제자들 앞에서 그들이 구운 생선을 잡수시면서 영이 아니라 몸으로 부활하셨다는 증거를 보이셨으니 그것은 지상에서 부활 입지 않은 자들과 함께 하신 역사가 아니겠습니까?

그러므로 세상을 새롭게 하사 무공해의 천지를 만드시고 살아 있는 불신자들과 부활된 우리들이 함께 지상에서 1000년간 공존할 수 있는 것으로 믿을 수 있습니다. 불신자의 부활은 1000년이 지난 후 이미 역사 이전에 죽었던 모든 불신자들과 함께 부활의 몸을 받아 멸망의 곳(지옥)으로 들어 갈 것입니다.

성도들은 괴로웠던 지상에서 1000년간 주님의 통치로 천년 왕국의 생활도 맛보고 또한 천국으로 영원히 들어가 살게 될 것이나 악인들은 지상에서 불완전한 만족의 생활(이기주의, 향락, 낭만…)로 그 즐거움을 다하고 오로지 지옥의 영원한 고통의 나라만이 그들을 기다리고 있는 것입니다. 주께서 갑절의 고통을 더하실 것입니다(계

18:6, 요 5:29).

③ 부활하는 날부터 영원한 천국 생활이지 또 이 세상의 1000년간의 생활이 있는가?

죄로 인해 더러워진 이 세상이며 마귀가 지배하던 세계요(엡 2:2) 성도가 편히 살지 못한 이 세상을 주께서 새롭게 하신다고 함에는 의미가 큽니다.

세상을 새롭게 하는 것과 다른 세상 천국을 가져오는 것과는 의미상 다르니 새롭게 함은 있는 자체를 새롭게 함이요, 곧 우리 성도가 새로워졌다고 할 때 영적으로 그 실존이 달라졌다는 것과 같습니다.

이 지상을 새롭게 하사 저 유대인의 꿈인 지상 신정정치(神政政治)를 보여주실 수 있는 점과 우리 모든 성도들의 통쾌한 승리적 삶과 은혜로운 지상 생활의 만끽을 주시고자 함에 주님의 뜻이 있는 듯 하고, 그렇게 살고 난 뒤 때가 되어 새 하늘과 새 땅인 천국으로 들어가는 은혜 위에 은혜의 축복으로 이어지는 멋있고 자연스런 과정으로 보입니다.

몸의 부활을 입기 전에는 성도들이 세상에서나마 영적 기쁨을 맛보았으니 부활의 날에는 얼마나 그 기쁨이 더하겠습니까?

영적 부활 → 성도의 지상생활 → 죽음 → 몸의 부활 → 영생

세상을 새롭게하심 → 천년 왕국 → 세상 버리심 → 천국 생활

제 21 장

신천신지

21장 주해 내용
1. 신천신지의 신학적 이해
2. 천국의 조직과 환상적인 표현들의 진의
3. 생명책과 책들

21장
신천신지

> **계 21:1-2**
>
> 또 내가 새 하늘과 새 땅을 보니 처음 하늘과 처음 땅이 없어졌고 바다도 다시 있지 않더라, 또 내가 보매 거룩한 성 새 예루살렘이 하나님께로부터 하늘에서 내려오니 그 예비한 것이 신부가 남편을 위하여 단장한 것 같더라

'새 하늘과 새 땅', 20장에서 이 세상 것은 없어지고 본 21장에서는 신천신지를 보게 됩니다. 땅과 바다도 없어졌습니다. 용의 지배와 거짓 선지자의 유혹을 받던 땅은 이제 없어졌습니다.

거룩한 새 예루살렘 성이 하늘로서 내려오는데 그 새롭게 단장한 모습이 **'신부가 남편을 위하여 단장한'** 것 같았습니다. 참으로 고운 모습이라는 말입니다. 교회를 신부로 주님을 신랑으로 비유합니다 (사 61:10, 계 19:7).[1]

---

1) 사 61:10 '내가 여호와로 인하여 크게 기뻐하며 내 영혼이 나의 하나님으로 인하여 즐거워하리니 이는 그가 구원의 옷으로 내게 입히시며 의의 겉옷으로 내게 더하심이 신랑이 사모를 쓰며 신부가 자기 보물로 단장함 같게 하셨음이라'
계 19:7 '우리가 즐거워하고 크게 기뻐하여 그에게 영광을 돌리세 어린 양의 혼인 기약이 이르렀고 그 아내가 예비하였으니'

> **계 21:3-4**
>
> 내가 들으니 보좌에서 큰 음성이 나서 가로되 보라 하나님의 장막이 사람들과 함께 있으매 하나님이 저희와 함께 거하시리니 저희는 하나님의 백성이 되고 하나님은 친히 저희와 함께 계셔서, 모든 눈물을 그 눈에서 씻기시매 다시 사망이 없고 애통하는 것이나 곡하는 것이나 아픈 것이 다시 있지 아니하리니 처음 것들이 다 지나갔음이러라

보좌에서 나오는 '**큰 음성**'은 천사의 음성으로 보입니다. 왜냐면 성도인 사람들과 하나님의 관계를 찬양하기 때문입니다.

'모든 눈물'을 씻긴다 함은 천국에서 눈물이 있다 함이 아니라 이제 모든 죽음과 애통과 곡할 일, 아픈 것들이 없기 때문에 슬픔이 없을 것이라는 뜻입니다. '**처음 것들**', 즉 위와 같은 세상의 고통이 모두 지나 가 버리고 이제는 찾아 볼 수도 없다는 말입니다.

> **계 21:5-7**
>
> 보좌에 앉으신 이가 가라사대 보라 내가 만물을 새롭게 하노라 하시고 또 가라사대 이 말은 신실하고 참되니 기록하라 하시고, 또 내게 말씀하시되 이루었도다 나는 알파와 오메가요 처음과 나중이라 내가 생명수 샘물로 목마른 자에게 값없이 주리니, 이기는 자는 이것들을 유업으로 얻으리라 나는 저의 하나님이 되고 그는 내 아들이 되리라

하나님의 말씀에 만물을 새롭게 하노라 하시매 천지 창조 때처럼 만물이 새로워져 신천신지가 된 것입니다. 하나님은 영원히 창조주이십니다.

'**이루었도다**' 하시니 만물을 새롭게 하시고 모든 말씀을 처음과 끝까지 완전히 성취하셨다는 말입니다. 알파와 오메가는 헬라어 첫 글자(A)와 끝 자(Ω)입니다. 이는 만물의 근원 되시며 만물의 마지막 종식과 함께 새롭게 섭리하실 분이라는 말씀으로 천지 만물의 주관

자라는 뜻입니다.

'**생명수**'로 목마른 자에게 주심은 영생물이요 성령의 생수이니 영혼이 영원토록 갈하지 않고 행복할 생수입니다.

> **계 21:8**
> 그러나 두려워하는 자들과 믿지 아니하는 자들과 흉악한 자들과 살인자들과 행음자들과 술객들과 우상 숭배자들과 모든 거짓말 하는 자들은 불과 유황으로 타는 못에 참예 하리니 이것이 둘째 사망이라

지옥 갈 자들은 첫째, '**두려워하는 자**'이니 사람을 두려워 한 나머지 사단의 세력을 따른 불신자들입니다. 특별히 종말에 적그리스도를 두려워하여 하나님을 배신한 자들을 연상케 합니다.

'**믿지 아니하는**', 불신실한 자, 알맹이 없이 믿는다는 자들, '**흉악한 것**'은 가증스러운 것이요, 짐승을 숭배한 우상적 존재들입니다.

'**살인자**'는 특히 성도를 죽인 살인자요 생명을 경시하고 하나님을 두려워 아니한 자들입니다. '**행음자들**'은 말세 특징의 성적 부패이며 종교적 배도를 뜻하기도 합니다. '**술객**'은 마술, 점 등을 뜻하며, 우상 숭배자들과 모든 '**거짓말 하는 자**', 즉 진리를 거스려 말씀을 혼돈케 한 자들은 둘째 사망, 지옥을 가게 됩니다.

> **계 21:9-10**
> 일곱 대접을 가지고 마지막 일곱 재앙을 담은 일곱 천사 중 하나가 나아 와서 내게 말하여 가로되 이리 오라 내가 신부 곧 어린 양의 아내를 네게 보이리라 하고, 성령으로 나를 데리고 크고 높은 산으로 올라가 하나님께로부터 하늘에서 내려오는 거룩한 성 예루살렘을 보이니

일곱 대접 재앙의 그 마지막 천사가 나아 와 바벨론의 멸망을 위해

재앙을 부었던 것을 대조하여 새 예루살렘을 요한에게 보여줍니다. 물론 성령의 이끄심을 받아 '**크고 높은 산으로**' 가서 보게 되는데 신앙과 계시가 있는 곳 믿음의 산물이 보이는 곳에 오른 것입니다.

저주받을 음녀는 광야에서 보았습니다(계17:3).[2)]

> **계 21:11-18**
>
> 하나님의 영광이 있으매 그 성의 빛이 지극히 귀한 보석 같고 벽옥과 수정같이 맑더라, 크고 높은 성곽이 있고 열 두 문이 있는데 문에 열 두 천사가 있고 그 문들 위에 이름을 썼으니 이스라엘 자손 열 두 지파의 이름들이라, 동편에 세 문, 북편에 세 문, 남편에 세 문, 서편에 세 문이니, 그 성에 성곽은 열 두 기초석이 있고 그 위에 어린 양의 십 이 사도의 열 두 이름이 있더라, 내게 말하는 자가 그 성과 그 문들과 성곽을 척량하려고 금 갈대를 가졌더라, 그 성은 네모가 반듯하여 장광이 같은지라 그 갈대로 그 성을 척량하니 일만 이천 스다디온이요 장과 광과 고가 같더라, 그 성곽을 척량하매 일백 사십 사 규빗이니 사람의 척량 곧 천사의 척량이라, 그 성곽은 벽옥으로 쌓였고 그 성은 정금인데 맑은 유리 같더라

'**어린양의 아내**', 2절에서 신부가 남편을 위하여 단장한 것 같더라고 표현한 바 새 예루살렘은 온전한 성도들이 살 곳으로 단장된 새 성이라는 말입니다.

여기서부터 새 예루살렘 성을 기술하고 있습니다.

(1) 11절, '**성**'은 하나님의 영광이 쌓여 귀한 보석같이 빛나는 곳이었습니다. 또한 어둡지 않고 수정같이 맑은 곳이니 회개하여 깨끗한 자들이 들어갈 곳입니다.

(2) 12절, 높은 '**성곽**'은 안전함을 지닌 곳이며

(3) '**12문**'이 있으니 12는 천국의 조직체 수로 완전함을 뜻하고

---

2) 계 17:3 '곧 성령으로 나를 데리고 광야로 가니라 내가 보니 여자가 붉은빛 짐승을 탔는데 그 짐승의 몸에 참람된 이름들이 가득하고 일곱 머리와 열 뿔이 있으며'

12천사들이 문을 지키는 보호 속에 있으며 12문에 이스라엘 12지파의 이름들이 새겨져 있었습니다.

이는 구약 백성들이 다 들어왔다 함이요, 13절에 문들이 각각 동편에 3, 북편에 3, 남편에 3, 서편에 3이 있었습니다. 동서남북은 천국의 사방을 말하고, 3은 하늘의 수이니 하늘 나라 어느 곳에서든 문이 열려있다 함이요, 온 지구 어느 곳에서든 올라와 들어가게 될 것을 암시합니다.

(4) 14절, 성곽에 **12기초석**이 있고 그 위에 어린 양 예수의 **12사도** 이름이 있으니 이는 신약 성도를 상징합니다. 이리하여 신구약 성도들이 천성에서 함께 산다는 뜻입니다.

(5) 15절, 천사가 '**금 갈대**'로 성곽을 척량하려 하니 이는 성도의 안전을 그리고 보존을 의미합니다. 금은 귀하고 그래서 틀림이 없고 불변하니 보존의 영원성과 신뢰입니다.

(6) 16절, 그 성은 네모 반듯하고 '**장광**'이 같으니 완전한 균형과 안전을 표시합니다. 금 갈대로 척량하니 '**장과 고**'가 꼭 같이 **12,000 스다디온**이었습니다(2,120km).

14:20에 진노의 포도주가 틀에 밟혀 피가 흐르니 1,600스다디온이라 했을 때는 40x40으로 진노의 수였고, 여기 12,000스다디온은 12x1000으로 천국인의 있을 곳으로 충분하고 완전하다는 의미입니다. 장과 광과 고가 같음은 어떤 아쉬움도 없이 꼭 같이 완전한 만족을 누린다는 뜻입니다.

(7) 17절, 성곽은 '**144규빗**'인데 성곽의 높이인지 모르지만 144는 12x12의 의미가 있어서 선민(選民)의 숫자로 하나님 백성들의 완전함을 뜻하고 그들이 곧 주의 나라 성벽 기둥이 되어 든든함을 시사합니다. 144규빗은 약 65m입니다.

> **계 21:19-21**
>
> 그 성의 성곽의 기초석은 각색 보석으로 꾸몄는데 첫째 기초석은 벽옥이요 둘째는 남보석이요 세째는 옥수요 네째는 녹보석이요, 다섯째는 홍마노요 여섯째는 홍보석이요 일곱째는 황옥이요 여덟째는 녹옥이요 아홉째는 담황옥이요 열째는 비취옥이요 열 한째는 청옥이요 열 두째는 자정이라, 그 열 두 문은 열 두 진주니 문마다 한 진주요 성의 길은 맑은 유리 같은 정금이더라

(8) 성곽의 '**기초석**'들이 보석으로 꾸며졌는데, 첫째는 벽옥이니 맑고 순수함이요, 둘째는 남보석으로 하늘과 같이 푸른색의 보석이며(사파이어), 셋째는 옥수로 공작같이 어우러지는 투명 녹색으로 성도의 귀한 행위이며, 넷째는 녹보석으로 하나님의 긍휼이고, 다섯째는 홍마노로 아름답다는 뜻입니다. 여섯째는 홍보석으로 경계의 엄위이며, 일곱째는 황옥으로 황빛 돌로 귀하고 신실함을 뜻합니다. 여덟째 녹옥은 바다같이 푸른색으로 맑은 이념이고, 아홉째 담황옥은 금빛 나는 보석으로 영광스로움을, 열 번째 비취옥으로 황록색의 반투명체이니 생명의 충만이요, 열한 번째는 청옥이니 진푸른 보석으로 거룩을 상징합니다. 열두 번째는 자정이니 자주색으로 단어 뜻이 술 취하지 않는다로 해석되니 죄가 없는 곳이라는 말입니다.

(9) 21절, '**그 열두 문은 12진주니**' 문마다 한 진주로 되었는데 천국의 진리는 보석에 비유되기도 합니다(마13:45-46).[3]

전국 실은 '**맑은 유리**' 같은 징금이니 성 자체의 제질과 같고 성도의 순결과 믿음의 불변을 그리고 천국의 영원성을 뜻합니다.

---

3) 마 13:45-46 '또 천국은 마치 좋은 진주를 구하는 장사와 같으니 극히 값진 진주 하나를 만나매 가서 자기의 소유를 다 팔아 그 진주를 샀느니라'

> **계 21:22-26**
>
> 성안에 성전을 내가 보지 못하였으니 이는 주 하나님 곧 전능하신 이와 및 어린 양이 그 성전이심이라, 그 성은 해나 달의 비췸이 쓸데 없으니 이는 하나님의 영광이 비취고 어린 양이 그 등이 되심이라, 만국이 그 빛 가운데로 다니고 땅의 왕들이 자기 영광을 가지고 그리로 들어오리라, 성문들을 낮에 도무지 닫지 아니하리니 거기는 밤이 없음이라, 사람들이 만국의 영광과 존귀를 가지고 그리로 들어오겠고

(10) 성안에 본 즉 성전은 없었고 다만 성부와 성자가 곧 성전이었습니다(요2:18-2).[4]

그 성은 해나 달의 빛으로가 아닌 하나님 영광과 예수 그리스도의 빛으로 다른 창조물이나 조명으로 빛이 대체될 필요가 없음을 말합니다. 만국이 주 하나님의 빛 가운데로 다님은 하나님의 영광을 힘입기는 모두가 동일함을 뜻합니다.

24절에 **'땅의 왕들이 자기 영광을 가지고'** 그리로 들어온다는 것은 먼저 세상의 군왕은 아닐 터이니 하나님과 예수 그리스도께 속한 모든 백성을 왕으로 비유하므로 하나님의 백성들입니다(계 20:4,6).[5] 특히 순교자들일 수도 있음은 26절에 표현을 비교할 때 그렇습니다. 자기 영광은 이 세상의 영광이 아니라 성도가 각각 가진 천국의 상급입니다. 이 세상에서 주께 봉사한 대가(代價)입니다(시

---

4) 요2:19-21 '예수께서 대답하여 가라사대 너희가 이 성전을 헐라 내가 사흘 동안에 일으키리라 유대인들이 가로되 이 성전은 사십 육년 동안에 지었거늘 네가 삼일 동안에 일으키겠느뇨 하더라 그러나 예수는 성전된 자기 육체를 가리켜 말씀하신 것이라'

5) 계 20:4, 6 '또 내가 보좌들을 보니 거기 앉은 자들이 있어 심판하는 권세를 받았더라 또 내가 보니 예수의 증거와 하나님의 말씀을 인하여 목 베임을 받은 자의 영혼들과 또 짐승과 그의 우상에게 경배하지도 아니하고 이마와 손에 그의 표를 받지도 아니한 자들이 살아서 그리스도로 더불어 천년 동안 왕노릇하니', '이 첫째 부활에 참여하는 자들은 복이 있고 거룩하도다 둘째 사망이 그들을 다스리는 권세가 없고 도리어 그들이 하나님과 그리스도의 제사장이 되어 천년 동안 그리스도로 더불어 왕노릇 하리라'

49:17).[6]

성문들은 닫지 않는데 어두운 밤이 없기 때문입니다. 이는 사단의 권세, 어두움의 권세가 없는 곳이라는 말씀입니다. 사람들이 **'만국의 영광과 존귀를 갖고'** 그리고 들어오는데, 이도 역시 24절에 표현한 바와 같이 성도인데 일반 성도들이요 그들의 수고한 상급대로 영광을 입고 들어온다는 말입니다.

> **계 21:27**
> 무엇이든지 속된 것이나 가증한 일 또는 거짓말하는 자는결코 그리로 들어오지 못하되 오직 어린 양의 생명책에 기록된 자들뿐이라

천국에는 속된 것, 즉 거룩히 구별되지 않고 하나님께 합당치 못하면 들어 설 수 없고 가증스럽고 진리를 떠난 거짓된 세속의 지혜자는 못 들어갑니다. 오직 어린 양의 **'생명책'**에 기록된 자, 즉 선택받아 진리를 믿어 하나님께 백성으로 인침을 받은 자들입니다.

---

6) 시 49:17 '저가 죽으매 가져가는 것이없고 그 영광이 저를 따라 내려가지 못함이로다'

특 주/ 6. 천국

　기독교에 가장 큰 소망이자 인간에게 알려지지 못한 세계입니다. 이는 약간의 민간 신앙이나 소설 속에서 등장하는 세계입니다. 불교의 극락과는 다른 개념으로 소개되고 있습니다.

　우선 기독교의 천국은 장소성이 있으며 교주의 거처지로 소개되고 있다는 것이 특이합니다. 게다가 성도들의 영원한 삶의 장소라 함에는 여간 경이롭지가 않은 주제입니다.

　그래서 기독교의 4대 중심으로 보는 회개의 역할과 기도의 특권 그리고 증거 생활에 이어 천국을 강조하지 않을 수 없습니다. 이는 성경이 강조한 빈도수가 그러합니다. 천국은 부활에 대한 가르침의 결과이자 모든 신자의 활동이 보장되는 현장이기 때문입니다.

　천국의 생활은 지상에서 그 완전함을 나타낼 수는 없을 것입니다. 다만 약간의 맛을 볼 수는 있을지 모릅니다. 신자의 생활이 유쾌하고 소망 가운데서 즐거워 할 때 우리는 천국 같다고 이해할 뿐입니다. 이 천국에 대한 관심의 정도에 따라 신앙의 정도를 판단한다 해도 과언이 아닙니다. 내세의 천국에 대한 성경적인 믿음이 없이는 세상의 모든 일에 대한 신앙적 판단으로 처리해 나갈 수가 없습니다.

　왜냐하면 천국에서 이 세상의 모든 삶에 대한 판단을 받아 그 영광대로 상을 받아 그곳에서 영원히 누리게 될 것이기 때문입니다. 실상 성도의 생활은 천국의 영생에 대처하는 삶이라고 할 수 있기 때문입니다. 천국에 대한 구체적인 모양과 삶의 방식에 관하여는 성경에 상세히 나와 있습니다. 이것은 다른 어떤 종교의 내세관보다 명확합니다.

기독교의 강조점이 천국이 아니고 삶의 과정에 관설하여 집중한다면 세인들의 철학에는 호응을 많이 받겠지만 성경적으로는 미약합니다. 유대인들의 신앙은 어쩌면 다른 이방인들이 기대하는 기복적 신앙 사상에는 상통한 점이 많은 것을 봅니다. 구약 성경에는 천국이라는 낱말이 없듯이 정통 유대인은 내세의 천국을 믿지 않습니다.

이제 구약의 완성인 예수 그리스도의 사상은 천국으로 종결지으려 하는 성경 사상을 우리는 역력히 알 수 있습니다. 억지로 사람의 요구에 충족키 위한 신학을 만들어 상황론적 신학, 즉 상황윤리 신학이라는 것 등을 발표 할 수 없습니다. 이것은 성경의 근본 목적을 흐리게 하고 종교적으로만 가능케 하는 신앙자로 만들게 될 것입니다. 기독교는 종교 이상의 무엇이기에 우리는 종교적 색채로 잘 소개 해 주는 세속을 위한 가르침에 속아서는 안됩니다. 철학은 성경에 초등 학문이라 했으며 예수의 가르침이 아니라고 했습니다.

보통 사람들은 천국을 상상의 세계로 압니다. 그러나 성경은 엄연히 사람이 가서 살 곳으로 소개하고 있습니다. 예수 그리스도는 그곳에 가셨습니다. 우리가 그의 재림 시에 부활되어 그곳에 가게 될 것이라는 약속을 하셨습니다. 만약 이것을 믿지 않는다면 신앙의 전면적 활동과 사상이 헛되고 말 것이라 하며 이 소망이 중심이 되야 할 것을 성경은 매우 강조하고 있습니다.

죽었다가 다시 살아 난 자들의 천국에 대한 간증으로 천국을 이해하려 하는 자도 있지만 자칫하면 오해를 얻을 수 있습니다. 사람마다 경험이 다르고 설명 또한 규칙적이지 못한 것을 듣게 됩니다. 성경에서 천국을 이해 할 수 있도록 한 여러 증거가 있습니다. 다만 난해하기 때문에 학문적 이해와 아울러 천국형 인격과 감동을 힘입어 깨닫는 수밖에 없을 것입니다. 요한 계시록에는 천국에 대하여 추상적이지 않고 보다 소상히 그 모습을 기록해 주고 있습니다. 그러나 여자적 해석만으로는 완전한 이해가 불가능할 것입니다. 다만 확실히 존재한다는 것과 천국의 모양을 구체적으로 말하려는 자는 성경에 일치할 것을 우리는 주장할 뿐입니다. 천국은 육감과 이성적(理性的) 지식으로 이해될 수 없는 성령의 감각 지대이기 때문에 지상의 언어로 표현하기에는 한계를 지닙니다. 영광스럽다든지 환하다는 말들은 이해하는 자에게 그 실체를 느끼게 맡길 수밖에 없는 것입니다.

어떤 사건의 실록이나 과학적 물체나 수학적 이치를 표현하는 것과 감정을 이야기하는 것, 이를테면 시적 감각을 형용 할 때는 듣는 이로 하여금 감정까지 필요로 하는 언어의 전달이 있는 것입니다. 천국이란 단어는 세상의 지형을 말하듯 전할 수 있는 것이 아닙니다. 그럼에도 존재하는 곳이며 의식하고 손으로 만질 수 있는 곳입니다.

그러므로 현세에서 완전한 증명을 할 수도 바랄 수도 없다는 결론입니다. 우선적으로 부활의 신체적 조건과 감각에 대해 생각하게 되면 천국을 이해하는데 도움이 될 수 있을 것입니다.

예수께서는 지상에서 부활하신 몸으로 사람들과 땅에서 40일을 생존하시고 음식을 드신 것으로 부활의 몸은 영이 아니라 몸이라는 것을 증거 하셨습니다(눅24:). 그런 몸으로 부활하게 될 것이라고 하셨기에 우리 인간으로서는 바랄 수 있는 최대의 선물입니다. 부활, 그것은 모든 신앙의 조건을 가능케 하는 원동력입니다.

현대 신학자 중에는 예수의 역사적 부활이나 몸의 부활을 불신하는 자도 있습니다(불트만). 또는 부활이 강조 될 것이 아니라고 하는 신학자들이 있습니다. 그러나 성경에서 강조하는 것은 시대를 초월하여 절대적으로 증거 되어야 하는 진리입니다. 성경이 시대적 산물 같은 철학 도서나 이스라엘의 국지적 종교의 이상이라면 우리는 분명히 역사를 바로 이해 할 이유가 있습니다. 그러나 성경은 진리이며 진리는 역사를 관통하는 완전의 저력을 갖추고 있습니다. 진리는 시대 역사에 호응하기 위해 자신을 개혁하지 않습니다. 단지 인간이 개혁돼야 하고 성경으로 돌아가야 합니다. 천국은 어린이들에게 들려주는 동화의 한 장르가 아니라 어른 신자에게 더욱 강조되어야 하는 기독 신앙의 궁극적 목표입니다.

설교와 전도에 있어 부활과 천국이 없다면 그것은 성경 사상자들의 메시지가 아닙니다. 성경은 종교 서적이 아니라 내세에 가야 할 인간의 역사에 대한 보고서입니다. 이것이 예언이고 희망입니다. 짤막한 이생의 삶을 위한 숱한 노력에도 불구하고 우리는 허무를 솔로몬처럼 외치고 있습니다. 사회의 비리와 정치가들의 죄 그리고 여러 가지로 이데올로기에 대한 철학적 비판과 개혁을 해 왔지만 아직도 우리는 문제 속에서 거듭나지 못하고 제자리걸음을 하는 것을 느낍니다.

일생을 연구하고 개혁하고 또 변화를 추구하여도 우리는 스스로 이생에서 만족하지 못하고 갈급한 심령으로 생을 마치게 됩니다. 그러나 천국이라는 소망 가운데서 살다가 간 자들의 유언과 그들의 실록에는 만족과 기쁨이 내재했고 듣는 이로 하여금 감동케 했습니다.

천국은 교회가 가진 가장 큰 소망의 노래이며 전도의 최종 목표입니다. 이것을 빼놓고 교회는 아무런 활동의 근거가 있을 수 없습니다. 결코 이 세상에서 아름다운 삶의 한 모습을 위해 기독 신앙이 존재하는 것은 아닙니다.

천국이 있기 때문에 믿고 목회하고 전도하며 순교하는 것입니다. 예수님은 성경에서 천국에 대해 많은 비유와 교훈으로 소개하셨습니다. 그리고 복음 사역의 목표가 곧 천국의 소개임을 밝히셨습니다.

제 22 장

무궁 세계

22장 주해 내용
1. 영생할 나라 천국의 성질
2. 마지막 때 성도가 지켜야 할 거룩
3. 말세 계시의 말씀이 가진 특별한 권위

22장
무궁 세계

> **계 22:1-2**
>
> 또 저가 수정같이 맑은 생명수의 강을 내게 보이니 하나님과 및 어린 양의 보좌로부터 나서, 길 가운데로 흐르더라 강 좌우에 생명 나무가 있어 열 두가지 실과를 맺히되 달마다 그 실과를 맺히고 그 나무 잎사귀들은 만국을 소성하기 위하여 있더라

'**수정같이 맑은 생명수의 강**' 은 성부 성자로부터 흘러 나와 길 가운데로 흘렀으니 이는 성부 성자로부터 나오는 성령님을 뜻합니다 (요 15:26).[1]

'**생명 나무**' 가 있었으니 나무는 어린 양 예수님이요 우리에게 생명을 주신다 함이며,

'**열두 과실**' 을 맺으니 천국의 완전하고 풍요함을 시사합니다. 달마다 과실이 맺힘은 이 세상의 계절 감각에는 맞지 않으나 새 나라의 풍요입니다. 그리고 어느 시 어느 때나 배고프지 않을 나라임을 말합니다.

'**잎사귀**' 들은 늘 푸를 것이니 만국을 '**소성**' 하기 위한다는 이 소성함은 '**치료함**' 을 의미하고 아플 것이 없으며 육신의 건강, 영혼의

---

[1] 요 15:26 '내가 아버지께로서 너희에게 보낼 보혜사 곧 아버지께로서 나오시는 진리의 성령이 오실 때에 그가 나를 증거하실 것이요'

평안이 늘 유지된다는 말입니다(시 1:1-3).[2]

> **계 22:3-5**
> 다시 저주가 없으며 하나님과 그 어린 양의 보좌가 그 가운데 있으리니 그의 종들이 그를 섬기며, 그의 얼굴을 볼 터이요 그의 이름도 저희 이마에 있으리라, 다시 밤이 없겠고 등불과 햇빛이 쓸데 없으니 이는 주 하나님이 저희에게 비취심이라 저희가 세세토록 왕노릇하리로다

예수님이 저주받으셨으므로 천국에서는 '**다시 저주가 없으며**', 모든 하나님의 백성이 성부 성자 앞에서 그를 섬기며 '**그의 얼굴을 볼**' 것이라 했는데 하나님은 근본적으로 뵐 수 있는 형상을 갖지 않으셨고 문자대로는 다만 거룩하신 주 예수님만 뵐 수 있을 것이며 그 분을 봄으로써 주 하나님을 인식할 것입니다(요 4:24, 10:30).[3]

하나님의 백성들의 '**이마**'에 주의 이름이 있음은 적그리스도의 666의 인을 받은 자들과 대조되고, 그들은 믿음으로 성령의 인을 받은 기독 성도입니다(엡 1:3).[4]

계시록에는 유대인들도 세상 끝날이 되면 그들을 구원하시기 위한 표징으로 이마에 인 친다는 구원의 약속이 있습니다(계7:). 본절은 하나님만을 섬기게 될 자들로 하나님의 백성 됨을 강조하기 위해 기록된 줄 압니다.

---

2) 시 1:1-3 '복 있는 사람은 악인의 꾀를 좇지 아니하며 죄인의 길에 서지 아니하며 오만한 자의 자리에 앉지 아니하고 오직 여호와의 율법을 즐거워하여 그 율법을 주야로 묵상하는 자로다 저는 시냇가에 심은 나무가 시절을 좇아 과실을 맺으며 그 잎사귀가 마르지 아니함 같으니 그 행사가 다 형통하리로다'
3) 요 4:24 '하나님은 영이시니 예배하는 자가 신령과 진정으로 예배할찌니라',
 요 10:30 '나와 아버지는 하나이니라 하신대'
4) 엡 1:13 '그 안에서 너희도 진리의 말씀 곧 너희의 구원의 복음을 듣고 그 안에서 또한 믿어 약속의 성령으로 인치심을 받았으니'

'다시 밤이 없겠고' 등불이나 햇빛도 필요 없음을 21:22-23에서 밝힌 바입니다. 주 하나님의 영광 중에 날이 저물듯 그런 밤이 없는 영원한 영광, 영원한 생명, 성도의 축복된 영적 권세가 왕노릇 한다는 말로 해석됩니다.

> **계 22:6-7**
>
> 또 그가 내게 말하기를 이 말은 신실하고 참된지라 주 곧 선지자들의 영의 하나님이 그의 종들에게 결코 속히 될 일을 보이려고 그의 천사를 보내셨도다, 보라 내가 속히 오리니 이 책의 예언의 말씀을 지키는 자가 복이 있으리라 하더라

이와 같은 내세의 약속들은 믿을 수 있는 신실한 주의 뜻이라 했으며 이 계시를 전하기 위해 그의 **'천사를 보내셨도다'** 고 했습니다. 본절 전후로 천사가 말하고 있는데, 7절은 예수님이 직접 하시는 말씀으로 문맥 흐름이 다소 반듯하지 못한 것으로 보이나 이는 주께서 그렇게 말씀하셨다고 하신 주의 말씀임을 강조하려는 것입니다.

> **계 22:8-9**
>
> 이것들을 보고 들은 자는 나 요한이니 내가 듣고 볼 때에 이 일을 내게 보이던 천사의 발앞에 경배하려고 엎드렸더니, 저가 내게 말하기를 나는 너와 네 형제 선지자들과 또 이 책의 말을 지키는 자들과 함께 된 종이니 그리하지 말고 오직 하나님께 경배하라 하더라

이 천상의 모습에서 사도 요한은 감격한 나머지 또 한 번 **'천사의 발 앞'** 에서 경배하려고 엎드리는 행동을 보였습니다. 19:10에도 그런 행동이 나타났는데 천사는 만류했습니다.

예수께서 시험받으실 때 사단으로부터 천하 만국의 영광을 보게 되었을 때에 경배치 않고 자신에게 경배하라는 강요에 오히려 꾸짖

어 가라사대, '사단아 물러가라 기록되었으되 주 너의 하나님께 경배하고 다만 그를 섬기라 하였느니라' (마 4:10)고 하시며 물리치셨습니다.

> **계 22:10-11**
> 또 내게 말하되 이 책의 예언의 말씀을 인봉하지 말라 때가 가까우니라. 불의를 하는 자는 그대로 불의를 하고 더러운 자는 그대로 더럽고 의로운 자는 그대로 의를 행하고 거룩한 자는 그대로 거룩되게 하라

이 책의 예언을 **'인봉하지 말라'** 는 당부인데 때가 말세이기 때문이요 또한 가장 귀한 내세의 궁극적 소망이므로 될수록 모든 이에게 들려줘야 한다는 것입니다. 때문에 오늘날 이 계시록을 묶어 두고 어렵다고 가르치지 않고 이 귀한 소망의 말씀을 들려주지 않는 것은 잘못입니다. 구약 시대에도 말세의 교훈이 있었으나 때가 못되므로 인봉하라고 했었습니다(단 12:4).[5]

그러나 신약 시대에 예수 그리스도가 오신 이후로는 종말론적 사상 가운데서 그리스도의 재림을 기다리는 중에 믿고 사는 기독 신앙을 주셨기에 종말과 그 이후의 약속을 우리는 듣고 깨닫고 지켜야 합니다.

말세는 **'불의를 하는 자'** 는 그대로 불의하게 버려져 회개치 못할 때 형벌 받게 된다고 했습니다. **'의로운 자'** 는 주의 뜻을 깨달아 회개하고 더욱 경건하게 될 것이라 하였습니다.

말세는 특히 모든 역사가 마무리되는 때이니 믿음과 불신의 방향

---

5) 단 12:4 '다니엘아 마지막 때까지 이 말을 간수하고 이 글을 봉함하라 많은 사람이 빨리 왕래하며 지식이 더하리라'

이 뚜렷해질 것입니다. 적그리스도의 세속주의와 기독 신앙의 진리주의 가운데서 머뭇거릴 수 없습니다. 바알이면 바알 하나님이면 하나님이어야 합니다(왕상 18:21).[6]

> **계 22:12-13**
> 보라 내가 속히 오리니 내가 줄 상이 내게 있어 각 사람에게 그의 일한대로 갚아 주리라, 나는 알파와 오메가요 처음과 나중이요 시작과 끝이라

하나님은 구원을 주실 뿐만 아니라 땅 위에서 봉사한 만큼에 대한 하늘의 상급을 '**일한대로**' 주실 것입니다. '**알파(A)와 오메가(Ω)**'는 역사의 처음과 끝을 주장하시는 분임을 뜻합니다(계21:6).[7]

> **계 22:14-15**
> 그 두루마기를 빠는 자들은 복이 있으니 이는 저희가 생명 나무에 나아가며 문들을 통하여 성에 들어갈 권세를 얻으려 함이로다, 개들과 술객들과 행음자들과 살인자들과 우상 숭배자들과 및 거짓말을 좋아하며 지어내는 자마다 성 밖에 있으리라

'**두루마기**'를 빠는 것은 영적인 옷을 깨끗이 하는 자니 회개요 그리스도의 보혈의 옷이며 믿음의 옷입니다. 말세일수록 회개가 더욱 요구되며 더러워지기가 쉬운 때라는 것입니다.

하나님의 성에 들어가려면 믿음의 옷, 하늘의 예복인즉 신앙의 옷을 입고 들어 갈 수 있습니다. 어떤 고급스런 호텔에는 정장한 자만 출입하듯 천국에는 주님이 입혀 주시는 믿음의 옷, 의의 옷을 입고

---

6) 왕상 18:21 '엘리야가 모든 백성에게 가까이 나아가 이르되 너희가 어느 때까지 두 사이에서 머뭇머뭇 하려느냐 여호와가 만일 하나님이면 그를 좇고 바알이 만일 하나님이면 그를 좇을지니라 하니 백성이 한 말도 대답지 아니하는지라'
7) 계 21:6 '또 내게 말씀하시되 이루었도다 나는 알파와 오메가요 처음과 나중이라 내가 생명수 샘물로 목마른 자에게 값 없이 주리니'

야 들어 갈 수 있습니다.

'**개들**' 은 거짓 선지자와 저주받은 무리요, '**술객**' 들은 온갖 마술, 점 등으로 살고 유혹하던 자며, '**행음자**' 는 성도덕의 타락자며, 우상 숭배 및 '**거짓말을 좋아하는 자**' 는 진리를 거슬러 말하는 모든 사단적 처세술이며 가르침 등입니다. 거짓된 교리와 지식을 지어내어 백성을 유혹하고 침륜에 빠지게 한 자들, 이들은 모두 성밖에 있으리라 한 즉 구원이 없을 것이라는 말씀입니다.

> **계 22:16**
> 나 예수는 교회들을 위하여 내 사자를 보내어 이것들을 너희에게 증거하게 하였노라 나는 다윗의 뿌리요 자손이니 곧 광명한 새벽 별이라 하시더라

예수님은 교회를 위해 이 모든 약속과 예언을 주셨습니다. 주님은 '**다윗의 뿌리**' 임을 강조하시니 왕족이 되심과 본인의 분명한 신분을 명시하시고, '**광명한 새벽 별**' 이라 하심은 가장 빛나는 별이요 광명 천지를 약속하시는 분이라는 말입니다.

주께서 '**나는 세상의 빛**' 이라 하셨습니다(요 8:12).[8] 따라서 초림 때 육으로는 다윗의 왕가에서 오셨고 재림은 하늘로서 광명을 발하는 새벽별처럼 어둠을 물리치시고 영원히 영광스럽게 빛나는 왕으로 오심을 뜻합니다.

> **계 22:17**
> 성령과 신부가 말씀하시기를 오라 하시는도다 듣는 자도 오라 할 것이요 목마른 자도 올 것이요 또 원하는 자는 값 없이 생명수를 받으라 하시더라

---

8) 요 8:12 '예수께서 또 일러 가라사대 나는 세상의 빛이니 나를 따르는 자는 어두움에 다니지 아니하고 생명의 빛을 얻으리라'

성령은 그리스도를 증거하고 신부인 교회는 모든 이를 주께로 인도하고자 합니다(행 1:8).[9]

'**듣는 자**'를 초청하고 맘이 갈급한 자, 목마른 자를 부를 것이요 또 구원을 원하는 자(삭개오, 소경 바디메오같이)는 더욱 값없이, 즉 은혜로 생명수를 받으라 했습니다.

생명수를 받으라는 것은 구원을 얻으라는 말씀입니다(사 55:1).[10] 또한 성령의 역사로 적용됩니다(요 3:3-8).[11]

계 22:18
내가 이 책의 예언의 말씀을 듣는 각인에게 증거하노니 만일 누구든지 이것들 외에 더하면 하나님이 이 책에 기록된 재앙들을 그에게 더하실 터이요

성경 전서가 마찬가지겠지만 특히 '**이 책의 예언의 말씀**'의 계시에 가감하는 자는 더 큰 형벌 받아 구원이 없을 것이라 했습니다. 하나님의 말씀을 더하고 변경하는 것은 사단적입니다(창 3:3).[12] 바리새인들이 가졌던 장로의 유전, 로마교의 여러 법령을 통한 성경에

---

9) 행 1:8 '오직 성령이 너희에게 임하시면 너희가 권능을 받고 예루살렘과 온 유대와 사마리아와 땅끝까지 이르러 내 증인이 되리라 하시니라'
10) 사55:1 '너희 목마른 자들아 물로 나아오라 돈 없는 자도 오라 너희는 와서 사 먹되 돈 없이 값없이 와서 포도주와 젖을 사라'
11) 요 3:3-8 '예수께서 대답하여 가라사대 진실로 진실로 네게 이르노니 사람이 거듭나지 아니하면 하나님 나라를 볼 수 없느니라 니고데모가 가로되 사람이 늙으면 어떻게 날 수 있삽나이까 두 번째 모태에 들어갔다가 날 수 있삽나이까 예수께서 대답하시되 진실로 진실로 네게 이르노니 사람이 물과 성령으로 나지 아니하면 하나님 나라에 들어갈 수 없느니라 육으로 난 것은 육이요 성령으로 난 것은 영이니 내가 네게 거듭나야 하겠다 하는 말을 기이히 여기지 말라 바람이 임의로 불매 네가 그 소리를 들어도 어디서 오며 어디로 가는지 알지 못하나니 성령으로 난 사람은 다 이러하니라'
12) 창 3:3 '동산 중앙에 있는 나무의 실과는 하나님의 말씀에 너희는 먹지도 말고 만지지도 말라 너희가 죽을까 하노라 하셨느니라'

없는 교리들 및 가경들, 이단들의 비성경적 교훈들입니다(마 15:2).[13]

> **계 22:19**
> 만일 누구든지 이 책의 예언의 말씀에서 제하여 버리면 하나님이 이 책에 기록된 생명 나무와 및 거룩한 성에 참례함을 제하여 버리시리라

성경을 더할 뿐 아니라 빼는 자는 저주를 받는데 재림이 없다든가 더디 온다든가 하고 가르치는 것들입니다. 모든 성경을 변조하여 해석하고 가르치는 자는 구원에서 '**제하여**' 형벌 받을 것입니다.

따라서 성경을 가감치 말 것을 명심하라 하셨습니다(마 24:48, 벧후 3:9, 신 4:2).[14]

> **계 22:20-21**
> 이것들을 증거하신 이가 가라사대 내가 진실로 속히 오리라 하시거늘 아멘 주 예수여 오시옵소서, 주 예수의 은혜가 모든 자들에게 있을지어다 아멘

이 모든 것을 증거하신 이는 예수 그리스도십니다. '**진실로 속히 오리라**' 고 약속해 주시며 또한 이 말씀의 주님이 속히 오시기를 앙

---

13) 마 15:2 '당신의 제자들이 어찌하여 장로들의 유전을 범하나이까 떡 먹을 때에 손을 씻지 아니하나이다'
14) 마 24:48 '만일 그 악한 종이 마음에 생각하기를 주인이 더디 오리라 하여'
　　벧후 3:9 '주의 약속은 어떤 이의 더디다고 생각하는 것같이 더딘 것이 아니라 오직 너희를 대하여 오래 참으사 아무도 멸망치 않고 다 회개하기에 이르기를 원하시느니라'
　　신 4:2 '내가 너희에게 명하는 말을 너희는 가감하지 말고 내가 너희에게 명하는 너희 하나님 여호와의 명령을 지키라'

망하며 응답했습니다.

'**예수여, 오시옵소서!**' 하는 간절함은 비단 환난 중에 처한 자들만의 소원이 아니라 이 사단의 세상을 영적으로 싸우며 살아가는 모든 성도가 시대와 때를 초월하여 가지는 심경일 것입니다.

그리스도를 신실히 모시려면 어느 시대 환경에서도 마귀의 핍박이 사람들로부터 있으므로 고난이 있습니다. 따라서 예수 그리스도의 재림이 간절히 기다려지는 것은 기독 신앙인의 가장 큰 소망입니다.

십자가로 죽으시고 부활하신 것과 하늘로 올라가시기까지 하신 예수를 잘 믿기는 한데 다시 오실 구주를 기다림이 부족한 신앙은 온전한 신앙이 아닙니다. 주 예수의 은혜가 모든 자들에게 있을 것을 축복하고 위안하는 것은 보통 서신서에도 있으나 여기 결언은 말세에 처한 모든 성도를 격려하는 뜻이 진합니다.

결 어/ 계시록을 많이 읽읍시다

요한계시록은 우리에게 우리 주 예수 그리스도의 재림을 사모하고 내세를 확신하게 합니다. 그리고 세상의 환난과 핍박을 승리할 수 있게 격려하고 말씀의 약속으로 힘을 주시는 책이라 여깁니다.

나는 본서를 끝내면서 독자로 하여금 재림하실 예수 그리스도를 바라보는 소망을 뜨겁게 해 줄 수 있기를 바라는 마음이 간절합니다. 해석의 다양성에 대한 논란은 여전히 남는 것이고 계시록 자체의 비유들이 어려운 것이 사실이지만 성경이라도 열심히 그리고 가능한 여러 번 읽을 수 있기를 바랍니다.

과거 길선주목사님은 3천 번을 읽으셨다는 말을 전해 들었으며, 소록도에는 계시록을 외우는 성도들도 있었다고 합니다.

특별히 요한계시록에는, 계 1:3 '이 예언의 말씀을 읽는 자와 듣는 자들과 그 가운데 기록한 것을 지키는 자들이 복이 있나니 때가 가까움이라' 고 하면서 읽는 자가 복이 있다는 말씀이 기록되므로 많이 읽는 독자들이 되시기를 바랍니다.

또한 우리가 주의 뜻을 경외함으로 들었으면, 전 12:13 '일의 결국을 다 들었으니 하나님을 경외하고 그 명령을 지킬지어다 이것이 사람의 본분이니라' 는 말씀을 기억하면서 지킬 수 있는 신행일치를 다하여야 할 것입니다.

신행(新行)을 일치시키는 일이 반드시 도덕적인 뜻에서만 고려될 것이 아니라 하나님의 근본된 진리의 계시에 충실할 것을 먼저 생각해야 할 줄 압니다. 세상에 빛과 소금되기 위한 여러 문화의 요소를 발휘하기 전에 내세를 바라보는 신앙관이 투철해야 하고 주님이 오실 날이 가까운 이 말세에 처한 복음을 제대로 간직하고 경성하여 깨어 있는 영적 성도가 될 수 있기를 바라는 바입니다. 세상과 함께 많이 속화되어버린 교회사회를 바라보면서 우리가 무엇을 소망하고 살아야 할 것인가를 다시 깨우치고 주의 뜻이 무엇인지 분별하는 영적 각성이 일어나야 할 줄 믿습니다. 그 방편으로 나는 계시록을 많이 읽으면서 받는 영감으로 자신과 교회의 개혁을 위할 수 있으리라 여깁니다.

 복음서의 따뜻한 주의 보혈의 은혜를 안고, 사도행전의 활기찬 복음 전파의 시도와, 로마서의 기독교 논증에 확실한 증언을, 그리고 계시록의 전투적 교회의 분명한 승리를 가슴에 담고 이 말세지 말에 확고부동한 진리의 터 위에서 주 예수의 강림을 기다리며 승리하는 저와 여러분 되시기를 기원합니다.

요한계시록 주해
다시 오실 예수그리스도

■
초판 1쇄 인쇄 / 2008년 1월 15일
초판 1쇄 발행 / 2008년 1월 20일

■
지은이 / 강 종 수
펴낸이 / 김 수 관
펴낸곳 / 도서출판 영문
122-070 서울시 은평구 역촌동 10-82
☎ (02) 357-8585
FAX • (02) 382-4411
E-mail • kskym49@yahoo.co.kr

■
출판등록번호 / 제 03-01016호
출판등록일 / 1997. 7. 24

파본은 교환해 드립니다.
본 출판물은 저작권법으로 보호 받는
저작물이므로 출판사나 저자의 허락없이
무단 전재나 무단 복제를 할 수 없습니다.

정가 12,000원
ISBN 978-89-8487-237-0 03230
Printed in Korea